KACHE SIJI BUANQUAN XINGWEI
SHIGU YUANYIN JI YUFANG

卡车司机不安全行为事故原因及预防

李振明　著

化学工业出版社
·北京·

内容简介

《卡车司机不安全行为事故原因及预防》从我国道路交通运输事故频发的现状出发，以行为安全理论为基础，针对卡车司机的职业特点、工作方式、个人素养和组织环境等方面情况进行了调研。分别以行为安全“2-4”模型、HFACS模型理论为基础，从司机的心理因素与危险驾驶的关联性、南北不同区域和气候条件下的驾驶过程与行为安全的关系等方面分析事故原因。提出了积极开展卡车司机驾驶过程不安全行为的风险评估，采用驾驶过程不安全行为预警技术、强化卡车司机的个人行为和组织行为的监管措施等方法，提高卡车司机的行为安全水平，为道路交通运输管理部门和物流运输企业有效开展卡车司机的监管提供理论依据。

本书的特点是调研数据翔实，系统性强，充分应用事故致因相关理论进行分析，从多角度提出了卡车司机事故不安全行为的预防策略。

《卡车司机不安全行为事故原因及预防》可供道路交通运输企业安全管理人员、政府相关部门的监管人员、人因工程专业人员、行为安全管理工作者等相关人员阅读，也可供广大道路运输企业的从业人员参考。

图书在版编目（CIP）数据

卡车司机不安全行为事故原因及预防/李振明著.—北京：化学工业出版社，2022.7
ISBN 978-7-122-41778-7

Ⅰ.①卡… Ⅱ.①李… Ⅲ.①载重汽车-汽车驾驶员-交通运输事故-事故预防 Ⅳ.①U491.31

中国版本图书馆CIP数据核字（2022）第112181号

责任编辑：高　震　　　装帧设计：韩　飞
责任校对：刘曦阳

出版发行：化学工业出版社（北京市东城区青年湖南街13号　邮政编码100011）
印　　装：北京科印技术咨询服务有限公司数码印刷分部
710mm×1000mm　1/16　印张12½　彩插4　字数252千字
2022年6月北京第1版第1次印刷

购书咨询：010-64518888　　　售后服务：010-64518899
网　　址：http://www.cip.com.cn
凡购买本书，如有缺损质量问题，本社销售中心负责调换。

定　　价：78.00元　

前言
PREFACE

随着我国经济的快速发展，卡车司机作为流通领域中一个非常庞大的职业群体，为我国经济发展做出很大贡献，也是流动性最强的作业人员。卡车司机承载着压力、单调、枯燥和安全风险，在驾驶过程中经常出现不安全行为甚至危险驾驶行为，卡车事故屡见不鲜，给社会经济的快速发展带来了不和谐的因素。如何从行为安全角度研究卡车司机产生不安全行为的原因，这是一个非常有意义的研究课题。

笔者对卡车司机的不安全行为事故致因的研究兴趣起源于2014年的夏天，在对一家混凝土企业进行安全生产标准化达标创建评审时，因该企业一辆混凝土车在运输途中发生了亡人交通事故而终止评审，该企业受到了相应的处罚，内部的安全管理受到质疑。该事件促发笔者组建研究团队，开展卡车司机不安全行为原因的研究工作。我们查阅文献，设计问卷，带领学生一起到卡车司机集聚地（货运停车场）、高速公路服务区、物流企业、石油运输公司等地方，向司机个人及其家庭人员、企业安全管理部门负责人发放问卷进行调研，获得卡车司机第一手的信息数据资料，为开展卡车事故致因分析研究奠定了良好的基础。

卡车司机的不安全行为引发事故的原因是多方面的。一是司机和企业主的法制意识不强，重经济轻安全现象严重。司机个人和所在的货运企业为了追逐更大的经济利益，经常出现超载、超速、疲劳驾驶等现象，导致事故频发。二是监管部门管理不到位。政出多门，多头管理，道路运输环境不良，如中途休息区少、过路费高、不公正处罚、车辆改装得不到有效整治等。三是社会认同度不高。卡车司机的文化程度不高，工作任务繁重，疲于运输，社会地位低。一旦出现事故，公众普遍认为是卡车司机的责任，却忽视了交通环境的复杂性和他人行驶的多变性。四是网络平台多、收费高。网络经济的快速发展给卡车司机带来了货运信息的便利，但又要为获取物流信息费而支付相当高的平台费用，增加了运输成本等。

预防卡车事故最有效的方法就是规范并完善道路运输环境，强化司机驾驶过程的行为安全，及时获取安全风险信息，不断提升应急处置能力，实现安全驾驶的目的。本书以众多的事故案例为基础，借助行为安全“2-4”模型理论，从组织和个人两个方面，以事故的直接原因、间接原因、根本原因和根源原因进行全面分析，查找不安全行为的类型、数量比例和变化规律，以期通过行为控制的方法来预防卡车司机不安全行为事故的发生。同时，从人因角度和经济发展的不同区域等视角来分析卡车事故的原因，着力为读者提供多方位的、比较全面的分析结果，为政府监管部门和企业安全管理部门决策提供借鉴。

课题研究工作得到了国家自然科学基金（51674224）的支持和浙江省公安厅高速公路交通警察总队、杭州绿岛智能电子有限公司等单位的大力协助。香港城市大学陈海寿教授和文兆铖博士，中国地质大学（北京）樊运晓教授和研究生牛毅、郑世博同学，吉林建筑大学孙世梅教授团队和研究生康家宁同学等受邀参与子课题的研究。中国矿业大学（北京）傅贵教授为行为安全“2-4”模型在卡车司机不安全行为原因分析提供支持。团队成员浙江工业大学心理系朱建芳副教授，安全工程系王睿博士以及赵丽丽、康泉胜、阮继锋等为本课题的研究倾注了大量的时间与精力，还有安全工程专业的本科生蒋天悦、闫智杰、张华强、金秋原、王有国、徐微等同学参与了课题的问卷调查和统计等工作。杭州市公安局交警支队黄闽杭、传化智联股份有限公司李松伟等同志为课题组的调研提供了无私的帮助，在此衷心表示感谢。本书在撰写过程中参阅了部分专家学者的论著（见参考文献），也一并表示感谢。

作为课题负责人，最大的愿望是能向社会各界分享研究成果。全书阐明卡车司机不安全行为原因是多方面的，需要社会各界的大力支持和相关人员的共同努力，以系统安全观的思维去解决问题，严格遵守法律法规，不断改善道路交通环境，提高司机的驾驶行为安全水平，为我国经济社会的快速发展提供安全保障。

感谢浙江工业大学化工学院、教育科学与技术学院的领导和教师对本课题的支持和帮助。感谢化学工业出版社的大力支持，使得本书顺利出版。

限于水平与认识，书中疏漏之处在所难免，恳请各位读者批评指正。

浙江工业大学安全工程系 李振明

2022 年 1 月

CONTENTS 目录

第 5 章 卡车司机的个人与组织行为管理 101

第1章 绪论

安全是人们健康生活的基本保证。本章将从安全生产角度介绍我国卡车的发展变化、国内外卡车司机的安全管理现状，以及行为安全的内涵和影响因素。分析卡车司机的职业特点和驾驶行为研究现状，使读者对卡车司机工作有一个初步了解，为卡车司机事故不安全行为的研究奠定良好基础。

1.1 安全

1.1.1 安全的定义

安全是什么？《易传》提出的“无危则安，无损则全”是对安全最早的诠释，引出了危险与安全的对立关系，认为没有危险就是安全。《易·系辞下》中的“是故君子安而不忘危，存而不忘亡，治而不忘乱，是以身安而国家可保也”，同样将“安”与“危”作为对立的辩证关系进行阐述。

当今，“安全”这一词汇在各种现代汉语辞书中的解释较为趋同。例如，《现代汉语词典》对“安”字的释义是：“平安；安全（跟‘危’相对）”[1]；《辞海》对“安”字的第一个释义就是“安全”，并在与国家安全相关的含义上举了《国策·齐策六》的一句话作为例证：“今国已定，而社稷已安矣”[2]；《国家安全学》（刘跃进主编）对“安全”概念的解释为：安全是一种状态，即通过持续的危险识别和风险管理过程，将人员伤害或财产损失的风险降低并保持在可接受的水平或其以下。除此之外，安全的定义也有如下解释：

(1) 客观事物的危险程度能够为人们普遍接受的状态；

(2) 没有引起死亡、伤害、职业病，财产、设备的损坏，或环境危害的条件等。

而当“安全”翻译为英文时，一般被译为 safety 和 security 两个单词，尽管这两个单词的含义及用法有所不同，但在不同意义上与中文“安全”相对应。例如，当描述与国家安全、公共安全等有关的安全概念时，一般使用 security，该单词多指由于人的有目的参与（如盗窃、抢劫、刑事犯罪等）而引起的对安全的破坏。而 safety 一词则多指由意外造成的对安全的破坏，更偏向于自然属性的安全。例如疏忽、事故、环境等。因此，广义地讲，安全应该包含 safety 和 security 两层含义。

从定义上来看，安全与危险作为相对立的概念，即安全就是没有危险，有危险则不安全。随着社会的发展和进步，人类生产生活方式愈加复杂，伴随产生的威胁因素也会增多，所带来的安全风险增加。交通领域也一样，安全生产所涉及的人员、车辆、道路和管理也在不断变化，对卡车司机的安全管理工作面临巨大挑战。一旦发生安全事故，往往会产生非常严重的后果和引发较大的负面影响。因此，安全问题面临更重要、更复杂、更具挑战性的局面。

1.1.2 安全生产

所谓安全生产，是指在生产经营活动中，为了避免造成人员伤害和财产损失的事故而采取相应的事故预防和控制措施，使生产过程在符合规定的条件下进行，以保证从业人员的人身安全与健康，设备和设施免受损坏，环境免遭破坏，保证生产经营活动得以顺利进行的相关活动，包括企事业单位在劳动生产过程中的人身安全、设备安全、环境安全，以及交通运输安全等。

《辞海》中将安全生产解释为：为预防生产过程中发生人身、设备事故，形成良好劳动环境和工作秩序而采取的一系列措施和活动[2]。《中国大百科全书》中将安全生产解释为：旨在保护劳动者在生产过程中安全的一项方针，也是企业管理必须遵循的一项原则，要求最大限度地减少劳动者的工伤和职业病，保障劳动者在生产过程中的生命安全和身体健康。后者将安全生产解释为企业生产的一项方针、原则和要求，前者则解释为企业生产的一系列措施和活动。根据现代系统安全工程的观点，上述两者表述都不够全面。

安全生产这个名词，一般意义上讲，是指在社会生产活动中，通过人、机、物料、环境、方法的和谐运作，使生产过程中潜在的各种事故风险和伤害因素始终处于有效被控制状态，切实保护劳动者的生命安全和身体健康。也就是说，为了使劳动过程在符合安全要求的物质条件和工作秩序下进行的，防止人身伤亡、财产损失等生产事故，消除或控制危险有害因素，保障劳动者的安全健康和设备设施免受损坏、环境免受破坏的一切行为。

安全生产是安全与生产的统一，其宗旨是安全促进生产，生产必须安全。做好安全工作，改善劳动条件，可以调动职工的生产积极性，预防事故发生，相对地增加了企业的经济效益，无疑会促进生产的发展；而生产必须安全，则是因为安全是生产的前提条件，没有安全就无法保证生产的正常进行，反而会带来事故的风险。

1.1.3 道路货物运输安全

道路货物运输是指以载货汽车为主要运输工具，通过道路使货物产生空间位移的生产活动，属于安全生产范畴。汽车运输具有适应性强、机动灵活、快速运达等特点，使得货物承运既可以在固定的站场、港口、码头装卸，又可以在街头巷尾、农贸市场、乡镇村庄等处就地装卸，实现“门到门”直达运输。因而在很多情况下比其他运输方式更为方便，能更好地满足用户需要。从各种运输方式的始建投资效果看，道路修建比铁路运输和航空运输投资少，周期较短；从各种运输方式的运送效果看，由于公路网密度大，加上道路运输适应性强，机动灵活，对汽车货运选择最佳线路提供了便利条件，因而可以在一定的经济区域内相应地缩短货物运输距离，降低商品周转费用，加速资金流动，增加货物流动的时间价值，并相应节约了运力和能源，能够获得良好的社会效益和经济效益。因此，道路货物运输有着较强的特殊性，它的生产过程是动态的（货物位移），道路环境是变化的，可变因素多，交通安全风险大，与通常所说的安全生产有着较大的区别。

通常所说的安全生产，是针对固定场所内开展的生产经营活动，生产所需的人、财、物均集中在一个场所内，风险相对可控。道路货物运输是一种流动、开放、复杂以及跨地域的物流活动，具有其独有的生产经营特点，它完全暴露于自然环境之中，伴随着复杂的气候、道路、来往车辆等多种风险因素，属于高风险性行业。该行业具有以下特征：

（1）承运货物种类繁多，逐年增长，车辆众多，且类型复杂多样；

（2）运输长时间、远距离、范围广，驾乘人员长时间随车工作，面对不熟悉的交通环境，风险高；

（3）事故原因多样，疲劳驾驶尤为突出；

（4）一旦发生事故，往往造成严重后果；

（5）货运车辆数量庞大，且增长快速；

（6）动态、跨区域的工作环境导致安全监管难度大；

（7）从业人员综合素质普遍不高，安全意识较差；

（8）货运企业安全生产责任落实不到位。

1.1.4 我国卡车的产生与发展

1.1.4.1 卡车的类型

卡车，又称作载货汽车，一般也称作货车，指主要用于运送货物的汽车，有时也指可以牵引其他车辆的汽车，属于商用车辆类别。一般可依照车的重量分为重型和轻型两种。绝大部分货车都以柴油引擎作为动力来源，但有部分轻型货车使用汽油、石油气或者天然气。

新中国成立直至20世纪70年代末，我国在役的卡车基本都是长头卡车。进入20世纪80年代以来，欧洲和日本的平头卡车风潮开始影响我国。由于日本平头卡车的外形设计风格更符合东方人的审美观，又兼具视野开阔、操控灵活等优点，逐渐成为我国国内卡车制造厂家研发新一代卡车的方向，同时我国制定的关于卡车外形的强制性标准是基于欧洲的标准之上，并一直沿用至今。国产平头卡车一经推出，便以物美价廉、外形美观、视野开阔等特点受到了车主和运输企业的青睐，在国内市场已经占据绝对的主导地位。

所谓平头卡车，顾名思义，其车头外形平直方正。由于驾驶室位于发动机之上，前方毫无遮拦，驾驶人便获得了开阔的视野和更好的驾驶体验，这也成为平头卡车最吸引车主的优点。同样，西欧和日本等将卡车长头变为平头，其目的就在于将卡车司机的驾驶视野最大化，从而提高及时发现意外情况、主动预防事故发生的能力。然而，这一设计理念与美国的长头卡车大相径庭，尽管两者的出发点都是为了车辆的行驶安全。

长头卡车则盛行于美国的卡车市场，是指最前端突出部分为发动机室，之后为司机驾驶室的车辆，两室相对独立、空间分离。在美国，无论是卡车还是客车，至今仍保持长头外形。长头卡车看似高大笨重、空间利用率低、视距较长，驾驶视野不如平头卡车开阔，然而一旦发生正面碰撞事故时，却能够有效地保护车内驾乘人员的生命安全。长头设计理念表明美国在注重事前预防的同时，更重视以被动防护的方式减少人员伤亡，这是全方位、立体式的交通安全理念在汽车制造中的突出体现。当然，长头卡车毫无疑问地要付出制造成本增加的不菲代价。从卡车事故发生的角度来研究分析，平头卡车与长头卡车有着较大的区别。

平头卡车事故伤亡率是长头卡车的8.1倍。某研究机构选取我国最常见的卡车作为样本，对比研究了平头卡车和长头卡车的优缺点，得到了综合评价结果：长头卡车被动保护效果好、违法超载能力弱，但美观程度相对较低、制造成本相对较高。

通过分析收集到的305条事故数据，得出的定量比对结果为：平头卡车事故的死亡率是长头卡车的7.8倍，致伤率是8.2倍，总伤亡率是8.1倍。除此之外，数据还反映出，尽管平头卡车的伤亡率更高，但道路上平头卡车数量比例却明显增加，长头卡车呈越来越少的趋势，甚至有被完全淘汰的迹象。

司机的危险驾驶行为是导致卡车交通事故的最主要原因。因此，预防控制交通事故的根本策略，就是教育培训、督促卡车司机强化安全意识，遵守法律法规。无论是政府、企业还是司机个人都正为此付出不懈努力。然而，在短期内，很难彻底改变司机危险驾驶行为频发的事实。部分卡车司机为了增加收入，甚至在明知危险的情况下，故意违法超载、超速、开带病车以及疲劳驾驶，更有些人酒驾、毒驾、患病驾车，极易引发交通事故。因此，国家有关部门在注重卡车司机安全意识提升、强化道路交通管制力度、普及道路交通安全知识等事前预防措施的同时，兼顾对事后损害减弱的安全措施，这正与长头卡车的安全理念相契合，引导企业恢复生产长头卡车无疑是丰富道路安全措施的有效手段。

1.1.4.2 卡车设计建议

尽管两种卡车外形设计都出于安全考虑，但侧重点不同，平头卡车的设计理念强调为司机提供更宽阔的视野和驾驶体验，注重的是事前预防。长头卡车则致力于将事故严重程度降为最低，体现的是事后防护。但从事故所产生的后果严重度来看，长头卡车所造成的伤亡事故损失更少。所以建议如下：

(1) 国家汽车产业主管部门应当引导汽车制造企业恢复长头卡车生产，鼓励货运企业和个人购买长头卡车；

(2) 国家税务部门应当出台优惠政策支持长头卡车恢复生产；

(3) 参考发达国家标准，结合我国国情，国家标准主管部门应当修改现有的卡车车身长度规定；

(4) 国家安全生产监督管理部门应当积极倡导对所有汽车实行碰撞试验，全面了解各类车型的优缺点，从而对症下药，采取合理的预防措施。

1.1.5 美国流行长头卡车的原因

1.1.5.1 独特的汽车文化

受独特汽车文化的影响，美国人更追求具有力量、大排量或大马力的汽车，更喜欢一些外观硬朗、尺寸较大的车型，因此那些汽车线条更加简单和粗犷的长头卡车受到美国人的青睐。而美国人对于汽车的审美，不仅体现在卡车方面，从美国汽车公司制造的汽车车型就可以理解。而作为卡车来说，平头卡车在尺寸和线条方面都显得较为娇小、柔和，显然不符合美国人对于汽车的审美。而体积更为庞大的长头卡车更容易被他们所接受，司机驾驶起来也会更加有气势，其风格也更加符合美国人的汽车文化。

1.1.5.2 更高安全性

尺寸更长的长头卡车并非仅是一个摆设，在一些状况下，它可能对司机的安全起着非常重要的作用。例如，在发生碰撞事故时，长头卡车可以为司机提供一个更长的缓冲距离，从而大大降低了事故对司机的身体伤害。而且驾驶室与发动机室两室分离，长头卡车驾驶室相对于平头卡车会更矮一些，从而使得长头卡车的重心大大降低。而重心越低的卡车，其稳定性也会更好些，也降低了卡车发生侧翻事故的风险，为卡车司机提供了更好的安全保障。

1.1.5.3 节能减排效果好

美国卡车的这种设计除了安全性更高外，还有一个优势就是节能减排。更长的车头使得散热面积更大，在卡车的行驶过程中，气流通过车头表面可以更快地降低汽车工作时产生的热量。而卡车的这种流线型的外形也会使得在行驶过程中受到的阻力更小，在一定程度上可以降低卡车的油耗，减少了卡车的尾气排放。

1.1.5.4 维修方便

相对于平头卡车，长头卡车更方便进行维修。由于驾驶室位于发动机上方，平头卡车在维修时一般需要将驾驶室翻转过去。平头卡车方正平直，尽管其空间利用率更高，但内部的汽车部件也是比较密集，这样会对维修人员造成一定的麻烦。而对于长头卡车来说，只需要把发动机盖打开即可进行维修处理，而且车头内部的汽车部件也比较分散，维修起来也会更加方便简单。

每个国家都有其独有的汽车文化，而汽车文化是由国家的历史发展和文化特征等各种复杂因素形成的，每种汽车文化都会有优势和不足。尽管平头卡车在安全性等方面差于长头卡车，但是在驾驶视野和灵活性等方面更具优势。所以两种卡车车型的孰优孰劣难以定论，只能根据国情和需求做出选择。如果能将二者的优势结合起来，则会引领卡车的发展。

1.1.6 国内外卡车司机现状对比

在国内，受到消费者需求的影响，长期以来，卡车产品的开发研制主要集中在应力、经济性、可靠性、载重能力等指标上，对卡车振动的研究一直没有得到足够的重视。因此卡车的舒适性普遍较低，驾驶室空间狭小，振动明显，对司机的危害很大。为了实现运输的经济性，必须降低运输的单位成本，人们往往追求卡车有大功率、大吨位。

国际巨头制造的卡车，驾驶室都很宽敞，空调、音响等设备一应俱全。司机可在车上看电视、上网、收发电子邮件、打电话。有些卡车还设置了卧铺和折叠式写字台，为轮流开车的司机提供休息的场所。另外，为了使驾驶轻松，新型卡车使用了自动变速器。因此，与国外先进的卡车相比，国内卡车硬件方面还存在着一定的差距。

1.2 行为安全

1.2.1 行为安全的内涵

行为安全是指人们在一定的区域范围内依照当地法律法规和作业规范从事社会或生产过程活动而未能发生意外伤害的状态。为了强化人员安全行为和消除不安全行为，从而减少因人员不安全行为造成的安全事故和伤害，应采用系统化行为安全管理方法。

1.2.2 不安全行为的含义

不安全行为通常是指人们违反法律法规和行为规范导致伤害的一种状态。生产经营单位作业人员的不安全行为主要包括作业中违章指挥、违规作业、违反劳动纪律这三种现象，也称“三违”。我国的《企业职工伤亡事故分类》(GB 6441—1986) 对不安全行为则定义为：能造成事故的人为错误，并且将人的不安全行为分为“操作错误、忽视安全、忽视警告”等[3]。该标准已经给出清晰的作业规范指导，要求人们遵守规章制度，杜绝不安全行为发生，以实现安全作业，对事故进行有效的预防和控制。

1.2.3 不安全行为的研究现状

事故的发生离不开“人—机—环—管”（人员—设备—环境—管理）四大要素的变化。其中，人作为安全生产活动的主体，是导致事故发生的直接原因之一[4]。有统计表明，由人因造成的伤亡事故占事故总量的70%～90%。在交通活动中，该比例为80%～90%，其中驾驶员引起的事故最多[5,6]。20世纪50年代在美国发生的75000件伤亡事故中，由人为失误造成的占88%；美国杜邦公司的统计结果也表明在其公司所发生的事故中有96%由各种不安全行为造成；而在日本，相关机构于1977年对日本制造业近十万起伤亡事故调查后发现，由人为失误引起的事故比例达94.5%。Mason则基于一部分行业的文献发现，在文献中所记录的事故中的70%可以归因于不安全行为。由此可见，有效防止不安全行为的发生是遏制事故发生的关键。

尽管在不同行业背景下，不安全行为的发生规律和机理有所差异，但大量研究都证明不安全行为对事故发生产生重要影响。本书统计和总结了不同行业的不安全行为导致的事故占比，如表1-1所示。

表 1-1 不安全行为导致的事故占比统计

相关研究	行业	事故占比/%
Yu 等(2017)[7]	煤矿	95
武淑平(2009)[8]	电力	75(死亡事故)
杨启佳(1996)[9]	金属矿山	76
Zhang 等(2006)[10];Bener 等(2008)[11]	交通运输	95

20 世纪 80 年代，苏联的切尔诺贝利核电站事故导致 30 人当场死亡，之后十几年里有 6 万～8 万人死亡，更多的人遭受各种程度的辐射疾病折磨，造成了严重的健康风险，这也是核电站乃至整个人类历史上最严重的安全生产事故[12]。Reason 回顾了导致切尔诺贝利爆炸的事故原因中的一系列人为因素，指出在被认为是事故原因中的 7 个操作者行为中有 5 个是违章行为[13]。由此，国内外学者对于不安全行为的研究越发重视，研究文献数量也快速增加，形成一个良好的研究态势。

同时，学者们致力于各个不同行业的不安全行为研究，特别是在制造业[14,15]、煤炭开采[16,17]、建筑业[18-20]以及交通运输业[21-23]等颇有建树。然而，尽管不安全行为存在于各个行业中，但由于专家学者们的出发点和关注点不同，对于导致不安全行为的因素尚没有统一的定论。在事故致因理论层面，瑞士奶酪模型[13]、HFACS 模型[24]、2-4 模型[25,26]等都将不安全行为作为导致事故发生的主要或直接原因。因此，探究影响不安全行为的主要因素，依然是当前的热门课题。

1.2.4 行为安全的影响因素

不安全行为的影响因素研究是行为研究的重点，涉及环境、设备、管理、员工心理及生理、社会因素等多个方面。不同行业领域间安全行为影响因素的研究也有不同的侧重。例如，在交通安全领域，人、车、路、环境四个要素分别作为道路交通活动的主体、运载工具、载体和必要条件，相互作用、相互制约，共同构成了交通运输系统，道路交通事故的发生往往是这四个要素之间综合作用的结果。因此，当前针对司机不安全驾驶行为的研究工作也多从这四个方面开展[27]。在建筑行业，安全文化、制度管理、作业环境、工作压力等因素被认为是影响建筑工人行为的主要因素[19]。煤矿行业则更多考虑薪酬体系、企业管理模式、安全投入、心理及情绪、作业环境等。

1.3 卡车司机行为安全调研

中国有 3000 万名货运汽车（卡车）司机，负责中国物流总量 75%的运输，从事的是一份高风险职业。在所有已发生的事故中，90%为人为因素引发的事故，其中82%的人为事故是由驾驶员有意或无意的不安全行为造成的。卡车事故导致的死亡人数约占交通事故死亡总数的28%，这给经济社会的发展带来了很大的影响。如何从行为安全角度来分析卡车司机的不安全行为，有效预防事故的发生，无疑是一个非常值得研究的重要课题。本书借助“行为安全2-4模型”理论，从组织和个人两方面，以事故的直接原因、间接原因、根本原因和根源原因进行全面分析，查找不安全行为的类型、数量比例和发生者的变化规律，以期通过行为控制的方法给预防卡车司机不安全行为事故提供借鉴与参考，此举有着十分重要的理论和实际意义。

1.3.1 道路货物运输事故风险现状

近年来，我国物流行业也迎来了新的发展契机，货运流通发展迅猛。运输业为中国经济的快速发展起到了至关重要的作用。目前，我国的货运市场也正朝着大型化、集约化的方向发展。卡车凭借运量大、运输效率高等优势，在货运物流市场中有着举足轻重的地位，是我国货运行业的最重要组成部分。卡车运输也是我国最重要的货运物流方式，它几乎承载着全国四分之三的运输量。2018年货运总量达到506.15亿吨，同比增长7.4%，公路货物运输始终保持着我国综合货物运输体系中的领先地位[28]。然而，其快速的增长态势给交通安全带来了更加严峻的挑战。图1-1为我国2009～2018年交通物流运输发展情况统计。

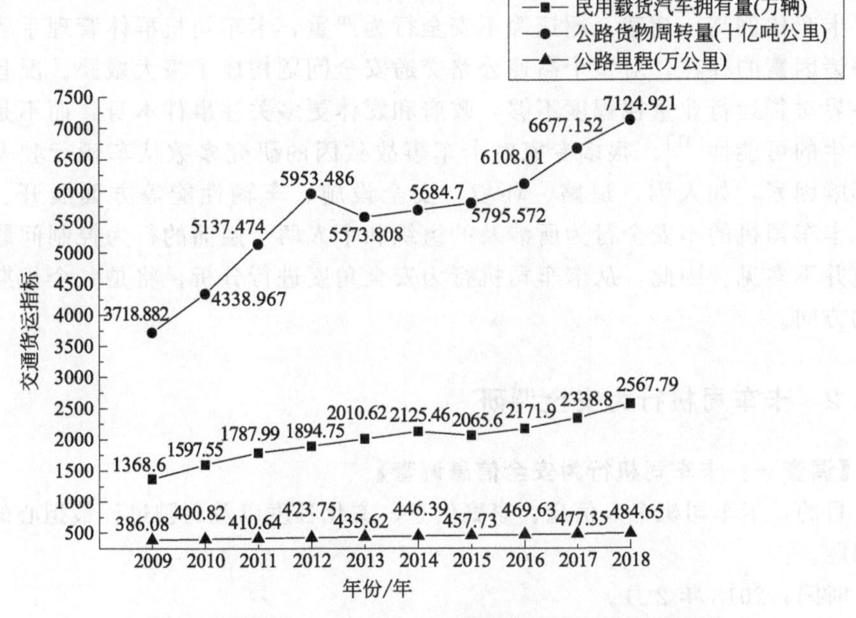

图1-1 我国2009～2018年交通物流运输发展情况统计

交通运输业的快速发展也给道路运输安全带来了事故风险。在现有的道路交通状况下，卡车司机的行为安全起着决定作用。由于卡车的体积庞大、较差的加/减速性能，以及卡车司机个人因素等，由卡车主导的交通事故往往呈现出更高的严重性和事故率[29]。因此，卡车的安全问题逐渐引起社会和政府的广泛关注，卡车司机群体也成为研究者重点关注的对象[30]。图 1-2 为我国南方某地区 2018 年高速公路交通安全情况统计，卡车全年事故共发生 163 起，造成 184 人死亡，起数、人数分别占总数的 68.5%、67.9%。

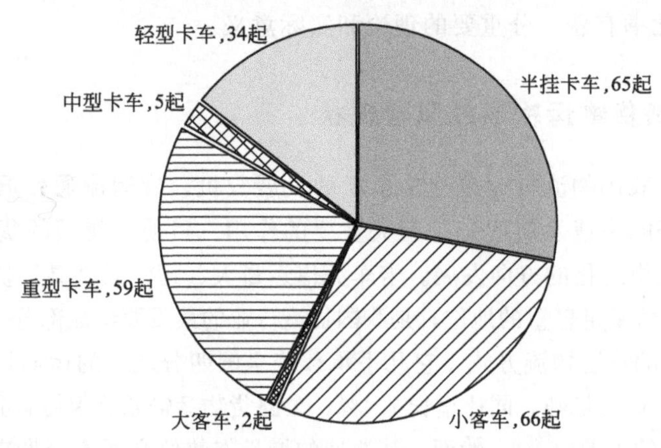

图 1-2　我国某地区高速公路交通事故情况统计

高速公路运输是货运的主要形式，我国高速公路车流量大、车辆类型多、卡车比例高，超载、超速等不安全行为严重，卡车司机群体管理手段缺失等诸因素的存在，对整个高速公路交通安全问题构成了极大威胁。况且社会各界对货运行业重视程度不够，政府和媒体更多关注事件本身，而不是事件发生的可能性[31]。很多专家对卡车事故致因的研究多数从车辆行驶安全的影响因素，如人因、道路、环境、安全设施、车辆性能等方面展开。然而，卡车司机的不安全行为所涉及的组织和个人两个层面的行为控制问题的研究并不多见。因此，从卡车司机行为安全角度进行分析，将是一个长期研究的方向。

1.3.2　卡车司机行为安全调研

【调查一：卡车司机行为安全信息调查】

目的：卡车司机个人信息、家庭信息、文化程度以及驾驶过程最担心的心理问题。

时间：2018 年 2 月。

地点：浙江省境内的桐庐、德清高速服务区。

对象：来自全国各地过往的卡车司机。

结果：课题小组历时半个月，发放问卷400份，回收到365份，有效率91%，符合调查要求，结果分析如下。

1.3.2.1 司机个人方面的因素

（1）年龄及驾龄方面，据收集到的数据，年龄小于30岁的卡车司机占参与问卷总人数的8.2%，30～40岁的占37.6%，40～50岁的占37.6%，50岁以上的占15.7%，见图1-3。

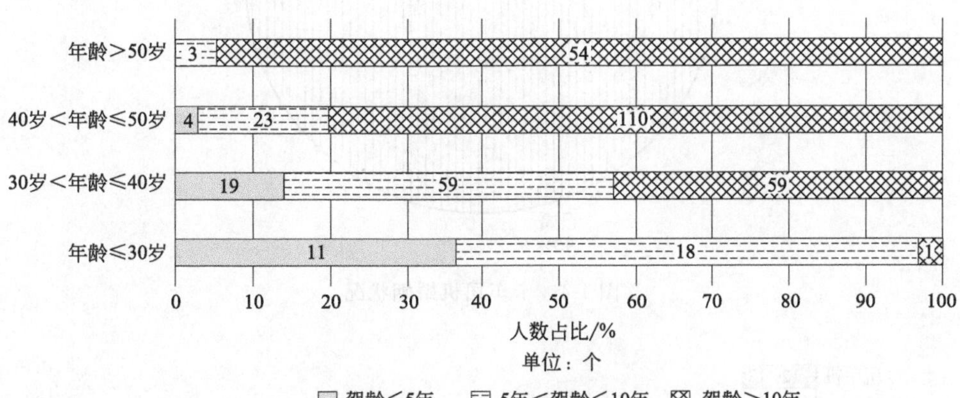

图1-3 卡车司机年龄及其驾龄分布

由图1-3可以看出大部分司机驾龄都比较大，驾龄的分布也随着年龄分布的增长而变化。大部分卡车司机都有相关的驾驶技能和驾驶经验，也就是说卡车司机因为驾驶技能和驾驶经验的欠缺而导致交通事故的概率会低于普通汽车司机。

（2）婚姻方面。据统计数据，90%的卡车司机都已经成立了家庭（见图1-4)，面临家庭生活的压力。因为某些不健康的心理因素而且主动造成交通事故的可能性是极小的。也可以说，已成家的卡车司机会更注重避免发生交通事故而造成经济损失或者人身伤害。

（3）文化程度方面。在收集到的数据样本中，文化程度为小学的卡车司机占7%，初中的占68.1%，高中（或技校）的占21.2%，大专的占1.6%。大多数卡车司机的文化程度都为初中文化，安全意识薄弱、专业技能不足，如开车玩手机、随意变道、超速、失误操作等，普遍认为这与发生交通事故有相当大的关联度，见图1-5。

（4）驾驶心理的状态分析。卡车司机认为可能导致事故的行为和心理因素方面的数据统计中，驾驶过程中担心自行车和电瓶车乱行驶导致的事故居多，其次是司机自己的疏忽大意和消极情绪影响，见图1-6。该结果也一定程度反

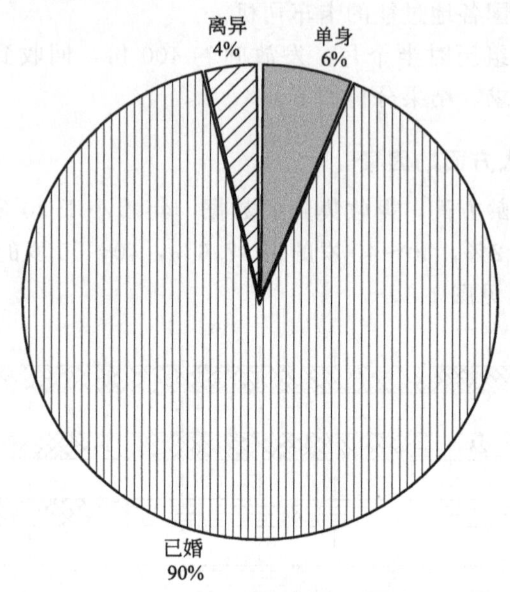

图 1-4 卡车司机婚姻状况

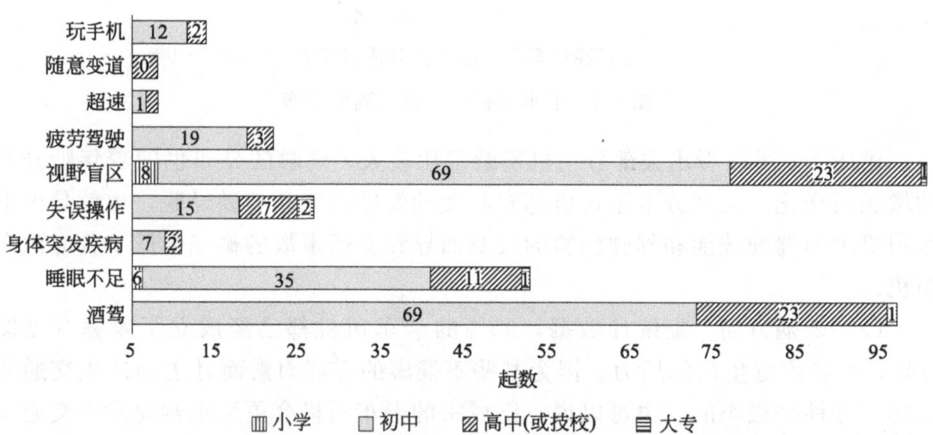

图 1-5 卡车司机认为可能导致事故的行为在不同文化程度中的分布

映出卡车司机和非机动车驾驶员关系的不和谐，这也就涉及交通环境、安全文化、行为规范等因素的内涵。因此，相关管理部门可以从该方面入手，规范道路上自行车和电瓶车司机的驾驶行为，使整个交通运输处于一个和谐状态，规范行为，减少交通事故。

在驾驶过程中，对周围环境和设施的关注方面，卡车司机认为首先是行人和电动车、反光镜、前方红绿灯等，注意力不集中也容易出事故，见表 1-2。

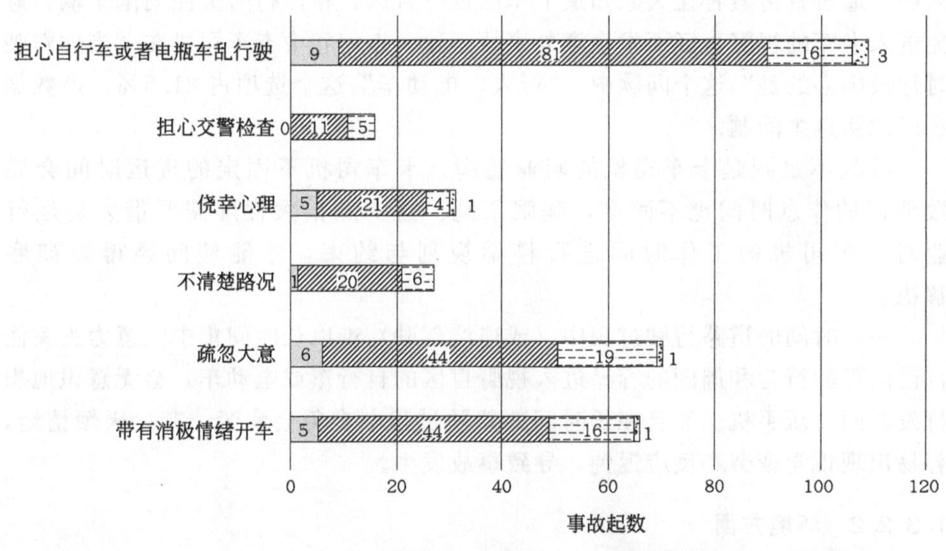

图 1-6 卡车司机认为可能导致事故的心理因素分布

表 1-2 卡车司机认为存在的问题

问卷题目	主要选项及其占比				
当你驾驶时你最担心的是	担心交警检查 (13.5%)	担心城管检查 (1.0%)	行人、电动车 (81.5%)	来往车辆 (4.0%)	
当你驾驶时你最关注的是	前方红绿灯 (36.4%)	左右反光镜 (55.0%)	后视镜 (5.4%)	车载报警仪 (3.2%)	
你驾驶时存在视野盲区情况	很严重 (23.3%)	严重 (27.0%)	一般 (36.3%)	不严重 (11.2%)	没关系 (2.2%)
右转时你是否会关注车辆、行人和电动车	一定看 (99.2%)	偶尔看一下 (0.4%)	不太关注 (0.2%)	没关系 (0.2%)	
司机有哪个习惯性行为容易导致事故	开车玩手机 (72.1%)	经常超速 (12.4%)	没有好好学习交通法规 (5.8%)	不清楚路况 (6.3%)	车辆不及时维修 (3.4%)

在可能导致卡车事故的行为统计中，酒驾、视野盲区和睡眠不足是卡车司机认为最可能导致卡车事故的行为。对于酒驾，现在国内大部分道路上都会在一定距离设立关卡，或者交警巡逻查处酒驾行为，卡车司机酒驾导致事故的可能性已经大大降低。

对于视野盲区，视野盲区是卡车结构设计的特性导致的问题，可以通过增加安装辅助驾驶的反光镜减少视野盲区的问题，关键是卡车司机自身要熟悉自己驾驶车辆的视野盲区。在已调查收集到的数据中，卡车司机群体对于视野盲区已经有较高的重视程度。对于视野盲区的问题，可能更多要做的是面向社会人群，通过宣传教育让大家知道卡车的视野盲区，在出行时关注周围车辆，避免进入卡车的视野盲区而发生意外事故。这一点问卷中卡车司机在“当你驾驶时你最担心的是”这个问题中，“行人、电动车”这个选项占81.5%，该数据足以说明这个问题。

睡眠不足则是卡车司机的职业通病。卡车司机不固定的货运时间会导致他们的作息时间也不固定，睡眠紊乱。这一点很大程度需要借力货运行业对卡车司机的工作时间进行科学规划与约束，才能使问题得以彻底解决。

在长时间的道路行驶过程中（或连续驾驶）难以长时间集中注意力去关注自己的驾驶行为和周围的容易进入视野盲区的自行车或电动车，会无意识地想打发时间，玩手机。而且在长时间的驾驶过程中难免会疲劳，产生厌烦情绪，容易出现视觉疲劳和反应迟钝，导致事故发生。

1.3.2.2 环境方面

(1) 车辆方面。由表1-3得知，绝大多数卡车司机对卡车持谨慎态度，有93%的车辆装上了自动报警装置（防碰撞），97.5%的司机没有对卡车进行改装。大多数卡车司机对车辆状态都很重视，卡车在硬件上的配置没有出现明显的问题。主要还是卡车的日常维护问题，从问卷中收集到的数据来看，卡车驾驶过程中使用最频繁的刹车问题，是卡车司机认为最容易出现碰撞事故的原因，见表1-3。在一些运输站点可以增加对卡车刹车的抽查，引起卡车司机对刹车维护的重视。

表1-3　卡车司机认为存在的车辆问题

问卷题目	主要选项及其占比					
你的车辆最容易出现碰撞事故的是什么原因？	车灯损坏（6.4%）	刹车失灵（63.2%）	倒视镜或后视镜损坏（8.8%）	轮胎爆胎（12.9%）	转向不足或者转向过度（5.8%）	喇叭不灵（2.9%）
你的车辆有安装超速或碰撞自动报警功能？	有（93.0%）	没有（6.2%）	不知道（0.8%）	—	—	—
你的车辆有改装过吗？	有（2.0%）	没有（97.5%）	不知道（0.5%）	—	—	—
你的车辆有小故障也运货？	是（1.6%）	不是（98.1%）	不知道（0.3%）	—	—	—

(2) 道路环境方面。由图1-7和图1-8可知，卡车司机对于道路环境方面反映出的问题则比较均匀，没有明显突出的问题。对于笨重的卡车来说，大雾天气的较差视野会导致遇到道路上的突发情况时没有充足的反应时间，道路结冰或者道路湿滑都会导致卡车的刹车距离变长，容易造成事故。针对以上情

况，可以根据以前的道路数据，对多雾地区增加一定数量的浓雾警示牌和道路巡逻队，提醒车辆降速打开雾灯。对于道路存在缺陷的路段，也可以收集已有的道路数据，对存在问题的路段进行维护，提升道路维护人员的工作素养，在维护道路而进行部分路段的禁行时，一定要合理分析安排，不能为维护道路而错误封路导致交通事故，本末倒置。

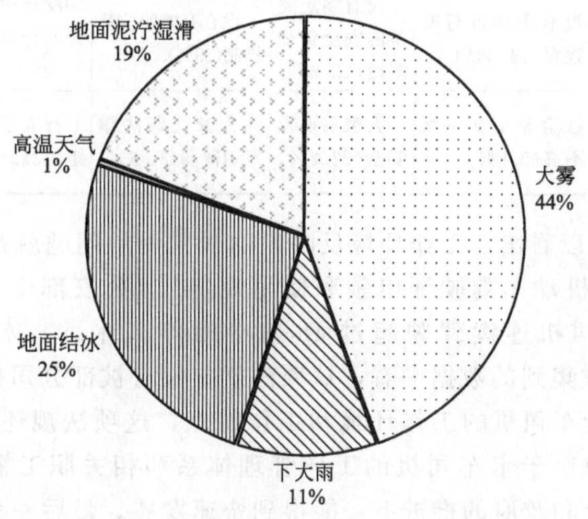

图 1-7 卡车司机认为最可能导致卡车事故的气候及道路状况

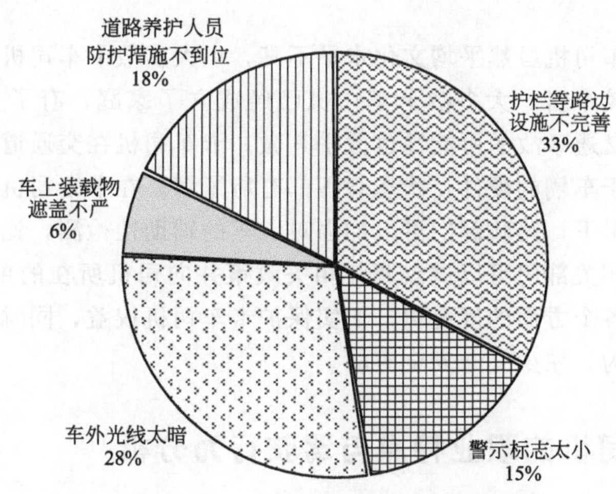

图 1-8 卡车司机认为最可能导致卡车事故的道路环境

（3）工作环境。卡车司机的工作环境与其所产生的不安全行为有着重要的关系，将司机所在单位的安全管理情况和对事故原因的认识进行调研，见表

1-4。

表 1-4 卡车司机认为存在的工作环境问题

问卷题目	主要选项及其占比				
你单位安全管理方面哪个问题最容易出现?	连续开车 4h 及以上无休息或休息少于 20min(73.7%)	被多次要求加班(13.1%)	个人违章公司没有任何报销(10%)	公司缺少对大卡车的管理(1%)	没有进行安全培训(2%)
你的单位存在着哪些问题?	没有定期进行安全教育(14.6%)	没有制定完整的安全管理制度(22.6%)	没有有效的监督机制(39%)	没有建设优秀的管理团队(23.8%)	
你认为交通事故频发的主要原因是什么?	社会整个文化水平不高(5.8%)	大家不重视安全(22.2%)	大家交通法律意识薄弱(31.8%)	行人不守规矩(13.2%)	电瓶车不规矩行驶(27%)

从表 1-4 可以看出，工作环境反映出的最首要的问题就是卡车司机的工作时间问题。《机动车驾驶证申领和使用规定》（公安部令〔2016〕第 139 号）要求卡车司机连续驾驶超过 4h 就必须停车休息，休息时间应超过 20min[32]。从收集到的数据中看，这项法规并没有被部分司机、单位严格遵守，结合当前卡车司机的工作环境和工作特点，这项法规还有待严格执行。卡车所有权单位对于卡车司机的工作管理体系和相关职工福利还未充分重视。希望在社会和政府的推进下，能得到快速发展。最后一个问题同样反映了上文所提到的对社会群体的交通安全宣传的重要性，没有相关交通安全知识的行人和电动车在行动过程中，很容易进入卡车车辆的视野盲区，造成人身伤害。

总之，卡车司机虽然平均文化水平不高，但大多数卡车司机的驾驶技能和驾驶经验都比较丰富。大多数卡车司机已经成立了家庭，有了支撑家庭的责任，刻意造成交通事故的可能性也微乎其微。卡车司机在交通道路上的驾驶也比较谨慎，对于车辆的硬件、状态管理都有所了解。在卡车司机这个主体做得相对良好的情况下，路政部门可以加强对卡车的辅助性检测，比如卡车状态的检查等。政府相关部门可以试点调整相关政策并向司机所在的单位妥善管理，促进货运体系各个方面的规范化，切实保护卡车司机权益，同时也要求卡车司机规范驾驶行为，减少交通安全事故。

1.4 卡车司机的职业特点与驾驶行为分析

1.4.1 我国卡车司机的职业特点

尽管我国营运卡车的保有量逐年攀升，已成为国民经济繁荣的重要支柱，但卡车运输安全形势依然严峻。同时，卡车司机群体作为主导卡车运输安全的行为主体，其窘困的生存状态和艰辛的工作环境，也越来越多地被揭示出来[33]。这些现象紧密相关，一方面揭示了货运市场需求的快速发展，另一方面则揭示了现有人力资源、装备力量、基础设施能力的供给水平的发展压力，而这一供需不平衡的矛盾，也造就了卡车司机群体生存困境和独有的行为特征。为了获得更安全的道路交通环境，政府机构、学者以及社会大众都需要更积极地去关注卡车司机这个职业群体的特征和现状，包括卡车司机的待遇、生存状态、作业环境以及市场环境等，努力寻求改善卡车司机群体的从业状态的途径，进而确保货运行业不落入低价竞争的恶性循环怪圈。

卡车司机存在着自我雇佣制居多、工作流动性强 、常患职业病、经济压力大、家庭分离多等现象，形成了卡车司机的高风险的职业特点，这也是深入探究卡车司机不安全行为的必要前提。

1.4.2 卡车司机驾驶行为研究现状

卡车司机的驾驶行为在交通事故中起着主导性作用，因为人为失误是导致交通事故的主要原因之一。卡车司机因为其驾驶的卡车体积庞大、加减速性能差以及卡车司机独有的主观特性，导致交通事故严重程度更大，使社会面临严峻的交通安全形势。可见，影响卡车司机驾驶行为的因素多而且复杂，要实现对卡车事故的有效预防与控制的难度加大。

首先，造成道路交通事故的主要因素包括人为因素、车辆状况和道路环境[27]。以往的研究表明，交通事故95%与人为因素有关[10,11]，而超过90%的交通事故与危险驾驶行为有关[34]。大量安全文献试图探索不安全驾驶行为的决定性因素，但由于内容和方法上的不完备都阻碍了对不安全驾驶行为的深入研究。大多数文献集中于客观因素的影响，例如事故发生的时间和地点、车辆、道路和环境条件对不安全驾驶行为的影响[10,34-39]。然而，诸如企业安全管理对策等的积极因素对卡车司机不安全驾驶行为的影响却被忽视了。因此，一些学者开始关注主动因素与危险驾驶行为之间的关系，例如 Peretz 和 Luria 从社交网络的角度研究了驾驶员的社会关系对不安全行为的影响[40]。Kudo 和 Belzer 分析了卡车司机的报酬与安全绩效之间的关系[41]。Öz、Gehlert、Üzümcüoğlu 等提出，交通安全文化和安全气候是减少事故和死亡的重要因素[42-44]。Mayhew、Quinlan 等指出，商用卡车运输运营具有独特的行业特征，例如倾向于小公司、复杂的分包，缺乏对远程和轮班工作的监督等[45]。尽管卡车事故在交通领域造成较多人数的伤害，但发生的几乎都是个体事故，影响因素众多，事故主体（车辆）是移动的，与化工和煤矿等其他领域相比，有着很大的区别。对卡车司机驾驶行为的研究相对较少，也很少有专家关注运输车辆公司内部安全管理或法规对危险驾驶行为的影响。因此，涉及企业安全管理水平或更深层次社会系统因素的研究并不多见，仍然缺乏强有力的证据来证明安全管理实践可以有效减少不安全驾驶行为[46]。

1.4.3 卡车司机不安全行为调研报告

【调查二：卡车司机对不安全行为的态度】

时间：2020 年 4～5 月。

地点：全国范围（依托传化物流全国各网点公路港 25 个点的资源）。

结果：发放 800 份问卷，回收有效问卷 646 份，回收率 80.75%，符合调查要求。

为初步探索卡车司机不安全行为的时空分布规律，调研小组克服新冠病毒疫情期间困难，在传化物流集团的支持下，通过该集团的全国各公路港基地，向所在地的卡车司机发放问卷，取得了很好的效果。

参与调查的卡车司机大多来自华东和华中地区，分别占调查记录总人数的 37%和 21%，而西北地区最少，仅占调查记录总人数的 1%。这些司机中，99%为男性，仅 1%为女性，而年龄比例中，以 40～49 岁居多，占比 48%，其次为 30～39 岁，占比 37%，可见卡车司机以中年人为绝大多数；在卡车司机文化水平上，初中及以下的有 52%，已超过一半，其次仅为高中（或技校）学历，占比 34%，这两者相加，已占调查总人数的 86%，可见卡车司机的文化程度仍处于较低水平，见图 1-9。

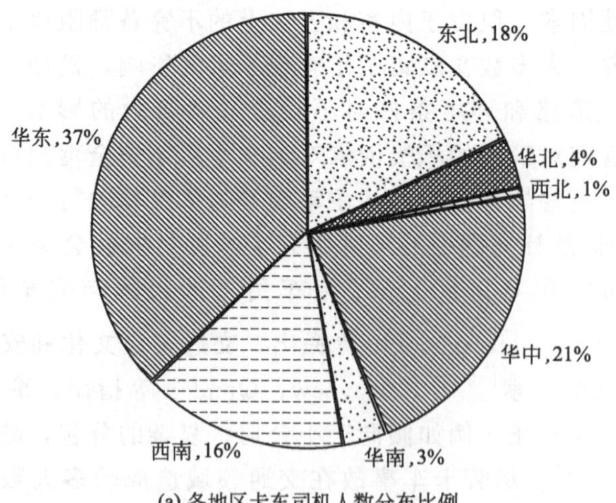

(a) 各地区卡车司机人数分布比例

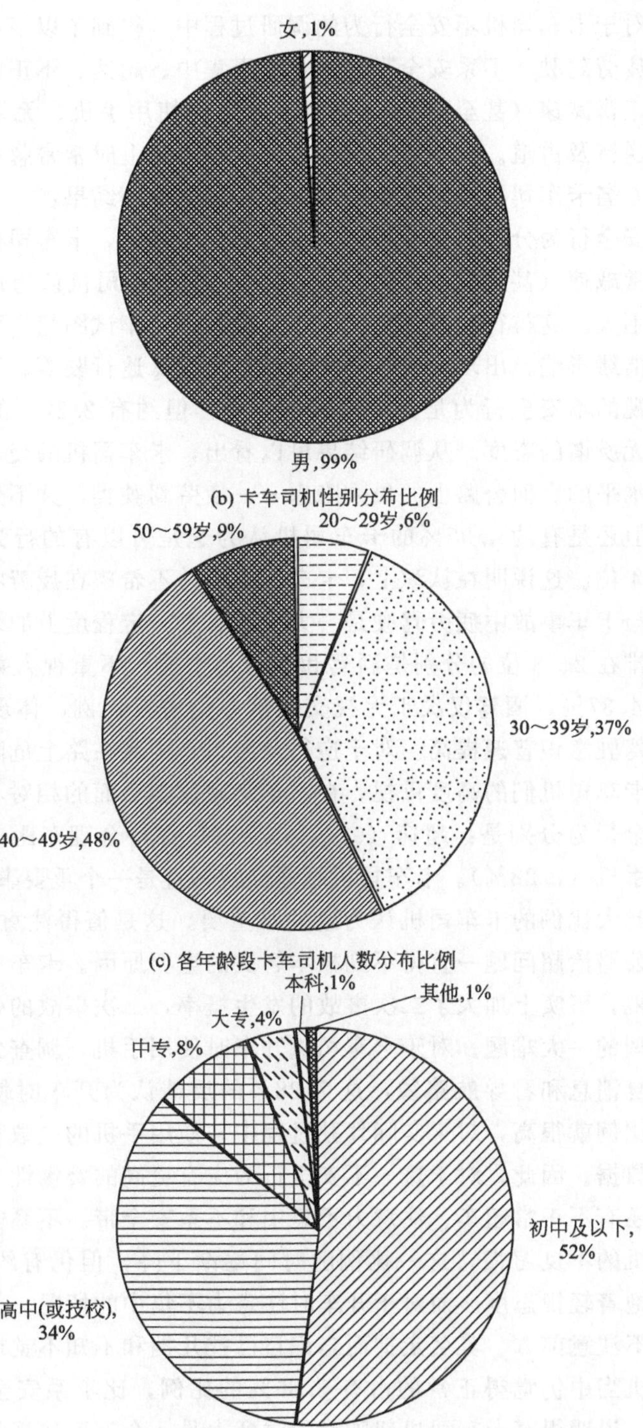

(b) 卡车司机性别分布比例

(c) 各年龄段卡车司机人数分布比例

(d) 卡车司机文化程度分布比例

图 1-9 卡车司机基本信息（地域、性别、年龄和文化程度）

在此次对于卡车司机不安全行为的调研过程中，得到了以下不安全行为的有关数据：疲劳驾驶、不系安全带、注意力不集中、超速、不正常超车、不合理车距、不正常减速（甚至低速）、酒驾、开车时使用手机、无视交通信号灯（信号牌）、逆行及占道。这些行为多为司机驾驶在路上时常常忽视而且极易犯的，在对 646 名卡车司机的调查数据分析后，得到如下结果：

(1) 不安全行为分类数据分析。在不安全行为当中，卡车司机们最容易忽视的是不正常减速（甚至低速）类，约 20.90%的卡车司机认为这种行为对驾驶行为影响不大。这类行为具体包括卡车司机会因后车试图超车而减速，受卡车司机个人情绪影响，出现时快时慢现象而产生的低速行驶等。其中最受卡车司机群体重视的不安全行为是无视交通信号类，但约有 2.22%的卡车司机对这种行为抱无所谓的态度。从调研结果可以看出，卡车司机的交通规则意识还是处在较高水平的。而公路上的最大隐患——疲劳驾驶类，并不处于高度不重视的状态，但还是有约 4.95%的卡车司机认为这是可以有的行为，排在重视程度上的第 4 位。这说明在认识上，卡车司机们并不希望在疲劳状态下继续保持驾驶，这与卡车事故中疲劳驾驶是一大主因有着一定程度上的矛盾。卡车司机重视程度排在 2、3 位的分别是酒驾和逆行及占道，不重视人数分别占比约为 3.87%、4.37%，酒驾仅次于无视交通信号类占有比例，体现了现在的卡车司机安全驾驶意识普遍提高。对于逆行及占道，因其在路上危险性极高，所以也得到了卡车司机们的高度重视。在不正常减速类后面的相对不那么受重视的三类不安全行为分别是：超速（9.13%）、没有保持合理车距（7.43%）和开车时使用手机（7.28%）。卡车司机超速驾驶一直是一个重要事故风险因素，至今仍有如此大比例的卡车司机认为这并不重要，这是值得注意的一个焦点，这也是高速公路治超问题一直得不到根本解决的重要原因。卡车司机对保持合理车距的忽视，事实上加大了二次事故的发生概率，二次事故的处理也是当下交通事故处理的一大难题。对于卡车司机开车时使用手机，调查到多是用于接听电话、回复消息和看导航路线，这 7.28%的反馈认为开车时使用手机没什么大问题的比例就很高，对于实际驾驶过程中，使用手机的次数和人数可能远远超过这个数据。因此，对于这一不安全行为应有更高的警惕性。除上述提到的几类外，还有不正常超车、注意力不集中和不系安全带。不系安全带一直是许多卡车司机的不良习惯，这一比例随时间逐渐下降，但仍有约 5.26%的卡车司机对其抱着轻视态度。而对于开车时注意力不集中的情况，如东张西望看四周风景而不注意前方、莫名走神而忘记自己挂几挡和不知不觉地加速等，这些情况在司机当中仍觉得正常的占有 5.80%的比例，比不系安全带的错误认知比例还高，说明提高卡车司机驾驶时的注意力是一个不可忽视的问题。在不正常超车方面，这反映的是卡车司机群体中的一些人的不良驾驶习惯，这种认知占比约为6.35%，这种行为也是紧随着在开车时使用手机这一类的，见图1-10。

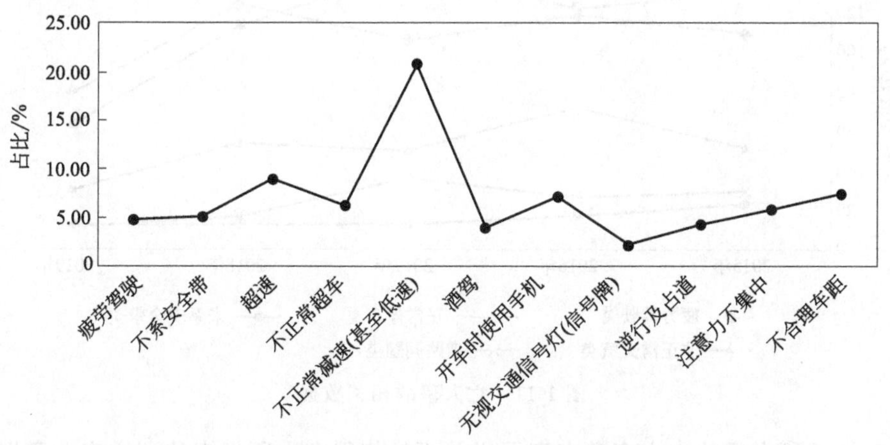

图1-10 各类不安全行为人数占比

（2）不安全行为与亡人事故的关联性。对于以上类型不安全行为，它们最终导致发生事故的具体情况又是不一样的。以浙江省5年（2015～2019年）的高速公路卡车年亡人事故的相关数据来分析，发现与卡车司机个人不安全行为直接关联的仅有疲劳驾驶和不系安全带这两类。其中，疲劳驾驶年亡人数近几年居高不下，至2019年才首次降至100人以内，而不系安全带则相对较少，2015～2017年三年间都只有11～12人左右。但将这两种与亡人事故直接关联的不安全行为和其他上文提到的不安全行为相比来看，可以得出这两类不安全行为是最应该从卡车司机群体中杜绝的。疲劳驾驶只排到了卡车司机重视程度的第4位，不系安全带类紧随其后排到了第5位，这两类亡人事故致发性最高的不安全行为没有引起卡车司机足够重视，这尤其值得研究者注意。对于卡车司机集体最重视的无视交通信号类行为，在亡人事故上已是少有发生，这得益于两个方面的原因：一是卡车司机群体对其高度重视；二是交通运输部门的严加管理。而在疲劳驾驶方面，由于货主要求在规定的时间内将货物送达到位，以“多拉快跑”实现更高的经济效益。因此，尽管交通管理部门出台了很多措施，严格要求，但因卡车司机受经济利益等因素的影响，对安全的认识还不够到位，在实际行动上经常会出现疲劳驾驶行为，这也是很难根治的现象。另外，对于不正常减速（甚至低速）这样的不安全行为，在亡人事故中有一定的数量体现。这种停车所造成的亡人事故人数仅次于疲劳驾驶，所以不正常减速也是一种卡车司机的不安全行为。其他类别不安全行为，在直接或是间接上还得不出明显的关系，它们或许是一种综合性作用于亡人事故，见图1-11。

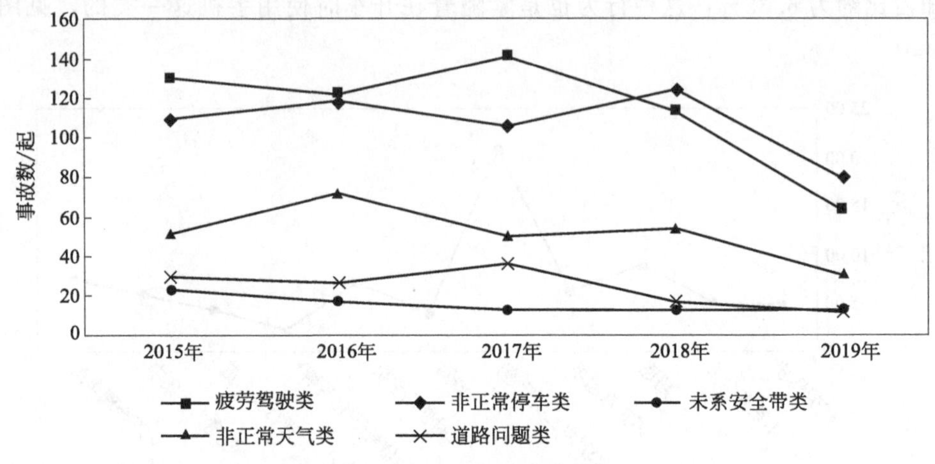

图 1-11　亡人事故相关数据

从调研中反映出大多数卡车司机并不是如很多人所指责的那样安全意识不强，缺乏责任意识。相反，在很多交通规则和驾驶道德方面，他们表现出特别的重视。即使卡车司机主观意识上很谨慎，但每年发生的卡车交通事故占交通事故总数较高的比例。另一个影响因素要相当关注，一般的小型汽车等其他车辆司机的驾驶不安全行为出现，导致与卡车碰撞事故客观来说，卡车其本身具有大质量和体积，加速和减速所需的时间和距离都远高于一般汽车，在道路上并不如小型汽车灵活。其他车型的车主在不了解卡车的相关特性的情况下，把它视作普通车辆，在驾驶过程中任意超车或者变道导致卡车追尾的事故较多。发生事故后又由于卡车阻挡后方视线引起二次事故也屡见不鲜，卡车的高事故发生率并不仅于自身因素相关。在关注卡车司机的高事故发生率问题的同时，我们应该把目光放得更宽广一些，这样有助于我们从根本上找到解决问题的办法。

参考文献

[1]　中国社会科学院语言研究所词典编辑室．现代汉语词典［M］．7 版．北京：商务印书馆，2016.

[2]　辞海编辑委员会．辞海［M］．上海：上海辞书出版社，1979.

[3]　GB 6441—86. 企业职工伤亡事故分类标准［J］．1986：1.

[4]　佟瑞鹏．行为安全研究进展追溯与述评［J］．安全，2019，40（07）：1-14.

[5]　孙薇．大货车交通事故致因机理及对策研究［D］．重庆：重庆交通大学，2014.

[6]　何操．山区高速公路隧道路段对驾驶人生理心理影响研究［D］．西安：长安大学，2009.

[7]　Yu Y，Guo H，Ding Q，et al. An experimental study of real-time identification of construction workers'unsafe behaviors［J］．Automation in Construction，2017，82：193-206.

[8] 武淑平．电力企业生产中人因失误影响因素及管理对策研究［D］．北京：北京交通大学，2009.
[9] 杨启佳．人的不安全行为再分析与对策［J］．安全，1996（05）：35-36.
[10] Zhang B，Huang Y，Rau P P，et al. A study of Chinese truck drivers' attitudes toward feedback by technology［J］．Safety science，2006，44（8）：747-752.
[11] Bener A，Özkan T，Lajunen T. The Driver Behaviour Questionnaire in Arab Gulf countries：Qatar and United Arab Emirates［J］．Accident analysis and prevention，2008，40（4）：1411-1417.
[12] 环球网．切尔诺贝利事故 30 周年，他们还在撒谎掩盖真相！［EB/OL］．https：//world. huanqiu. com/article/9CaKrnJV40P.
[13] Reason J. Human Error［M］．Cambridge：Cambridge University Press，1990.
[14] Hald K S. Social influence and safe behavior in manufacturing［J］．Safety science，2018，109：1-11.
[15] 高青．基于改进的 HFACS 制造业生产安全管理研究——以 M 企业为例［C］．第二届经济商务管理与企业社会责任国际学术会议，2018.
[16] Kanse L，Parkes K，Hodkiewicz M，et al. Are you sure you want me to follow this? A study of procedure management，user perceptions and compliance behaviour［J］．Safety science，2018，101：19-32.
[17] 李磊，田水承，邓军，等．矿工不安全行为影响因素分析及控制对策［J］．西安科技大学学报，2011，31（06）：794-798.
[18] Choudhry R M，Fang D. Why operatives engage in unsafe work behavior：Investigating factors on construction sites［J］．Safety Science，2008，46（4）：566-584.
[19] 车瑞楠．企业员工违章行为影响因素研究分析［D］．北京：中国地质大学，2019.
[20] 张孟春，方东平．建筑工人不安全行为产生的认知原因和管理措施［J］．土木工程学报，2012，45（S2）：297-305.
[21] Wang C，Wang J，Wang X，et al. Exploring the impacts of factors contributing to unsafe behavior of coal miners［J］．Safety science，2019，115：339-348.
[22] Tao D，Zhang R，Qu X. The role of personality traits and driving experience in self-reported risky driving behaviors and accident risk among Chinese drivers［J］．Accid Anal Prev，2017，99（Pt A）：228-235.
[23] 张凤，李永娟，蒋丽．驾驶行为理论模型研究概述［J］．中国安全科学学报，2010，20（02）：23-28.
[24] Shappell S A，Wiegmann D A. Applying reason：the human factors analysis and classifcation system（HFACS）［J］．Human Factors and Aerospace Safety，2001，1：59-86.
[25] 傅贵，殷文韬，董继业，等．行为安全“2-4”模型及其在煤矿安全管理中的应用［J］．煤炭学报，2013，38（07）：1123-1129.
[26] 傅贵，杨春，殷文韬，等．行为安全“2-4”模型的扩充版［J］．煤炭学报，2014，39（06）：994-999.
[27] 李振明，牛毅，樊运晓，等．不同区域高速公路货车事故特征研究［J］．中国安全科学学报，2020，30（06）：121-127.
[28] 中华人民共和国交通运输部．2018 年公路货物运输量［EB/OL］．http：//xxgk. mot. gov. cn/jigou/zhghs/201905/t20190513＿3198915．html.
[29] 牛毅，李振明，樊运晓．基于数据挖掘的高速公路货车交通事故影响因素关联分析研究［J］．安全与环境工程，2020，27（04）：180-188.

[30] Chang L, Chien J. Analysis of driver injury severity in truck-involved accidents using a non-parametric classification tree model [J]. Safety science, 2013, 51 (1): 17-22.

[31] 凌冰，刘翔宇．客货车交通事故频发的经济分析及治理［J］．大连海事大学学报（社会科学版），2007（06）：73-77.

[32] 中华人民共和国公安部．机动车驾驶证申领和使用规定［S］．2021.

[33] 官阳．交通安全文明意识的起点是社会契约意识［J］．汽车与安全，2019（10）：66-68.

[34] Zhou T, Zhang J. Analysis of commercial truck drivers' potentially dangerous driving behaviors based on 11-month digital tachograph data and multilevel modeling approach [J]. Accident analysis and prevention, 2019, 132: 105256.

[35] Filtness A J, Hickman J S, Mabry J E, et al. Associations between high caffeine consumption, driving safety indicators, sleep and health behaviours in truck drivers [J]. Safety science, 2020, 126: 104664.

[36] Hassan H M, Shawky M, Kishta M, et al. Investigation of drivers' behavior towards speeds using crash data and self-reported questionnaire [J]. Accident analysis and prevention, 2017, 98: 348-358.

[37] Mannering F L, Bhat C R. Analytic methods in accident research: Methodological frontier and future directions [J]. Analytic methods in accident research, 2014, 1: 1-22.

[38] Radun I, Ohisalo J, Radun J, et al. Driver fatigue and the law from the perspective of police officers and prosecutors [J]. Transportation Research Part F: Traffic Psychology and Behaviour, 2013, 18: 159-167.

[39] Murphy L A, Huang Y, Lee J, et al. The moderating effect of long-haul truck drivers' occupational tenure on the relationship between safety climate and driving safety behavior [J]. Safety science, 2019, 120: 283-289.

[40] Arizon Peretz R, Luria G. Drivers' social-work relationships as antecedents of unsafe driving: A social network perspective [J]. Accident analysis and prevention, 2017, 106: 348-357.

[41] Kudo T, Belzer M H. The association between truck driver compensation and safety performance [J]. Safety science, 2019, 120: 447-455.

[42] Gehlert T, Hagemeister C, Özkan T. Traffic safety climate attitudes of road users in Germany [J]. Transportation research Part F, Traffic psychology and behaviour, 2014, 26: 326-336.

[43] Öz B, Özkan T, Lajunen T. An investigation of the relationship between organizational climate and professional drivers' driver behaviours [J]. Safety Science, 2010, 48 (10): 1484-1489.

[44] Üzümcüoğlu Y, Özkan T. Traffic climate and driver behaviors: Explicit and implicit measures [J]. Transportation research Part F, Traffic psychology and behaviour, 2019, 62: 805-818.

[45] Mayhew C, Quinlan M, James P. Economic pressure, multi-tiered subcontracting and occupational health and safety in Australian long-haul trucking [J]. Employee relations, 2006, 28 (3): 212-229.

[46] Mooren L, Grzebieta R, Williamson A, et al. Safety management for heavy vehicle transport: A review of the literature [J]. Safety science, 2014, 62: 79-89.

第2章 卡车司机的个人与组织环境

卡车司机的驾驶行为受个人因素和组织因素的共同影响。本章全面分析卡车司机的内、外部影响要素与形成原因，了解卡车司机个人的基本情况，对其所在的工作环境，组织管理方式，以及政策等方面因素进行分析，为进一步开展卡车司机不安全行为的研究和事故预防工作提供重要依据。

2.1 卡车司机的个人素养

道路运输是一个动态的且工作范围很大的系统，全国的 3/4 货物由道路运输完成。作为道路交通安全的主体，卡车司机需要面对的不仅是货运公司，还需要与各种各样的人或事物处理好关系，从而提高服务质量，确保行车安全，这就要求卡车司机具有较高的综合素养，然而现状却不尽如人意。据调查，卡车司机初中及以下学历的占 75.1%，高中或技校的占 21.2%，大专的占 1.6%（见第 1.3 节），卡车司机学历普遍不高，这与我国目前区域经济发展的不均衡性和从业门槛低等情况密切相关，也是经济发展过程必然出现的一个阶段。

（1）卡车司机多为社会底层人员，赚钱养家是他们首要考虑的问题，且大多未受过良好教育，安全意识较为薄弱，常常出现违规行为，危及交通安全。

（2）卡车司机大都处于分散经营，个体运输缺乏组织管理，得不到严格的安全教育和培训，对安全抱有侥幸心理。

（3）随着互联网时代的崛起，我国物流运输行业处于快速转型之际，部分卡车司机未能以“平台业务”开展运输。

（4）受社会整体环境的影响，无论是公众还是执法者，对卡车司机群体存在偏见，导致这个群体普遍缺乏社会的关注和保护。

（5）货运市场不规范，道路货运个体挂靠多，集约化程度低，安全生产责任不落实、安全监管不到位等深层次问题普遍存在。

（6）我国目前还缺乏完整的、系统化的驾驶员职业素质建设机制。现有的卡车司机培训更多注重驾驶技能而轻职业道德教育。

从整个社会环境包括政府对卡车的监管角度来看，提高卡车司机群体素质是我国货运行业的迫切需求。为改善这一现状，2016年交通运输部在《交通运输部关于提升交通运输从业人员素质的指导意见》（以下简称《意见》）中指出，要加强我国交通运输从业人员职业标准建设[1]。《意见》的制定旨在对交通运输从业人员结构进一步优化、缓解关键职业和重点岗位从业人员短缺问题，进而培养造就一支结构优化、布局合理、素质优良的从业人员队伍。《意见》出台不久，交通运输部、教育部、公安部、人力资源和社会保障部、中华全国总工会联合印发了《道路运输从业人员素质提升工程工作方案》（以下简称《方案》），开展为期三年的“道路运输从业人员素质提升工程”，从制度建设、职业保障、培养模式、强化监管等方面全面提升人员素质[2]。最终的目标在于促使完整制度体系的基本形成，使卡车司机从业状况明显改善以及社会地位得到提升。

2.2 卡车司机的工作环境

近几年，由于货运市场的不规范、公路“三乱”以及卡车司机的从业门槛低等，卡车司机的工作环境一直不容乐观，这也是造成交通事故的一大诱因。虽然政府相关部门一直在出台一些规范货运市场工作环境的相关政策，但并没有从根本上解决目前卡车司机面对的问题。卡车一直是道路货物运输的主干力量，在中国，卡车司机这个职业并没有合理完整的职业门槛和工作体系[3]。在这样的背景下，全国每年的卡车事故数量居高不下，卡车事故也一直占道路事故的很大比重。卡车事故在给社会带来巨大经济损失的同时，也严重威胁着道路安全，给交通运输部门的监管和维护带来了极大的压力。

2.2.1 不同卡车司机群体差异

（1）车辆归属状况与类型。根据统计分析，在车辆运营类型方面，我国的交通运输卡车中自有车辆占据74%的比例，个体司机是我国公路货运业的营运主体，对各种政策信息掌握难度大，导致出现大量挂靠公司的现象[4]。从挂靠费用来看，费用500元/月以下居多，少数在1000元/月以上。挂靠公司是应对相关政策的产物，解决了部分卡车司机获得营运权证的难题，在一定程度上减轻了从业者的负担。然而，挂靠公司的管理松散、服务单一、走形式等问题严重阻碍了货运行业安全状况的提升。尽管大量卡车司机依赖于此，但大多缺乏有利资源和营运经验。随着我国物流等行业的快速发展，挂靠公司势必面临加速转型。

据相关数据统计，卡车司机驾驶的车辆类型，以牵引车和重型卡车为主，大部分司机在做长途运输。

(2) 自雇司机与他雇司机的工作差异。将为自己开车的司机界定为自雇司机，将为他人开车的司机界定为他雇司机。根据相关统计数据，相较于他雇司机，自雇司机的工作更为灵活，工作的强度较低。两种营运模式的主要特征和差异如下：

① 自雇司机。数量占70%左右，也就意味着大多数卡车司机同时也是车主，他们既是车辆所有者，又是劳动者。自雇司机是当前最大的债务群体之一，他们在购买车辆时，往往举债购车，而非全款购车，承担着较重的债务。自雇司机沉重的债务压力形成精神负担，促使他们驾驶时有时候不得不超载或超速，在危险或病痛状态下依然坚持工作。自雇司机中相当一部分选择挂靠于其他公司名下，这部分司机通过向公司缴纳一定的管理费用，借用公司名义登记入户，从而获得道路运输的资格，公司则为其提供适于营运的工作条件。由于受地方政策的约束，挂靠公司可以代办，行政手续更加便利，超过半数的自雇司机选择挂靠经营模式。

② 他雇司机。数量占30%左右，与自雇司机一样，他雇司机也以男性为主。而由于雇主的要求，他雇司机的年龄多集中在青壮年时期，即31～45岁，年龄偏小且较为集中。尽管他雇司机不需要关注卡车保养、维护等事情，但相关调查显示，他雇司机在驾驶方面的工作强度要高于自雇司机，且日常工作安排更为紧凑固定。受高强度的工作影响，他雇司机的健康状况不容乐观。据相关数据显示，颈椎病、胃病和腰病是最高发的三类职业病。

当然，自雇司机与他雇司机之间存在一定的双向流动，且大多数司机以他雇作为起步，随着事业的逐渐起色，积累到一定的市场经验和工作关系后，一部分人开始考虑拥有自己的卡车，从他雇司机转到自雇司机的形式，选择自己做老板，自主经营，以获得更好的经济效益。

2.2.2 卡车司机工作环境

物流业是支撑国民经济发展的基础性产业，而货运物流占整体物流市场的93.2%。我国全社会货运总量中，公路货运占75%以上[5]。这背后是3000万卡车司机夜以继日的辛勤付出，其遇到的困难我们平常人难以想象。他们的工作和生活还面临诸多现实的困难和问题。在工作方面，主要集中在成本高、市场不规范、路卡多且收费高、货源不稳定、运费低且收入低；在生活方面，四海为家，与亲人聚少离多，同时由于工作时间长，饮食作息不规律，很多司机都不同程度地患有职业病。

(1) 货运市场环境。当前的货运市场70%以上为个体户经营，总体上车多货少，竞相压价，运费被压到很低，致使许多个体司机冒险超载。由于超载的危险系数大，一旦发生事故，制动系统容易出现故障，往往会出现非常严重的伤亡事故。竞争激烈的货运市场环境，让原本就不富裕的卡车司机面临更加沉重的成本负担，进而迫使他们做出冒险的驾驶行为，以至于产生危害道路交通安全的问题。

(2) 政策环境。社会上尚未出台真正关心卡车司机群体的相关政策，如劳保福利政策等，导致许多个体卡车司机在各方利益博弈的夹缝中艰难生存，这也是卡车司机工作环境恶劣的根本原因。与发达国家相比，我国的相关政策还不尽完善，对卡车司机的关注度还不够。

(3) 经济环境。每个企业或个体都需要获得自己的经济利益，油费、高速路费、过桥费等费用的快速飞涨与运费的增长速度不成比例，以至于卡车司机赚钱更加困难。

(4) 社会环境。我国卡车司机对自己的社会地位认知和职业认同度较低，普遍认为处于社会的底层，是弱势群体，存在感低。同时由于大众的观念固化，卡车司机得不到足够的尊重。虽然政府、社会团体、媒体就该现象做过很多调研和宣传，呼吁关注卡车司机、尊重和重视他们，但效果并不理想。

因此，在政府层面，应采取相应措施提高卡车司机群体的形象和素质，媒体应该多宣传他们努力工作、吃苦耐劳的形象，从正面引导公众舆论，以扭转当前较为被动的局面。

2.3 卡车司机的组织管理环境

货运行业特有的作业过程（流动性大、作业范围广）形成了卡车司机的个性特征。绝大多数司机在工作中独来独往，较少与人交流，习惯了其工作和生活方式，这也导致了他们天生对组织管理的抵触。然而，由于一些现实需求（如维权），卡车司机在劳动过程中，不得不寻求适合自己的组织。

目前，我国卡车司机的组织形式有以下几种类型。

2.3.1 个体卡车司机

大多数卡车司机为个体运营，既是车主，又需要亲自从事驾驶工作，双重身份造就了他们独有的思维逻辑和鲜明的群体特征。

2.3.2 挂靠公司的卡车司机

运输行业的车辆挂靠经营是我国特有的一种经营模式，尤其在交通运输领域普遍存在。挂靠车辆向相关公司缴纳一定挂靠费用，从而以公司名义登记入户，获取道路运输资格，公司则向卡车司机提供相应的运营环境、政策解读以及获取贷款等便利。

挂靠营运模式的优势方面包括：

(1) 有利于资源整合、统一管理。对管理者而言，卡车司机工作流动性大、作业范围广，不便于定位和监督，管理成本高、难度大，挂靠模式便于统一管理。

(2) 对于卡车司机而言，获取营运资格证，可以便捷地获取高额贷款，也方便办理各种行政手续等。但也有不足之处，卡车司机名义上是公司职员，实际上仍然是个体户经营，公司对挂靠司机没有采取公司制的制度管理约束，仅停留在形式上，如司机定期的安全学习等都没有进行，出事故也是司机个人的事，公司几乎处于不管理的状态。

2.3.3 他雇卡车司机

相较于前者，他雇卡车司机工作相对稳定，但工作强度更大。然而，不同雇佣方式下卡车司机的劳动过程同样存在很大差异。例如，大中型企业一般会跟应聘者签订劳动合同，并按规定为员工缴纳社会保险。相反，小型企业通常不会与司机签订劳动合同，不会提供各种社会保障。同时，因企业规模不同，对卡车司机的工作规定与管理也不尽相同。

(1) 中小型企业或受雇于个体车主。这类卡车司机在工作时间和安排方面相对灵活，上级对其管理相对宽松，缺乏针对卡车司机的完善的管理体系，司机们的权益往往难以得到保障。例如，相较于大型企业，受雇于个体车主或小公司的卡车司机工作内容更为繁杂，由于任务分工不明确、人力资源缺乏等原因，卡车司机还需要完成很多分外的事。

在工资制度方面，由于小型企业的货源不如大公司稳定，因此导致司机的工资水平波动较大，这降低了卡车司机的安全感，是人员流动性大的主要原因之一。

在上下级关系方面，在小企业中，卡车司机和车主的关系更为模糊，他们之间可能原本就是朋友或亲戚关系，管理层与卡车司机之间有较多的交流机会，彼此之间表现出高度信任。这也导致了一种独有的组织环境，即彼此之间的交流或管理很大程度依赖于日益建立起来的情感。

(2) 中大型企业的组织环境。在规模更大、管理更为规范的中大型企业，卡车司机的工作灵活性低，受到更多的管理和约束，但工作内容更明确、更固定，只需做好分内的事情。而且，大企业一般会提供各类保险、福利和教育培训，卡车司机的权益更有保障，同时具有更多的安全感和归属感。除此之外，中大型企业在组织管理方面的优势和缺点主要包括以下几点。

第一，分工明确，职责清晰。在中大型企业，对车辆的调度是一件非常复杂的工作，调度员对每一位司机的出车安排都有精确的把握，司机们最重要的任务就是按时完成自己的工作量。

第二，对运输时效性要求高。由于企业货源多、货流量大，而卡车司机相对缺乏，导致司机承担的运输任务重，为提高运输效率，不得不经常压缩休息时间，疲劳驾驶时有发生。

第三，制度完善，管理规范。企业往往通过明确的规章制度对卡车司机的劳动过程进行约束，企业规模越大，往往设立的管理制度越严格、例会越频繁、奖惩机制越完善。

2.4 卡车司机的职业要求与政策环境

卡车司机的职业要求与政府出台的政策指导有着密切的关系。因为社会个人的职业选择和行为方式总是受到社会制度的影响和规约，对于卡车司机来说，宏观的社会制度安排和国家政策对其工作与生活影响深远。良好的交通政策环境，将指导卡车司机规范营运，提高安全意识，降低安全风险，预防事故发生。

2.4.1 卡车司机的职业要求

如何成为一名卡车司机？首先，在政策规定方面，无论是国家政策还是公司管理规定层面，都有明确的制度约束。例如，申请B2或A2驾驶证的人员，需要具备身体条件良好、没有吸食毒品前科、没有交通肇事逃逸记录等。这些是作为一名卡车司机所必须具备的条件。除了这些规定要求外，货运公司有一套规范卡车司机行为的管理制度，或者一些规范，而这些标准更能够决定卡车司机是否合格。通过对这些管理规定、标准的收集和整合，总结了一些卡车司机所应必备的关键能力如下。

(1) 不怕吃苦。卡车司机是目前各个行业中最辛苦的职业之一。作为卡车司机，必定要忍受得住驾驶过程中的孤独与艰辛，有吃苦耐劳的思想准备，首先，经常需要连续开车、吃饭不定时、作息不规律，甚至出现职业病等职业危害和风险；其次，一个司机需要兼顾安全驾驶的各项工作，驾驶过程时间长，需要长时间保持高度警惕，容易造成心理紧张；白天装卸车、找货，晚上路上赶时间，这也是卡车司机最常见的工作方式；除此之外，还要处理驾驶过程中出现的各种意外状况，具备一定的驾驶风险应急能力。因此，吃苦耐劳是他们必备的品质。

(2) 耐得住寂寞。卡车司机一旦出长途车往往有十天半个月的时间在路途，或许几个月都回不了一次家，与家人的见面成为一种奢望，只能通过电话、微信、视频跟家里人短暂交流，每天就是与卡车为伴。作为卡车司机，必须要忍受孤单与寂寞。

(3) 较强的自我恢复能力。众所周知，带着情绪开车是非常危险的，卡车司机每天奔波在路上，更需要懂得保持良好心态。驾驶过程中被罚款、被冷落、油被偷、货被盗的现象也时有发生，卡车有时出故障，抛锚在路上，不能及时收取运费等，这些对司机的心情影响非常大，但是他们依然要继续上路、安全行车。在社会上，大众对司机的社会地位认知普遍较低，在日常工作过程中，难免会受到别人的刁难或偏见，而影响情绪，但如何不让负面情绪影响行车安全，这就需要司机强大的自我恢复能力。

2.4.2 影响卡车司机的政策环境

(1) 道路交通管理制度。卡车司机大部分工作时间在各种道路上，由于各类规定和政策繁多，在很多方面对司机行为进行了约束。卡车司机如触犯道路交通管理制度，会面临罚款、扣分、驾驶证降级等，直接影响到卡车司机的经济利益。出台制度初衷是规范市场环境，但在执行过程中出现了许多不规范的行为，给卡车司机造成了较大的影响，有待改善。

(2) 行业政策。除了道路交通管理法规，货运行业也有其独特的行业政策，例如市场准入制度、挂靠制度、行政管理制度、车型标准化制度、汽车贷款制度，都与卡车司机密切相关。以挂靠经营方式为例，它是货运行业普遍存在的一种经营模式。该制度是特殊历史条件下的产物，即大量个体货运车主进入市场，为解决对这些车辆的管理问题，衍生出来的一种被大众默认接受的经营模式。挂靠经营一定程度上解决了货物运输车辆紧缺的问题，但也给货运市场带来了一些不安全的因素。

(3) 环保政策。环保治理可谓是非常热门的话题，环保治理工作影响着每一个行业，货运行业也不例外。

随着国家对环保治理工作的加快，货运行业最直接的影响就是：老旧车淘汰速度加快，车辆排放标准要求提高，出现传统柴油车转向加气车、电动卡车的现象，旧车换新车会给卡车司机带来经济负担，直接影响到卡车司机的生活质量。

2.4.3 措施与对策

无论是国家层面政策、社会环境还是行业规定，都对卡车司机产生着深远影响。针对目前运输行业普遍存在的过路费高、设卡检查多、收费不规范、市场竞争压力大等现象，对改善货运市场环境，提出以下几点建议。

(1) 改善企业内部安全管理体系。卡车运输企业应建立有效的卡车交通安全管理体系，强化安全第一，预防为主，将安全生产与企业发展相融合，全面提高安全生产意识。通过建立企业法人定期学习培训制度，加大对企业内部违法违规行为处罚力度等方式优化企业组织内部工作。

(2) 取消各种不合理收费。由于货物运输行业的管理部门繁多，政策不完善，管理不规范，执法不合理，某些地方卡车司机受到恶意罚款等，对卡车司机造成了经济和心理方面负担。因此，相关规范执法行为的政策法规和实施细则应该进一步落地，并降低或取消过路费等费用，缓解卡车司机的各方面压力。

(3) 规范道路执法。规范道路执法主体，合并道路执法队伍，细化执法实施细则，透明执法过程，严格约束违规执法、只罚不纠等行为。

(4) 加强社会治安综合治理。偷油、偷货、碰瓷等行为是长期困扰卡车司机的重要问题，不仅影响了卡车司机的人身、财产安全，还扰乱了整个道路交通秩序，造成了不良社会影响。因此，相关部门应加大对道路偷盗、欺诈行为及周边产业（地下市场）的打击力度。

(5) 提升道路服务质量。疲劳驾驶是导致道路交通事故最主要的原因之一，而且是卡车司机最常见的不安全驾驶行为。导致卡车司机疲劳驾驶的一个重要原因在于公路休息区的缺乏，司机想休息的时候却没地方休息。或由于道路治安差、服务区配套设施不完善，卡车司机时刻要保持警惕，而无法拥有良好的睡眠条件。因此，政府部门应加强对休息区、服务区的服务质量监管，或在高速出入口附近设置临时休息区，及时缓解卡车司机疲劳，使卡车司机得到及时休息。

参考文献

[1] 中华人民共和国交通运输部. 交通运输部关于提升交通运输从业人员素质的指导意见 [EB/OL]. http: //www. gov. cn/xinwen/2015-12/11/content _ 5022941. htm.

[2] 交通运输部、教育部、公安部、人力资源社会保障部、中华全国总工会关于印发道路运输从业人员素质提升工程工作方案的通知[EB/OL]. http://xxgk.mot.gov.cn/2020/jigou/ysfws/202006/t20200623_3315235.html.

[3] 卡车之家. 3000万卡车司机承载中国76%货运总量 [EB/OL]. http://www.360che.com/driver/180416/93338.html.

[4] 中国卡车司机调研课题组传化慈善基金会公益研究院. 中国卡车司机调查报告No.1——卡车司机的群体特征与劳动过程 [M]. 北京：社会科学文献出版社，2018.

[5] 中华人民共和国交通运输部. 2018年公路货物运输量 [EB/OL]. http://xxgk.mot.gov.cn/jigou/zhghs/201905/t20190513_3198915.html.

第3章

卡车司机事故不安全行为原因分析

卡车司机的不安全行为是导致交通事故频繁发生的最主要因素。本章主要从行为安全“2-4”模型、人因分析与分类系统模型、心理因素影响分析等三方面讨论卡车交通事故的形成机理，系统剖析事故背后从组织到个人各层面的原因，以及各原因之间的相互关系，从而分别提出减少不安全行为和事故预防措施。

3.1 卡车事故现状

3.1.1 我国卡车事故规律统计

我国宏观道路交通安全现状方面，每 10 万人因道路交通事故死亡人数为 17.5 人。1990 年，我国交通事故发生总数为 250244 起，机动化水平还处在较低水平。到 2002 年，这一数字达到了顶峰，为 773137 起，此后事故总数逐渐缓慢回落，截至 2018 年底，我国交通安全问题依旧不容乐观，事故总数 244937 起，死亡人数 63194 人，受伤人数 258532 人，直接财产损失 138455.9 万元[1]。道路交通安全符合国内外学者对交通安全的时间趋势预测研究，整体交通安全在可控范围之内。图 3-1 为我国 1995～2018 年交通事故安全指标统计发展情况。

最新的物流统计数据显示，公路货运业每天实际货运量超过 8400 万吨，平均每吨货物运输 180 公里，为 4.3 亿家庭提供服务。每人每年平均运输和接收 2t 货物[2]。物流产业的扩张和发展同时对卡车营运企业和从业人员的供需关系产生了一定的影响，对企业的规模和组织管理能力，以及从业人员的素质等也提出了更高的要求，这势必会因卡车运输作业量的不断增大，对交通安全形成无形的巨大压力。图 3-2 为我国 2009～2018 年交通物流运输发展情况统计。

卡车事故的发生对交通物流和社会经济的影响较大。从卡车事故的危险度来看，卡车事故的死亡率为 0.32，即平均三起事故将导致一人死亡，这个数字比全国道路交通死亡率高 52%[3]。2009～2018 年的十年间，卡车事故导致的伤

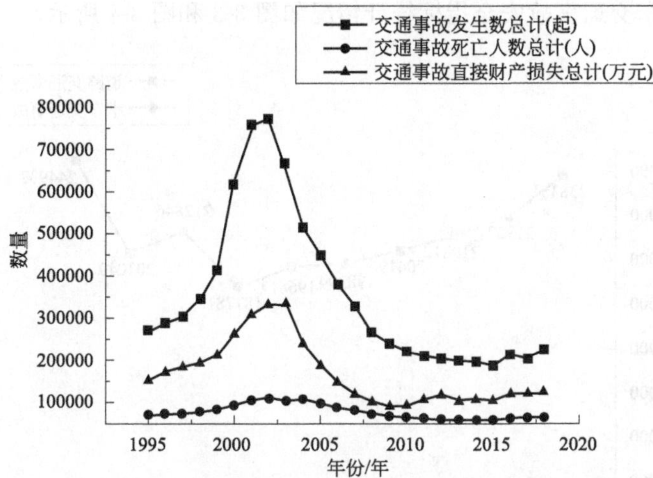

图 3-1 1995～2018 交通事故发生数、死亡人数及直接财产损失总计

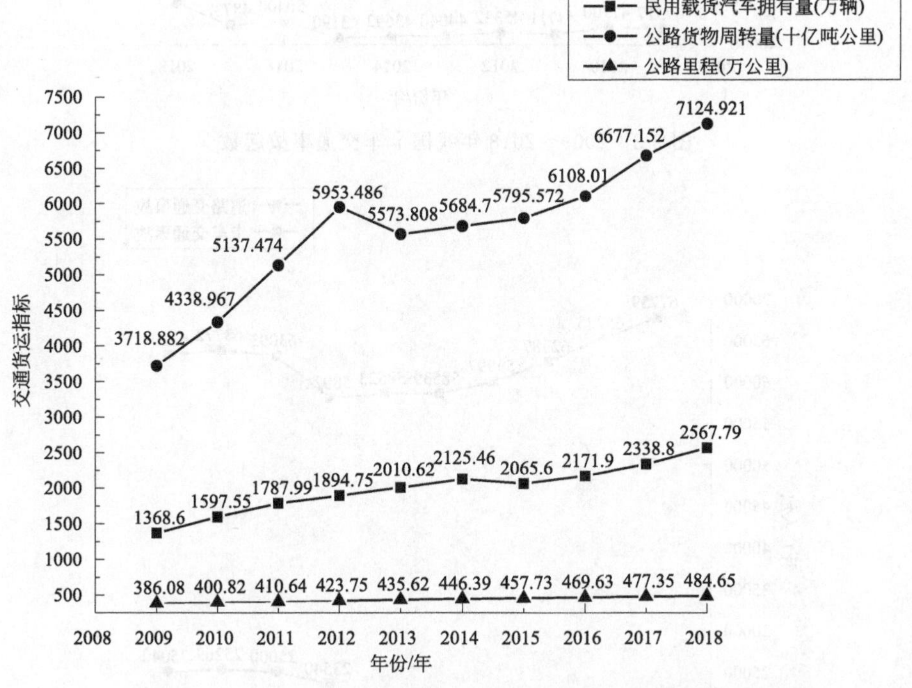

图 3-2 2009～2018 年我国交通物流运输经济指标发展情况

亡人数和经济损失一直居高不下，给交通运输业的发展带来了很大的压力。尤其 2014 年以后，随着电子商务和互联网经济的爆发增长，交通物流相关产业的极速扩张，卡车交通安全问题迎来了新的挑战，其安全管理体系建设、事故预防技术更迭等方面的精细化、网络化改进需求依旧存在巨大的上升空间。2009～

2018 年我国卡车交通事故安全指标统计情况如图 3-3 和图 3-4 所示。

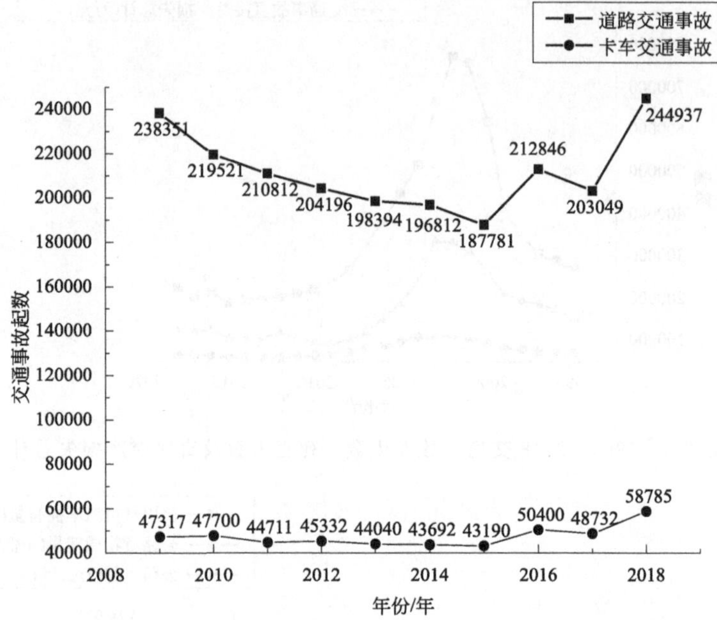

图 3-3　2009～2018 年我国卡车交通事故起数

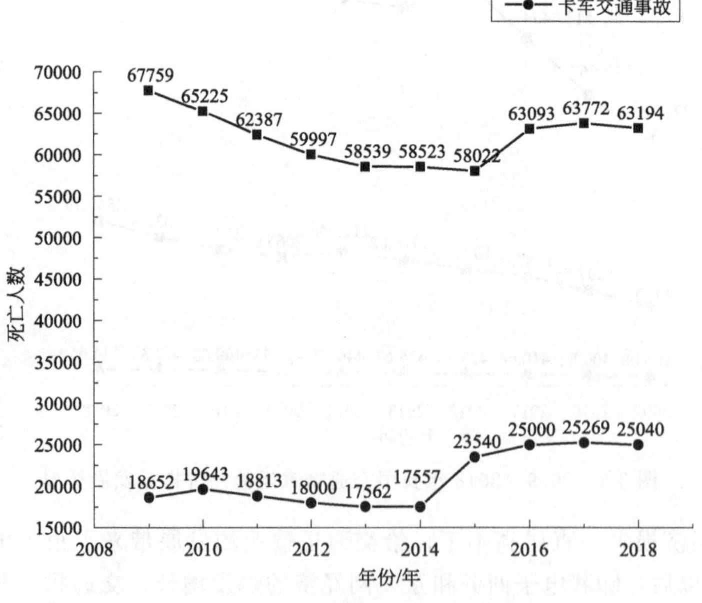

图 3-4　2009～2018 年我国卡车交通事故死亡人数

3.1.2 区域性卡车事故规律统计

根据对浙江省实地调研跟踪及资料搜集后，获取了 2012～2017 年浙江省内高速公路货运车辆交通共 377624 起事故数据。数据来源和事故记录形式统一，有利于对其潜在事故发生的规律进行挖掘，分析事故发生存在的时间和空间上的原因。这些事故字段包括事故发生时间、事故形态、所属高速公路等信息。原始数据示例如表 3-1 所示。

表 3-1 原始事故数据（示例）

事故时间	严重度	事故形态	所属高速公路	天气状况	公路方向	桩号	事故原因
2012-1-1 11:00	财产损失	撞固定物	G2501(杭州绕城)高速公路	晴	杭州	K26.5	其他操作不当
2015-1-24 12:49	受伤	尾随相撞	G92(杭州湾环线)高速公路	晴	宁波	K194.079	其他操作不当
2017-10-5 10:25:00	死亡	尾随相撞	G25(长深)高速公路	晴	杭州	K2351.5	未保持安全距离

3.1.2.1 事故数据信息

（1）路段信息。不同路段在道路设计、环境状况等方面存在很大差异，是影响事故发生的重要因素之一。本研究中，路段信息包括事发所属高速公路和具体桩号。其中桩号是指高速公路设有的里程碑，该碑注明了从起点开始的公里数，例如杭州绕城高速桩号 K26.5 是指距起始点 26.5km 处的路段。

（2）事故形态。交通事故形态是指造成交通事故对象之间发生冲撞或自身失控肇事所表现出来的具体事态[4]。本研究的事故数据集中所包含的事故形态包括尾随相撞、撞固定物、同向剐擦、侧向剐擦、正面相撞、侧面相撞、撞静止车辆、翻车、火烧、碾压、坠车 11 个类别。

（3）事故原因。数据集中，事故原因主要包括未保持安全距离、其他操作不当、制动不当等 50 个类别。其中，在整个数据集中，出现频率最高的 10 类事故原因分别为：未保持安全距离、其他操作不当、制动不当、转向不当、妨碍安全行车行为、违章变更车道、疲劳驾车、违章倒车、超速行驶和爆胎。这 10 个事故原因类别的频数占到总事故量的近 95%。

3.1.2.2 初步统计分析

（1）时间分布规律。事故发生年度、时段分布情况分别如表 3-2、图 3-5 所示。整体来看，事故发生起数呈逐年上升趋势，且增长幅度较大，死亡人数和死亡率则逐年下降；10：00—11：00、15：00—16：00 两个时间段内事故发生起数最多，而在 0：00—6：00 时间段是事故死亡率的高峰，造成事故量快速上升的最主要原因是车流量的增大，即道路车多拥挤，但由于车速相对较慢，严重事故的发生率则相对较低。而在凌晨时刻，车流量快速下降，虽然交通事故的数量减少，但由于该时间段内高速公路的车辆车速较快，且多为卡车，一旦发生事故，往往呈现出更高的严重性。

表 3-2 浙江省高速公路交通事故年度统计

年份/年	2012	2013	2014	2015	2016	2017	总计
事故起数/起	39645	54578	60805	67669	77796	77131	377624
死亡人数/人	271	349	303	287	256	248	1714
死亡率/%	0.68	0.64	0.5	0.42	0.33	0.32	0.45

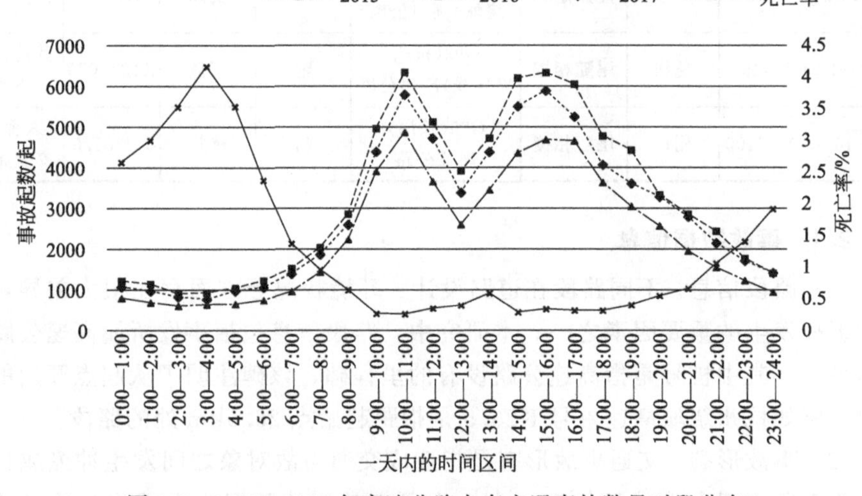

图 3-5 2015～2017 年高速公路卡车交通事故数量时段分布

（2）空间分布规律。表 3-3 所示为 2012～2017 年浙江省内交通事故地点所属高速公路分布情况，其中沈海高速和沪昆高速是事故发生起数最多的两条高速公路，共发生事故 162860 起，占总事故比例的 40%。其次，长深、常台、杭州湾环线等高速公路发生事故较多，均超过了 3 万起。

表 3-3 2012～2017 年浙江省内交通事故地点所属高速公路分布情况

高速公路	沈海	沪昆	长深	常台	杭州湾环线	诸永	甬金	杭瑞	杭州绕城	其他	总数
事故起数/起	83550	79310	39743	33161	31349	16482	9721	6005	6003	72300	377624

（3）事故严重性分布规律。在近 377624 起高速交通事故中，共发生了 1521 起死亡事故、11087 起受伤事故、362514 起无人员伤亡事故，各类事故比例约为 1∶7∶238，相较于海因里希的 1∶29∶300 理论[5]，可知，高速公

路交通事故死亡率较高。高速交通公路事故的高死亡率主要由车速快、卡车密集以及疲劳驾驶比例较高等原因造成。

3.2 卡车事故致因研究简述

在卡车交通事故致因研究方面，国内外学者已经取得许多成果。例如：Harris研究了卡车事故在昼夜不同时段的发生特征，指出疲劳驾驶在事故致因中占有较高比例[6]；Gates等通过对卡车司机的生活、工作特性以及卡车事故等方面的研究，发现司机食用兴奋剂对事故的发生产生很大影响[7]；Lemp等针对美国重型卡车事故数据集，运用异方差有序Probit模型，研究了乘员、司机、车辆以及环境特征对事故结果的影响[8]；孙薇基于能量释放或转移理论，提出卡车的能量储备与释放事故机制，并通过实例分析，为预防卡车事故提出建议措施与对策[9]；牛毅基于数据驱动，从桩号、时间、事故形态、天气等方面，探究了影响卡车事故发生规律的主要因素[10]；李振明则利用吉林和浙江两省高速公路卡车事故数据，探讨了我国南北两地高速公路卡车事故发生特征的异同性[11]。这些研究为人们掌握卡车事故的发生机制提供了理论参考，且都侧重于人、车、路、环境等单个影响因素的失效研究[12,13]，多以城市道路交通事故为主。

3.3 基于行为安全“2-4”模型的卡车司机事故原因分析

3.3.1 行为安全“2-4”模型特点与发展

行为安全“2-4”模型，简称“24Model”，是一个事故致因模型。此模型由中国矿业大学（北京）安全管理研究中心傅贵教授团队结合经典事故致因理论提出，增加了经典致因理论中欠缺的内容[14]。模型将事故原因分为组织层面和个人层面两个方面，这两个方面即“24Model”中“2”的内容。组织层面原因又可细分为安全文化欠缺、管理体系不完善等因素。个人层面原因可细分为习惯性行为：安全知识不足、安全意识不高、安全习惯不佳等；一次性行为与物态：不安全物态、不安全动作两个方面。这就是“24Model”中“4”的内容，即直接原因、间接原因、根本原因和根源原因四个方面。各要素之间关系见图3-6。

3.3.1.1 行为安全“2-4”模型的特点

行为安全“24Model”，是对经典的海因里希事故致因理论的推广，此模型从组织的管理体系角度对导致事故发生的原因做了进一步的阐述，对导致事故发生的直接原因、间接原因、根本原因和根源原因有了更加深入具体的解释。此模型现已开始应用于冶金、建筑、煤矿、化工领域并取得不错的效果。

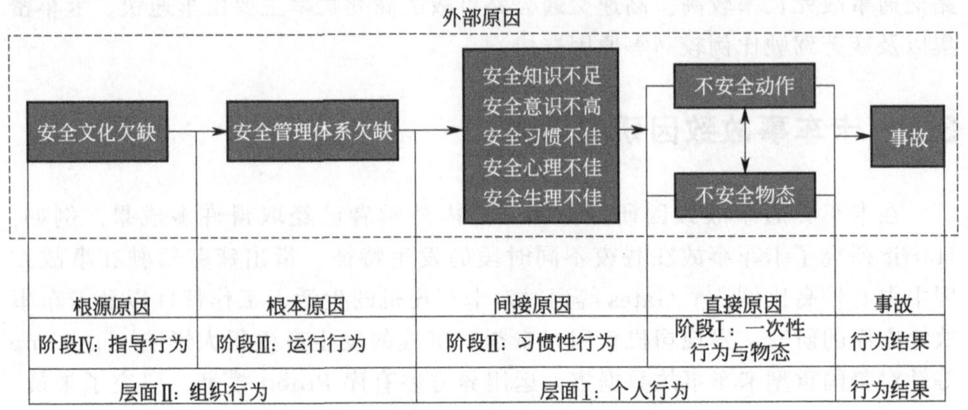

图 3-6 行为安全“2-4”模型结构图

其主要特点如下：

（1）“24Model”在保留了海因里希事故致因链优势的基础上为模型应用者提供了更加广泛的应用范围和应用程度，将原有的事故致因链延伸为“事故致因链”“内部影响链”“外部影响链”三条链，其中“事故致因链”是从事故原因出发，寻找事故影响的链条，而“内部影响链”和“外部影响链”是分别从组织内部和外部进行分析的链条。

（2）丰富了事故致因链的内容，引入个人行为和组织行为以及行为安全理论的部分。提出导致个人安全意识差、安全行为不规范的根本原因是企业安全管理体系不够完善，安全文化缺失。

（3）强调了安全文化、企业安全管理体系在事故致因链中的重要性。

（4）加入了组织管理的具体内容，并强调其对于在事故源头上的预防具有重要意义，更加强化了“一切事故都是可以预防”的安全理念。

（5）对于事故分析思路具有指导性意义，为管理者提出预防改进措施提供了理论支持。建立了事故原因与企业安全管理体系以及安全文化之间的关系，更有利于挖掘根源原因。

（6）模型侧重于行为安全导致的事故原因，并且将事故发生的原因追溯到组织内部以及每个人的层面上，更加细致具体，更能有效防止事故的发生；建立了指导行为、运行行为、习惯性行为、一次性行为四个阶段与根源原因、根本原因、间接原因、直接原因的对应关系，明确了导致事故的网络层次关系。

3.3.1.2 行为安全“2-4”模型的应用

有学者利用“24Model”对煤矿、冶金、建筑、化工等方面做了研究。王来全运用当前事故致因链原理对行为安全“2-4”模型进行分析，并对模型在煤矿安全管理中的应用进行了探讨，提出有针对性的事故预防措施[15]；桂阳地也曾以煤矿安全为对象进行研究，介绍了“24Model”以及其在煤矿安全管理中的应用[16]；付净运用此模型对化工企业典型的十起案例从直接原因、间接原因、根本原因三个方面进行分析，得出事故90%是由于人员的不安全动作所导致的结论[17]；张洪采用此模型对2000～2016年间56起建筑施工高处坠落事故进行研究，对各类事故原因进行分类统计，得出结论：高处坠落事故直接原因中无安全技术交底或技术交底不合格、安全组织机构不合格、无施工组织设计方案或方案不合格出现频次位于前三位[18]；王丹将此模型运用到坍塌事故研究中，以2013～1016年12起坍塌事故为对象，定位事故发生的各种原因，得出安全知识不全、安全意识不高、安全习惯不佳等原因[19]；周崇然将此模型运用在冶金企业安全管理当中，分析研究辽宁鞍山铸钢厂喷爆事故，提出事故直接原因、间接原因、根本原因等[20]；翁静雯运用“2-4”模型对高速公路卡车事故进行研究，其研究主要针对危险化学品道路运输方面，对危险化学品运输业具有较强的借鉴和指导意义[21]。以卡车司机整个群体为研究对象，运用行为安全“2-4”模型分析由于卡车司机不安全行为导致的事故原因，尚不多见，非常有现实意义。

3.3.2 行为安全“2-4”模型的卡车司机事故原因分析

3.3.2.1 典型卡车事故案例分析

现收集2017年发生的10起较大卡车交通事故（表3-4，引自齐鲁网，下同），并对以上事故采用“24Model”进行逐一分析。依次分析事故直接原因，并根据事故模型阶段当中的一次性行为和物态将直接原因分类。从安全知识、安全意识、安全习惯、安全心理、安全生理五个方面分析事故间接原因。最后再从安全管理的角度分析事故根本原因，结合以上详细分析绘制卡车事故致因链，提出改进措施。

表3-4 2017年较大卡车事故案例

编号	事故时间	事故过程	事故后果
1	1月9日7时30分许	青岛市黄岛区小型客车与重型半挂卡车相撞，半挂卡车将小型客车推移至路口绿化带和高压电线杆处后，车头侧倾将小型客车压在车下	4人当场死亡，1人受伤
2	1月9日12时50分许	东营市垦利区重型罐式半挂卡车沿省道316线由东向西行驶时与沿店子村路由北向南行驶至此处向东左转弯的小型轿车碰撞	3人当场死亡，2人受伤
3	2月12日3时48分许	济宁市梁山县重型半挂卡车沿国道220线由北向南行驶时，与对向行驶的轻型普通卡车发生道路交通事故	3人当场死亡，1人受伤

续表

编号	事故时间	事故过程	事故后果
4	2月15日21时32分许	菏泽市郓城县小型普通客车沿省道339线由东向西行驶时，与同向停在路边的重型自卸半挂卡车发生追尾碰撞	2人当场死亡，1人经抢救无效死亡，4人受伤
5	4月15日16时10分许	青岛市平度市重型半挂卡车沿南港一号路由西向东行驶时，与沿南港一号路由东向西行驶至此左转弯的小客车相撞	4人经抢救无效死亡
6	4月20日1时50分许	德州市临邑县重型自卸卡车沿唐冶中路由南向北行驶时，因严重超载、制动失效，导致车辆冲到贞观街北侧施工工地内，侧翻压倒施工人员休息的简易房	3人当场死亡，6人受伤
7	5月12日19时44分许	德州市平原县重型普通卡车沿国道105线由南向北行驶时，与前方顺行待左转弯的农用三轮汽车相撞后，农用三轮汽车驶入对向车道又与沿国道105线行驶的重型半挂卡车发生碰撞	1人当场死亡，3人经抢救无效死亡，2人受伤
8	7月13日6时40分许	江苏省睢宁县重型普通卡车沿省道229线由南向北行驶时，遇情况采取措施不当，驶入非机动车道，与前方在非机动车道内顺行的电动自行车追尾碰撞	2人当场死亡，1人经抢救无效死亡
9	7月25日4时许	日照市东港区重型仓栅式半挂卡车沿青岛市平度市三城路行驶时，与道路上6名临时工人及停在道路的电动三轮车追尾碰撞	2人当场死亡，1人经抢救无效死亡，4人受伤
10	8月8日4时53分许	临沂市兰陵县重型仓栅式卡车沿京沪高速公路行驶时，追尾碰撞前方顺行的小型轿车，并推行小型轿车撞至由左侧车道向右侧车道变更的重型半挂卡车右后尾部，导致小型轿车和重型仓栅式卡车驾驶室起火燃烧	5人当场死亡，1人受伤

3.3.2.2 直接原因分析

对造成以上10起较大卡车交通事故的直接原因进行分析，并根据“24Model”原理阶段Ⅰ中一次性行为和物态对直接原因进行分类，得到导致事故发生的人的不安全行为，物的不安全状态，并提炼关键因素。通过分析得到导致事故发生的直接原因中关键因素有：未减速、未达标、未合规、措施不当、未观察、未按规定、超速、夜间行驶操作不当、醉驾、超员等，具体分析过程见表3-5。

表3-5 2017年较大卡车交通事故直接原因分析和分类及关键因素表

编号	关键因素	直接原因分析	人的不安全行为	物的不安全状态
1	未减速、未达标、未合规	(1)小型客车驾驶人驾驶机动车违反交通标线指示行驶、路口未减速慢行；(2)重型半挂卡车驾驶人驾驶不符合安全技术标准要求的机动车、违反装载规定、未在最右侧车道行驶、路口未减速慢行	驾驶员未按交通标线指示行驶、路口未减速慢行、违反交通规定行驶	重型半挂卡车不符合安全技术标准、机动车不符合装载规定

续表

编号	关键因素	直接原因分析	人的不安全行为	物的不安全状态
2	未达标、措施不当、未观察	(1)重型罐式半挂卡车驾驶人驾驶不符合技术标准的机动车上道路行驶，未按规定车道行驶，行经路口未减速慢行，观察情况不够、采取措施不当；(2)小型轿车驾驶人驾驶机动车未注意观察，未按规定让行；(3)事故发生路段为省道，双向四条机动车道、两条非机动车道，未设置中央隔离设施	未按规定车道行驶、路口未减速慢行、观察不足、采取措施不当	重型罐式半挂卡车不符合安全技术标准、道路未设置中央隔离设施
3	未按规定、超速、夜间行驶操作不当	(1)重型半挂卡车驾驶人驾驶不符合技术标准的机动车上道路行驶，未按照操作规范安全驾驶、文明驾驶，超过限速标志标明的最高时速，夜间行驶未降低行驶速度且在实习期内驾驶机动车牵引挂车；(2)轻型普通卡车驾驶人驾驶机动车上道路行驶，未按照操作规范安全驾驶、文明驾驶，未实行右侧通行且超过限速标志标明的最高时速，夜间行驶未降低行驶速度；(3)国道220线事故路段路面标线不清晰、醒目	未按操作规范安全驾驶、超速、夜间行驶违规、违反机动车驾驶规定在实习期内驾驶机动车牵引挂车	重型半挂卡车不符合安全技术标准，国道路面标线不清晰、醒目
4	醉驾、超员、超速、未按规定	(1)小型普通客车驾驶人醉酒后驾驶、超员、车辆超速行驶，未按操作规范安全驾驶；(2)重型自卸半挂卡车驾驶人驾驶反光标志不符合国家规定的车辆，违反临时停车规定，发生交通事故后弃车逃逸	客车驾驶员醉酒驾车、超速行驶，客车乘车人明知驾驶员驾驶状态未对其行为进行制止，卡车驾驶员违反临时停车规定	客车超员、重型自卸半挂卡车逾期未检、反光标识不符合国家规定
5	未按标准、违规、超速	重型半挂卡车驾驶人未按驾驶证载明的准驾车型，驾驶不符合安全技术标准要求的机动车超速行驶，行至路口亮左转向灯光在左侧车道直行	驾驶员驾驶证准驾车型与实际驾驶车型不符、未遵守交通法规	重型半挂卡车不符合安全技术标准
6	未达标、违规操作、隐患、超载	(1)重型自卸卡车驾驶人驾驶不符合技术标准且超载的机动车上路行驶，未按照操作规范安全驾驶；(2)驾驶人驾驶具有安全隐患的机动车上路行驶，并且严重超载，存在严重交通违法行为；(3)肇事重型自卸卡车非法改装、带病上路	驾驶员未遵守交通法规带病驾驶、未按操作规范驾驶	重型半挂卡车不符合安全技术标准、超载、具有事故隐患、非法改装
7	观察不足、机动车未达标、驾驶行为不当	(1)重型普通卡车驾驶人驾驶机动车行经交叉路口观察情况不够、未确保安全驾驶，未按规定车道行驶，未与前车保持足以采取紧急制动措施的安全距离，行经交叉路口未减速慢行；(2)农用三轮汽车驾驶人驾驶不符合技术标准的机动车上道路行驶，转弯未开启转向灯；(3)重型半挂卡车驾驶人驾驶机动车行经交叉路口未减速慢行，未按规定车道行驶；(4)国道105线德城区路段村庄路口较多，车流量较大	驾驶员观察情况不足、违反交通法规、驾驶操作不当未确保安全驾驶	农用三轮车不符合安全技术标准，道路路口多、车流量大

续表

编号	关键因素	直接原因分析	人的不安全行为	物的不安全状态
8	隐患、超速、违规	重型普通卡车驾驶人驾驶具有安全隐患的机动车上道路行驶，超速行驶，未按规定车道行驶	驾驶员超速行驶、未按规定车道行驶、紧急情况操作不当	卡车具有安全隐患、电动自行车违法载人
9	超载、未达标、违法操作	(1)重型仓栅式半挂卡车驾驶人驾驶超载的，灯光、制动不符合技术标准的车辆，违反标线指示通行，观察不周；(2)电动三轮车驾驶人无证驾驶无牌车辆违法停车、违法占用道路从事非交通活动；(3)临时工刘某、陈某、王某、姜某、刘某、丁某违法占用道路从事非交通活动	卡车驾驶员违反标线指示通行、观察不周；电动三轮车驾驶人无证驾驶、违法停车；临时工违法占用道路从事非交通活动	重型仓栅式半挂卡车超载，灯光、制动不符合技术标准；电动三轮车无牌照、未达到安全技术标准
10	观察不足、措施不当、未合规	(1)重型仓栅式卡车驾驶人驾车与前车保持安全距离不够，驾车观察情况不够、采取措施不当；(2)重型半挂卡车驾驶人驾车变更车道影响正常行驶的机动车，驾车低于高速公路规定最低时速行驶；(3)道路超负荷运行	驾驶员驾驶操作不当，驾车观察情况不够，驾驶行为不正确，低于高速公路规定最低时速行驶	重型半挂卡车车速低于高速公路规定最低行驶时速、道路情况不佳

3.3.2.3 间接原因分析

对造成以上10起较大卡车交通事故的直接原因进行分析完后，根据24Model原理阶段Ⅱ习惯性行为对事故的间接原因进行分析，间接原因主要包含安全知识、安全意识、安全习惯、安全心理、安全生理五个方面因素。在间接原因分析当中，“1”表示涉及，“0”表示未涉及，并总结提炼了关键因素，主要包括法律意识薄弱、侥幸心理等。从表3-6中可以清楚看到，几乎10起事故都涉及安全知识不足，安全意识不高，安全习惯不佳以及安全心理不佳四个因素，而安全生理不佳涉及较少，主要是醉酒驾车、带病驾驶等原因。

表3-6 2017年较大卡车交通事故间接原因分析表

事故编号	关键因素	间接原因分析	安全知识不足	安全意识不高	安全习惯不佳	安全心理不佳	安全生理不佳
1	法律意识薄弱、侥幸心理、管理不当	肇事车辆驾驶人法律意识薄弱，不能充分遵守交通法规的各项规定，驾车时存在侥幸、麻痹大意心理	1	1	1	1	0
2	侥幸心理、管理不到位、道路设施缺陷	肇事车辆驾驶人交通安全意识淡薄，交通违法行为突出，存在侥幸心理；道路安全设施配套不完善	1	1	1	1	0

续表

事故编号	关键因素	间接原因分析	安全知识不足	安全意识不高	安全习惯不佳	安全心理不佳	安全生理不佳
3	意识淡薄、管理漏洞、道路设施缺陷	驾驶人交通安全意识较差，未能遵守交通安全法律法规；驾驶人存在驾驶车辆未靠右行驶等交通违法行为；国道220线事故路段路面标线不清晰、醒目	1	1	1	0	0
4	意识淡薄、安全教育薄弱、管理源头漏洞	肇事车辆驾驶人遵守交通法规意识淡薄，存在严重交通违法行为；小型普通客车乘车人不但未对驾驶人酒后驾驶行为予以制止和劝阻，还乘坐其驾驶的车辆	1	1	1	1	1
5	法律意识薄弱、侥幸心理、管理漏洞	肇事车辆驾驶人法律意识薄弱，不能充分遵守交通法规的各项规定，驾车时存在侥幸、麻痹大意心理	1	1	1	1	0
6	意识差、管理漏洞、责任未落实	肇事驾驶人交通安全意识较差，未能遵守交通安全法律法规，明知车辆存在安全隐患的情况下，仍然驾驶机动车上路行驶，并且严重超载，存在严重交通违法行为；肇事重型自卸卡车非法改装、带病上路；重型自卸卡车装载石料的工地人员违规超重装载，致使车辆严重超载上路	1	1	1	1	1
7	侥幸心理、意识淡薄、教育不到位、责任未落实	肇事驾驶人存在侥幸心理，交通安全意识淡薄，交通违法行为突出；国道105线德城区路段村庄路口较多，车流量较大，部分大卡车驾驶人交通安全意识淡薄，夜间行驶存在开启远光灯现象，影响其他车辆正常行驶	1	1	1	1	0
8	意识淡薄、侥幸心理、	肇事重型普通卡车驾驶人交通安全意识淡薄，存在侥幸心理，不遵守道路交通安全法规，未能时刻绷紧安全驾驶、安全行驶这根弦；电动自行车违法载人是严重事故隐患	1	1	1	1	0
9	意识淡薄、监管不到位、路面控制不到位	双方驾驶人安全意识淡薄，重型仓栅式半挂车严重超载，驾驶人驾车观察不周，电动三轮车违法在机动车道内停放，充分反映出事故当事人交通安全意识淡薄；发生事故时，临时工人在道路周边自发交易，违法占用道路，影响道路畅通，导致事故发生	1	1	1	1	0
10	意识淡薄、管理不到位、道路设施缺陷	两名肇事驾驶人麻痹大意、遵章守法意识淡薄；挂靠公司及车主对车辆的管理和行驶记录监控不到位；道路超负荷运行，部分车辆驾驶人对新驶入的道路不熟，安全风险增加	1	1	1	1	0

3.3.2.4 根本原因分析

“24Model” 中阶段Ⅰ及阶段Ⅱ的一次性行为和物态及习惯性行为分析属

于个人层面上的分析，而阶段Ⅲ与阶段Ⅳ是组织层面的分析。阶段Ⅲ的根本原因分析是上升到管理层面的分析，从安全管理体系入手，深入分析导致事故的原因并提炼关键因素。关键因素包括管理流于形式、责任落实不到位、设施不完善、逾期未检、安全教育缺乏、记录监控不到位、车辆维护检查不到位、道路管理问题等，具体分析过程见表3-7。

表3-7 2017年较大卡车交通事故根本原因分析表

事故编号	关键因素	根本原因分析(安全管理体系缺陷)
1	管理流于形式、安全教育缺乏	肇事车辆驾驶人法律意识薄弱，不能充分遵守交通法规的各项规定，存在侥幸、麻痹大意心理的原因在于卡车登记的某国际物流有限公司对车辆驾驶人的管理流于形式，安全教育缺乏，发挥不了应有的作用
2	安全教育违规、责任落实不到位、设施不完善	重型罐式半挂卡车登记车主某物流有限公司和实际所有人未按规定对驾驶人进行必要的安全教育，对车辆安全状况和运输活动的管理责任落实不到位，未落实安全主体责任；道路安全设施配套不完善
3	管理漏洞、安全教育不到位、农村教育落后、基础设施不完善	(1)重型半挂卡车的牵引车登记车主某汽车贸易有限公司、挂车登记车主某运输有限公司和实际所有人对车辆的管理存在漏洞，对雇佣驾驶人的安全教育不到位，造成驾驶人交通安全意识较差，未能遵守交通安全法律法规； (2)驾驶人存在驾驶车辆未靠右行驶等交通违法行为，反映出农村地区驾驶人交通安全意识淡薄； (3)国道220线事故路段路面标线不清晰、醒目
4	逾期未检、管理漏洞、安全隐患	(1)重型自卸半挂卡车处于逾期未检验、注销状态，反光标志不符合标准，反映出登记车主某货运服务有限公司和实际所有人在管理上存在漏洞，导致车辆带病上路，形成交通安全隐患。 (2)重型自卸半挂卡车超载150%驶出，反映出相关企业在货运源头日常管理方面存在严重漏洞
5	资格审查不严格、安全管理漏洞	肇事重型半挂卡车登记车主某国际物流有限公司对驾驶人驾驶资格把关不严，安全管理存在漏洞
6	管理漏洞、安全隐患、主体责任制未落实	车辆承包人指使驾驶人违法驾驶发生事故，反映出车辆挂靠单位某汽车运输有限公司和车辆管理人员在管理上存在漏洞，形成交通事故隐患，企业主体责任严重不落实
7	安全教育不到位、未落实安全主体责任	重型普通卡车登记车主为某运输有限公司，重型半挂卡车的牵引车登记车主为某货物运输有限公司，两车驾驶人交通违法行为突出，反映出相关运输企业对驾驶人的安全教育不到位，未落实安全主体责任
8	安全教育不到位、交通管理缺陷	(1)肇事重型普通卡车驾驶人交通安全意识淡薄，存在侥幸心理，不遵守道路交通安全法规，未能时刻绷紧安全驾驶、安全行驶这根弦。 (2)电动自行车违法载人是严重安全隐患，李某驾驶电动自行车违法搭载两名儿童，加大了事故的伤亡后果
9	监管不到位，重收费、轻管理，路面漏管，隐患排查盲区	(1)运输企业监管不到位，重型仓栅式半挂卡车驾驶人李某近三年发生45次交通违法行为，此次事故中超载69.8%，车辆挂靠单位某运输有限公司重收费、轻管理，疏于监管，为事故发生埋下隐患。 (2)路面管控不到位，重型仓栅式半挂车严重超载和人员违法占用道路，充分暴露出路面有失控漏管问题，隐患排查工作存在盲区

续表

事故编号	关键因素	根本原因分析(安全管理体系缺陷)
10	管理不到位、缺乏安全教育机制、记录监控不到位、车辆维护检查不到位、道路管理问题	(1)两名肇事驾驶人思想麻痹大意,安全意识、遵章守法意识淡薄,反映出车辆挂靠公司和实际车主对驾驶人的管理不到位,缺乏安全教育机制。 (2)肇事的两辆卡车都属挂靠经营车辆,挂靠公司及车主对车辆的管理和行驶记录监控不到位,造成车辆存在大量交通违法行为,没有及时整改和消除安全隐患;对车辆的日常维护工作没有严格检查,造成重型半挂卡车尾部防护装置不符合国家标准要求 (3)道路通行方面存在问题,道路施工导致车辆大量改道进入京沪高速公路莱芜段,车流量日增幅达8000余辆,道路超负荷运行,部分车辆驾驶人对新驶人的道路不熟,安全风险增加

3.3.2.5 根源原因分析

导致以上较大卡车事故发生的直接原因多是驾驶员未按照交通指示标识行驶、驾驶操作不当、违反安全操作以及卡车不符合安全技术标准等，这些原因归根到底是卡车挂靠的运输公司安全管理不到位引起的。大多数物流公司追求经济效益，对驾驶员的管理流于形式，重收费，轻管理，安全生产教育停留在宣传与表面上，实际工作落实不到位。对于卡车存在的安全技术隐患视而不见，没有及时整改、消除隐患，致使事故发生。更有甚者管理人员指使驾驶员违法行驶，超速超载，只为获取更高利益。

不仅是卡车司机，在上述事故案例 9 中涉及临时作业非法占用道路从事非交通活动；事故案例 4 中小型客车乘车人在明知司机醉酒驾车的情况下继续乘坐其车辆，乘车人中还包括 3 名教师。事故也反映出公民安全意识普遍较差，急待提高，安全文化教育严重欠缺，乘车的教师都不能够做到及时制止违法驾驶行为，他们教出的学生又怎么会有很高的安全意识呢？可见，安全文化缺失不单单是物流公司安全管理体系中的问题，它应该上升到安全教育的高度上，是教育的不到位导致了文化的缺失。

以上事故及其原因归根到底是由安全文化的欠缺引起的，管理体系不完善的根源原因是思想认识不到位，也就是安全文化的欠缺。按照行为安全“2-4”模型可知，安全文化属于组织层面的具有指导性作用的模块，它对于提高司机安全意识、加强企业安全管理、预防事故的发生具有重要意义。卡车交通事故率居高不下说明企业的安全管理存在问题，卡车司机对法律法规不重视，缺少敬畏精神，司机驾驶过程中往往出现超载和超速等不安全行为，属于安全意识层次，这与整个社会的“重经济轻安全”“逐利性”的观念相关，这种社会大众安全文化缺失导致驾驶员的安全意识也很难提高。驾驶员也爱惜自己的生命，他们是最不想出事故的人，但是因安全意识的薄弱，在驾驶过程中出现操作不规范，遇到紧急情况无法采取恰当措施避免事故的发生。

3.3.2.6 预防与改进对策

通过对以上10起较大卡车事故案例的分析以及浙江省交通事故原因多元线性回归分析，明确了事故发生的直接原因、间接原因、根本原因和根源原因，针对以上事故原因提出实际可行的建议，对于减少事故人员伤亡、财产损失，深入贯彻“以人为本”“安全发展”的理念具有重要作用。

(1) 个人层面改进对策。

① 提高车辆安全性能。车辆安全性能不佳是导致事故发生的重要原因之一，常常导致行驶过程中爆胎，发动机过热、拉缸等机械故障，对安全驾驶构成威胁。因此，司机应掌握车况，及时做好车辆维护保养工作，提高车辆安全性能，对减少事故发生具有重要意义。

② 提高司机驾驶水平。卡车交通事故当中绝大多数事故直接原因是驾驶员操作不当或者违章驾驶，驾驶员作为交通的直接参与者，很大程度决定了事故的发生与否。优秀的驾驶员可以避免事故的发生，糟糕的驾驶员会导致事故的发生，所以对于驾驶员的管理显得至关重要。

③ 强化司机安全教育培训。驾驶员应按规定参加安全教育培训与安全驾驶培训，开展体验式培训学习。要求司机在驾驶过程中自觉遵守交通法规，杜绝侥幸心理、麻痹大意、逃避心理；合理安排驾驶时间，合理规划行车路线，提高驾驶素质；弥补安全知识不足；提高安全意识，改正不良习惯，达到驾驶中安全心理和安全生理俱佳的状态。

(2) 组织层面改进对策。

① 加强企业安全文化建设。安全文化属于组织层面因素，因其在事故致因链中所处位置特殊，具有指导性意义，所以应该将安全文化建设的任务放在首位。而且安全文化建设不应该局限于运输企业，要全社会重视安全，学校、驾驶员培训机构、农村地区的安全文化教育也很重要。学校开设专门的安全文化教育课程，农村地区开展交通安全活动日，为社会营造全员关注交通安全的良好氛围；严格把关驾驶员培训与考试，定期举行驾驶资格审查、驾驶员交通安全知识再学习等活动，提高驾驶员安全意识，保障驾驶员实际驾驶中的安全操作。

② 规范道路运输企业安全管理。落实运输企业安全主体责任，对新设立的公司进行安全资格审查，健全安全管理体系，加强安全生产标准化的建设，严格执行相关法律法规与安全管理制度。交通运输部门定期组织运输企业安全管理人员和高层领导的安全培训与考核，提高管理者的安全意识，杜绝管理流于形式，使其发挥应有作用。对运输车辆进行安全技术标准达标检测，整改不

合格车辆，提高车辆性能与行驶稳定性，加强车身强度，对行驶车辆进行实时超速监测与行驶路线指导。

③ 提高道路安全保障水平。道路状况不佳是造成卡车事故的又一大安全隐患，提高道路安全保障是减少事故的重要手段。政府部门应加大对道路安全项目的投资力度，改善国道、省道干线道路安全基础设施并定期检查与检修，对于临水临崖、连续下坡、急弯陡坡等事故易发路段要严格按标准安装隔离栅、防护栏、防撞墙等安全设施，设置安全标识牌[23]；同时，通过高速公路电台广播、道路电子提示屏等传达实时路况信息；提高道路安全现场组织能力，制定应急响应预案，发生交通事故时，交管部门、消防部门、卫生部门应形成联动机制，在最短时间采取最有效的事故救援。

3.4 基于 HFACS 的卡车事故致因分析

3.4.1 HFACS 模型的构建

人为因素分析与分类系统模型（Human Factors Analysis and Classification System，HFACS）是由 Wiegmann 和 Shappell 提出的[24]，该模型基于瑞士奶酪模型将事故致因分为组织影响、不安全监管、不安全行为前提、不安全行为，除了这些层级外，HFACS 模型还创建了因果类别来识别和分析组织内的显性与隐性因素。由于 HFACS 模型是以航空事故为背景建立的，因此为了更好地分析卡车交通事故，现根据卡车交通事故的特点，参考卡车运输行业特征，借鉴 HFACS 模型在其他领域的使用状况[25—29]，识别出各致因类别在卡车运输领域的具体表现形式，构建卡车交通事故致因分析的 HFACS 模型，如图 3-7 所示，其中不良的组织管理、不安全的监督行为、不安全行为的前提条件、不安全行为四个层级从上至下逐层影响，并且不良的组织管理与不安全的监督行为属于货运企业层级，不安全行为及其前提条件属于驾驶员层级。

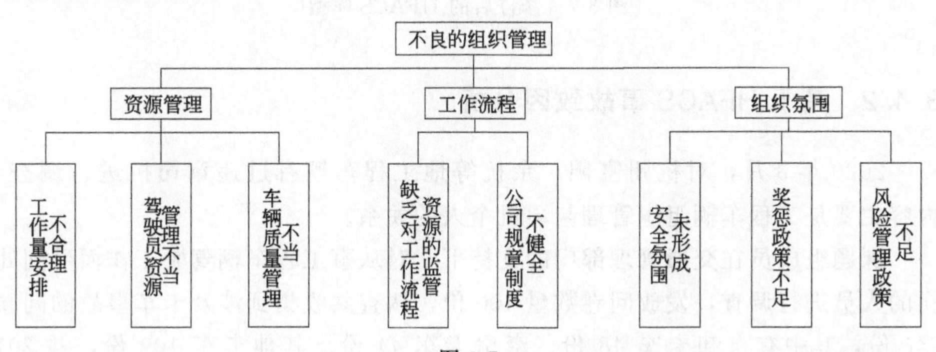

图 3-7

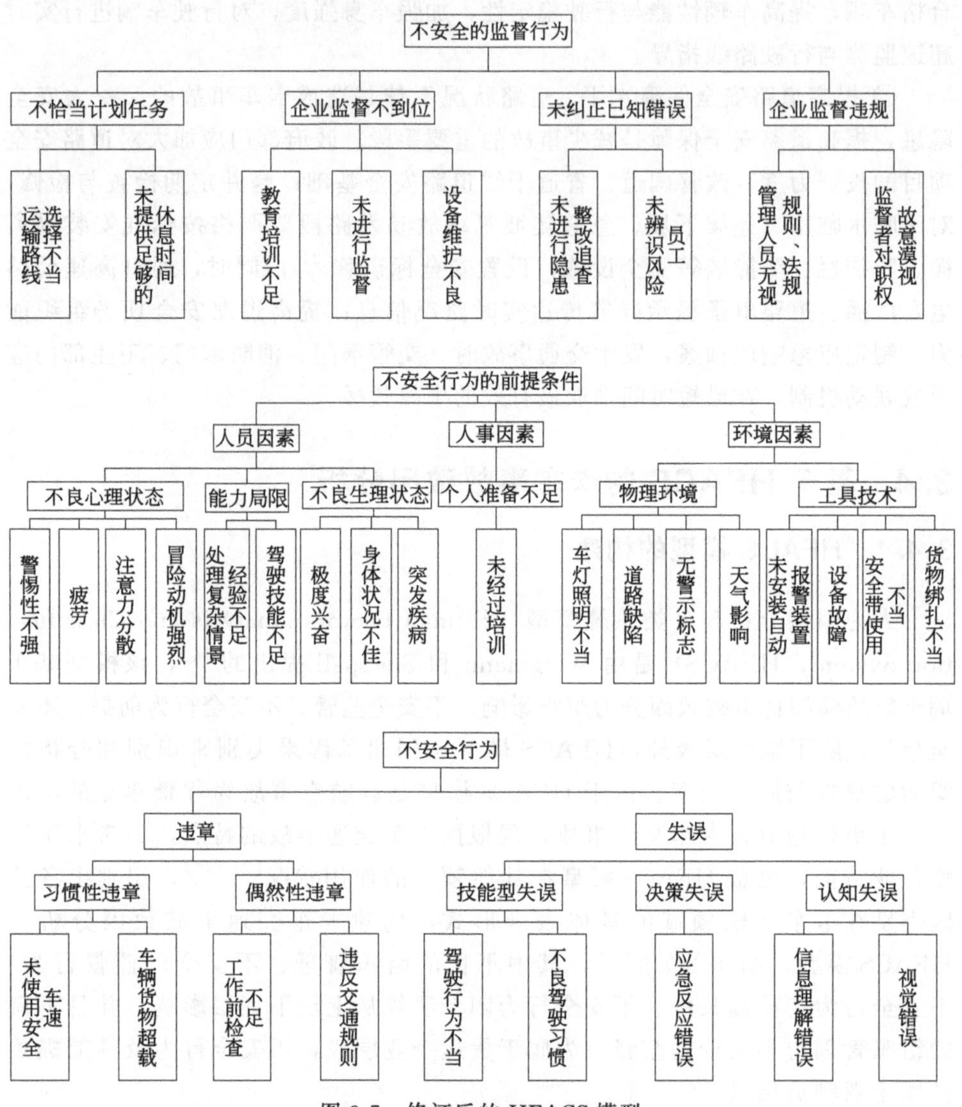

图 3-7 修订后的 HFACS 模型

3.4.2 基于 HFACS 事故致因分析

2020 年 3 月，对杭州富阳、余杭等地工程车辆有过违章司机进行调查，内容主要是工程车辆组织管理与司机个人的关系。

课题组成员在交通管理部门的支持下，对从事工程车辆驾驶工作而受到处罚的人员进行调查，发放问卷数量 400 份，调查共收集到涉及卡车事故的问卷 246 份，其中有自卸卡车 48 份、牵引卡车 44 份、其他卡车 109 份，共 201

份，有效率 81.7%。

3.4.2.1 致因因素频率分析

依据卡车交通事故 HFACS 模型，对收集到的 201 份工程卡车交通事故数据进行分析，对事故致因因素按照模型所对应的类别进行初步统计，因素所占的百分比为该层各因素所占该层总体的比例，初步频率分析结果如表 3-8 所示。

表 3-8 频率分析结果

致因因素	频率	层次
资源管理	0.3648	不良的组织管理
组织氛围	0.3776	
工作流程	0.2576	
企业监督不到位	0.3090	不安全的监督行为
不恰当的计划任务	0.1653	
未纠正已知错误	0.2878	
企业监督违规	0.2379	
不良心理状态	0.3451	不安全行为的前提条件
不良生理状态	0.0802	
能力局限	0.1056	
物理环境	0.1658	
工具技术	0.2503	
个人准备不足	0.0530	
技能型失误	0.2218	不安全行为
决策失误	0.1232	
认知失误	0.1690	
偶然性违章	0.2201	
习惯性违章	0.2659	

不良的组织管理层级中，各项因素占比比较平均，其中资源管理和组织氛围相对工作流程较高。不安全的监督行为层级中，企业监督不到位、未纠正已知错误为影响较多的因素，不恰当的计划任务以及企业监督违规占比相对较低。不安全行为的前提条件层级中，人员的不良心理状态、物理环境以及工具技术为影响较多的因素。不安全行为层级中失误相比违章占比较高，其中技能型失误占有较大比例，另外两项决策失误、认知失误占比相对平均，违章中习惯性违章相对偶然性违章占比较高。

3.4.2.2 致因因素相关性分析

频率分析结果在一定程度上反映了此因素的重要性，但不一定能很好地反映该因素与事故发生的关联程度。因此，还需借助表示因素间相关程度的统计量获得因素间的相关性，HFACS 框架从不良的组织管理层级开始向下逐层产生影响，以下将以分析所得的各层级因素通过 SPSS 软件进行卡方（χ^2）检验与让步比（OR）分析，从而进一步深入地研究各因素之间的相互关系，挖掘相关性较强的因素及其隐含的潜在规律。卡方检验（χ^2）是以卡方分布为基础的一种常用假设检验方法，首先假设 H0：HFACS 框架上下层两因素之间没有关联相互独立；假设 H1：HFACS 框架上下层两因素之间是不相互独立的、存在着关联，如 $P<0.05$，则应拒绝假设 H0，接受 H1。让步比（OR）是用来评估特定结果的风险统计指标，OR 值大于 1 表示上层因素的产生会增加下层因素产生的概率。同时，一般要结合 95％置信区间，95％置信区间下限大于 1 则说明可能是危险因素。HFACS 模型从上至下逐层影响，因此通过利用 SPSS 计算 χ^2 值、P 值、OR 值与 95％CI 对 HFACS 框架中相邻两个层级进行相关性分析。

通过对模型中上下层级两两之间的相关性分析，将 $P<0.05$，OR＞1 的因素统计，如表 3-9 所示。

表 3-9　上下层级间相关性分析结果（$P<0.05$，OR＞1）

致因因素	卡方检验		OR	95％ CI	
	χ^2	P		下限	上限
不良的组织管理与不安全的监督行为					
资源管理 * 企业监督违规	14.898	0.000	9.045	6.099	13.415
资源管理 * 不恰当的计划任务	8.954	0.003	5.686	4.209	7.681
组织氛围 * 企业监督不到位	15.439	0.000	9.611	2.539	36.385
组织氛围 * 未能纠正已知错误	49.788	0.000	63.000	9.595	413.669
工作流程 * 企业监督不到位	31.560	0.000	13.661	4.560	40.927
工作流程 * 企业监督违规	49.174	0.000	24.115	7.686	75.662
不安全的监督行为与不安全行为的前提条件					
不恰当的计划任务 * 不良心理状态	36.266	0.000	22.705	5.933	86.897
不恰当的计划任务 * 能力局限	48.752	0.000	8.810	4.463	17.391
未能纠正已知错误 * 工具技术	15.419	0.000	38.800	2.113	712.600
企业监督违规 * 能力局限	5.035	0.025	2.621	1.105	6.218
企业监督不到位 * 不良心理状态	6.445	0.011	1.994	1.164	3.416
不安全行为的前提条件与不安全行为					
不良心理状态 * 习惯性违章	10.502	0.001	5.625	1.784	17.733
不良心理状态 * 偶然性违章	11.720	0.001	5.926	1.925	18.239
能力局限 * 习惯性违章	63.628	0.000	4.325	3.296	5.675
能力局限 * 偶然性违章	4.779	0.029	2.275	1.076	4.808
个人准备不足 * 技能型失误	6.029	0.014	8.800	1.114	69.538

注：表中 * 表示两个因素具有相关性。

由表 3-9 分析结果可以看出，在 HFACS 模型的相邻层级之间共有 16 对致因因素存在关联关系，关联强度 OR 值在 4.779～63.628 之间，相邻层级因素关联关系如图 3-8 所示。其中资源管理与不恰当计划任务、不恰当计划任务与能力局限、能力局限与习惯性违章三组因素所构成的“失败”路径关联强度之和最大。

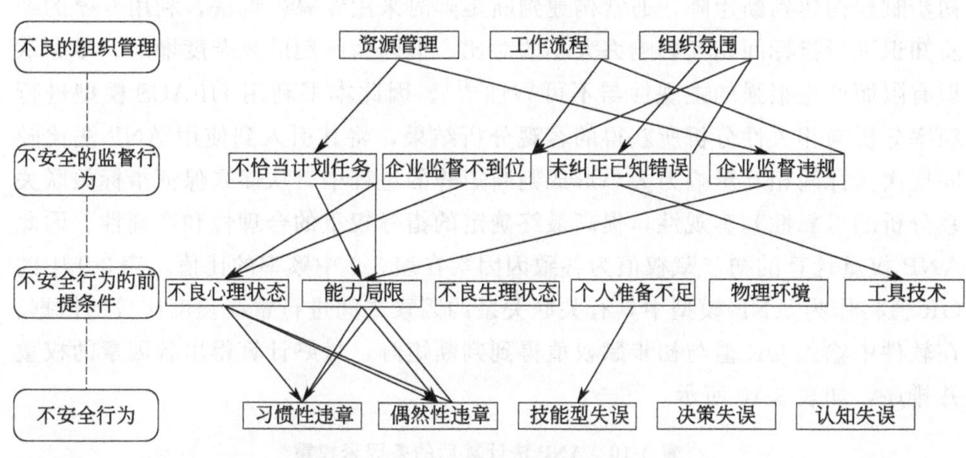

图 3-8 相邻层级致因因素关联关系图

3.4.2.3 致因因素权重计算

为了寻找对事故影响较大的因素，需要结合频率分析与相关性分析的结果对模型中的致因因素进行权重的计算，考虑到模型中的因素处于四个不同的层级并且因素之间存在相互影响相互支配的关系，所以权重计算分析选用网络层次分析法（Analytic Network Process，ANP）[30]。由于 ANP 法的原理和过程比较复杂，需要借助超级决策（Super Decision）计算软件将 ANP 应用于解决实际决策问题。

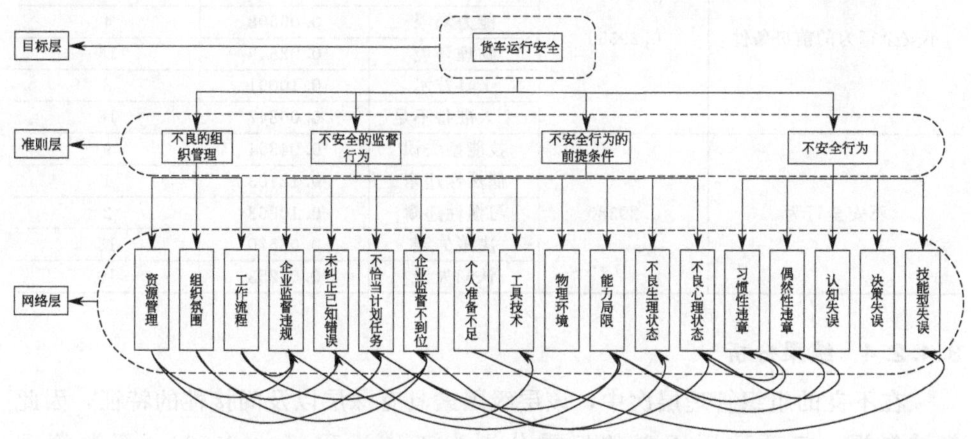

图 3-9 HFACS 模型的 ANP 层次结构图

使用 ANP 法对致因因素进行权重分析时，HFACS 模型的结构层次与 ANP 模型的结构层次相吻合。它的 4 个层次、18 个因素分别为 ANP 模型的四个准则和网络层的四个元素组，其 ANP 结构如图 3-9 所示。在使用 Super Decision 对致因因素进行 ANP 权重计算时，首先需要对各层次所属因素进行初步赋权构建判断矩阵，通常构建判断矩阵时采用专家咨询法，利用专家的经验知识进行指标间相互影响力大小的对比，但因为问题的复杂度增加、专家认识有限而产生很强的主观性与不可靠性[31]。因此本书利用 HFACS 模型进行频率分析与相关性分析所获得的客观分析结果，将其引入到使用 ANP 法比较同层次指标间相互影响力大小形成判断矩阵的过程中，从而来保证指标关联关系分析的可靠性和客观性，提高最终确定的指标权重的合理性和准确性。因此 ANP 权重计算的初步赋权值为各致因因素在表 3-9 中频率的比值，表 3-9 中的 OR 值将作为 ANP 模型中具有关联关系的因素之间进行重要程度比较的依据。在软件中输入 OR 值与初步赋权值得到判断矩阵，最终计算得出各因素的权重并排序，如表 3-10 所示。

表 3-10 ANP 法计算后的各因素权重

层次	ANP 权重	致因因素	ANP 权重	排序
不良的组织管理	0.18390	资源管理	0.03652	12
		组织氛围	0.03780	11
		工作流程	0.02579	16
不安全的监督行为	0.22880	企业监督不到位	0.05282	8
		不恰当计划任务	0.03468	14
		未纠正已知错误	0.06864	6
		企业监督违规	0.06852	7
不安全行为的前提条件	0.29350	不良心理状态	0.08013	5
		不良生理状态	0.01281	17
		能力局限	0.09508	4
		物理环境	0.02649	15
		工具技术	0.10091	3
		个人准备不足	0.00847	18
不安全行为	0.29380	技能型失误	0.04394	9
		偶然性违章	0.12103	1
		习惯性违章	0.10863	2
		决策失误	0.03520	13
		认知失误	0.04253	10

3.4.2.4 结果分析

在不良的组织管理层次中，该层级因素具有深层以及间接性的特征，因此常被忽视，三项致因因素的权重分别为工作流程（0.02579）、资源管理（0.03652）、组织氛围（0.03780）。其中，组织氛围与资源管理两项因素权重相近并相对较大，组织氛围因素的主要表现形式为安全氛围未形成、奖惩政策不足、风险管理政策不足。资源管理因素的主要表现形式为驾驶员资源管理不当、车辆质量管理不当、工作量安排不合理。这表明现阶段货运企业在该方面存在不足，企业应当积极塑造良好的安全氛围，及时获取和贯彻执行有关交通安全运输的法律法规，结合道路交通发展态势与企业现有安全规章制度的应用反馈情况，适时修改完善企业的安全运营和监督体系、安全管理制度和操作规程以及相关的风险管理政策和奖惩政策。

如表3-10所示，在不安全的监督行为层次中，致因因素权重分别为不恰当计划任务（0.03468）、企业监督不到位（0.05282）、企业监督违规（0.06852）、未纠正已知错误（0.06864）。其中，未纠正已知错误、企业监督违规与监督不到位权重相对较大，表明其是货运企业监督人员影响事故产生的主要因素，其主要表现形式为安全教育培训不足、设备维护不良、未能辨识风险员工、监督者对职权故意漠视等，说明货运企业在企业监督管理方面做得不全面，不能及时地发现存在安全隐患的驾驶员和车辆，也没能及时采取相应的措施。企业应当做到加强车辆设备的管理，确保车辆的性能良好，加强对驾驶员的安全教育培训，积极落实监督制度和政策，加大监督人员针对违规行为的自我检讨等。只有将监督管理工作落实到位，驾驶员犯错和车辆出现故障的概率才会大大降低，从而可以有效地减少事故的发生。

在不安全行为的前提条件层次中，权重较大的致因因素分别为不良心理状态（0.08013）、能力局限（0.09508）以及工具技术（0.10091），不良心理状态与能力局限均属于驾驶员个人因素，对驾驶员的不安全行为影响比较直接，其表现形式为驾驶员注意力分散、警惕性不强、冒险动机强烈与疲劳驾驶以及驾驶员技能不足与复杂情景处理经验不足，说明主要问题是驾驶员没有充分掌握安全驾驶技能、安全责任意识差、对安全规章制度理解不够，因此货运企业应加强对卡车驾驶员在交通规则以及安全驾驶的生理与心理知识方面的教育培训，充分运用VR、AR等新技术构建高危实景的驾驶环境对卡车司机进行体验式安全驾驶培训，通过进行模拟训练，使其充分学习体验从而达到掌握安全驾驶技能的效果。同时建议卡车运输企业给卡车安装疲劳检测装置或者睡眠状态监测装置，当驾驶员出现疲劳驾驶特征时，进行车内语音播报提醒从而减少事故发生。另外工具技术作为该层次中权重最大的致因因素，表明未安装自动报警装置、设备故障、安全带使用不当、货物绑扎不当等因素都会增加卡车交通事故的发生概率，因此企业应定期开展车辆安全检查，采用先进的科技设备提升卡车的安全性能，以减少交通事故损失。

在不安全行为层次中，致因因素权重分别为偶然性违章（0.12103）、习惯性违章（0.10863）、决策失误（0.03520）、认知失误（0.04253）、技能型失误（0.04394）。偶然性与习惯性违章两项因素为权重最大的因素，其与事故的直接原因相吻合，其主要表现形式为未使用安全车速、车辆货物超载、工作前检查不足、违反交通规则。在失误类别中权重较高的因素为技能型失误，其主要表现形式为驾驶行为不当与不良驾驶习惯，因此货运企业应加强教育培训，使驾驶员充分认识安全驾驶的重要性以及违章驾驶的严重性，提高卡车司机的安全意识，文明行车，降低危险驾驶的风险。

综上所述，从驾驶员角度来讲，偶然性违章与习惯性违章这两项因素是对卡车事故影响较大的直接因素，工具技术、能力局限以及不良心理状态是对事故影响较大的间接因素；从货运企业的角度来讲，未纠正已知错误、企业监督违规、企业监督不到位、组织氛围以及资源管理是企业管理层级影响卡车事故的主要因素，同时由图 3-8 可知，这些因素存在着“组织氛围—企业监督不到位—不良心理状态—偶然性违章/习惯性违章”“组织氛围—未纠正已知错误—工具技术”“资源管理—企业监督违规—能力局限—偶然性违章/习惯性违章”“资源管理—不恰当计划任务—不良心理状态/能力局限—偶然性违章/习惯性违章”的关联性。所以从货运企业角度来看，减少企业层级中不良因素的产生，就能够减少工具技术、能力局限、不良心理状态等事故间接因素的发生概率，从而进一步减少驾驶员偶然性与习惯性违章等事故直接因素的发生概率，以达到减少事故发生的目的。

3.4.3 结果分析

（1）通过相关性分析得出 HFACS 模型中的相邻层级之间共 16 对致因因素存在关联关系，关联强度 OR 值在 4.779～63.628 之间，其中资源管理与不恰当计划任务、不恰当计划任务与能力局限、能力局限与习惯性违章为该模型中关联强度之和最大的事故致因路径。

（2）驾驶员不安全行为作为四个层级中的权重最高的层级，说明其是导致卡车交通事故的最主要原因，其中偶然性违章与习惯性违章最为突出，工具技术、能力局限以及不良心理状态作为不安全行为的前提条件层级中权重较高的致因因素，说明其是导致不安全行为产生的主要原因。

（3）尚未形成良好的安全氛围、存在风险管理以及奖惩力度不足以及车辆管理不当在不良的组织管理层级中权重较高，容易导致不安全的监督行为层级中未纠正已知错误、企业监督违规以及不到位这类权重较高致因因素的产生。

（4）在利用 HFACS 模型对卡车交通事故致因因素进行关联性分析时，只考虑了相邻层级因素之间可能存在关联关系。而在实际中，可能不只是相邻层级因素之间存在关联性，模型中的非相邻层级的因素之间也可能存在关联关系，这将作为下一步的研究内容。

3.5 基于心理因素的卡车司机危险驾驶行为分析

3.5.1 卡车司机危险驾驶行为的心理特征

卡车司机的危险驾驶行为是一种存在较大事故风险的不安全行为，如高速、超速行驶，随意追逐、超越其他车辆，频繁、突然并线，近距离驶入其他车辆之前的危险驾驶行为。卡车司机的危险驾驶行为又受环境、道路、车辆、心理状态、性格、家庭背景等因素影响。其中，卡车司机的心理特征是影响驾驶安全的最重要因素之一，因此有必要探究卡车司机心理特征与驾驶行为之间的相互关系及影响机理，进而借助心理因素规律来提升驾驶安全。在驾驶员个人因素方面，Alavi 等人[32] 评估了精神障碍对卡车司机道路交通事故的影响，发现卡车司机的神经质可能导致他们的卡车事故增加。Naderi[33] 则发现卡车司机的疲劳问题可能会导致异常驾驶行为，并受到卡车价格和睡眠质量的负面影响。Linkov 等人[34] 研究了人格特征（神经质、外向性、经验开放性、随和性和责任心）与卡车司机驾驶表现之间的相关性。可见，这些研究成果，对卡车司机危险驾驶行为的预防提供了重要理论指导，但卡车司机驾驶过程中，首先是如何感知风险，感知后采取措施，风险就将被转移了，这是非常重要的因素。现借助计划行为理论来解释卡车司机的危险驾驶行为，并通过提出将计划行为理论、感觉寻求和风险感知相结合的研究模型来解决这些关键问题，以更好地开展交通事故预防和卡车司机教育培训等工作。

3.5.2 危险驾驶行为分析的理论基础

3.5.2.1 计划行为理论

计划行为理论是指一个人的行为意图是其行为的决定因素[35]。行为意图受到三个重要因素的影响，包括对行为的态度、感知行为控制和主观规范。态度是对行为的正面或负面评价；感知行为控制反映了人们对其参与行为能力的感知；主观规范是指执行行为所感受到的社会压力。对危险驾驶的态度是指卡车司机对危险驾驶行为的正面或负面评价，感知行为控制是指卡车司机对其危险驾驶能力的感知，主观规范是指卡车司机在危险驾驶时所感受到的社会压力。该理论在解释各种人类行为方面的效用已在之前的研究中得到明确证明，因此，选择计划行为理论作为理论框架，以开发一个解释卡车司机的危险驾驶行为的研究模型，能更好解释危险驾驶行为。现提出以下假设：

H1：对危险驾驶的态度正向影响危险驾驶意图。

H2：感知行为控制正向影响危险驾驶意图。

H3：主观规范正向影响危险驾驶意图。

H4：危险驾驶意向对危险驾驶行为有正向影响。

3.5.2.2 感觉寻求

感觉寻求被定义为一个人寻求新奇、多样、复杂体验和感觉的欲望[36]。感觉寻求的概念已应用于不同的研究领域，如政治暴力、行为成瘾、交通安全和建筑安全。已有的研究表明，感觉寻求与人们的冒险行为正相关[37]。在交通安全方面，感觉寻求被视为与危险驾驶行为相关的最重要的人格特征。然而，卡车司机的感觉寻求和对危险驾驶的态度之间的关系尚未得到检验[38]。根据以往研究成果，提出以下假设：

H5：感觉寻求正向影响对危险驾驶的态度。

H6：感觉寻求正向影响危险驾驶意图。

3.5.2.3 风险感知

Slovic 将风险感知定义为评估危险的直观风险判断，并提出了心理测量学方法来研究与各种科技和人类活动相关的风险感知。同样根据先前研究结果，提出以下假设：

H7：风险感知对危险驾驶的态度产生负面影响。

H8：风险感知对危险驾驶意图产生负面影响。

根据上述文献综述，提出了结合计划行为理论、感觉寻求理论和风险感知的研究模型来解释卡车司机的危险驾驶行为。包含上述八个假设的研究模型如图 3-10 所示。

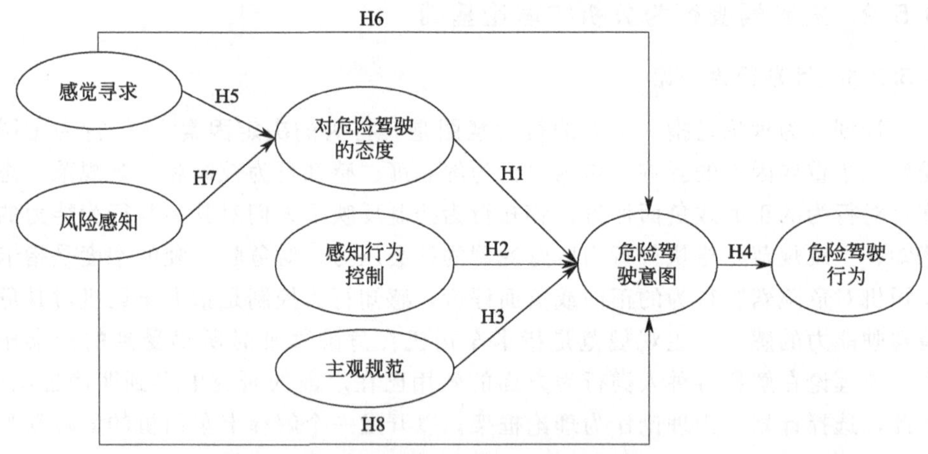

图 3-10　揭示卡车司机危险驾驶行为的研究模型

3.5.3 数据收集

3.5.3.1 问卷设计

所采用的问卷分为两部分，第一部分收集了参与者的人口统计学特征，包括年龄、性别、教育程度、卡车驾驶经验和所在地区。第二部分测量研究模型中的构念，包括感觉寻求、风险感知、对危险驾驶的态度、感知行为控制、主观规范、危险驾驶意图和危险驾驶行为。根据文献综述，共设计了24道用于测量构念的题目，并采用了五点李克特型量表（表3-11）。

表3-11 题目内容及对应参考文献

构念	题目	内容	参考文献
感觉寻求(SS)	SS1	你很喜欢没有计划的旅行	[39]
	SS2	当你没有业务时留在家里很久时，你会觉得很难受	
	SS3	你喜欢做刺激的事情	
风险感知（RP）	RP1	你认为开车时，冒险是安全的，因为这样会让开车更有趣	[40]
	RP2	你认为开车时，对其他司机做粗鲁的手势是安全的	
	RP3	你认为开车时，对其他司机按喇叭以示愤怒	
对危险驾驶的态度（ATRD）	ATRD1	危险驾驶是可以接受的	[41]
	ATRD2	危险驾驶是个明智的主意	
	ATRD3	你喜欢危险驾驶的想法	
感知行为控制（PBC）	PBC1	在日常工作中，你是能够去危险驾驶的	
	PBC2	在日常工作中，你的危险驾驶是完全在你的控制之内	
	PBC3	在日常工作中，你有能力去危险驾驶	
主观规范（SN）	SN1	对你重要的人（如你的父母、孩子和配偶）会认为你不应该在日常工作中不安全驾驶	[41]
	SN2	影响你的人（比如你的同事或上司）会认为你不应该在日常工作中不安全驾驶	
	SN3	对你重要的人（如你的父母、孩子和配偶）会希望你在日常工作中安全驾驶	
危险驾驶意图(ITDR)	ITDR1	你打算将来会危险驾驶	[41]
	ITDR2	你预料你将来会危险驾驶	
	ITDR3	你将来要危险驾驶	
危险驾驶行为(RD)	RDB1	你经常将高速公路上100km/h的速度限制提高到110km/h	
	RDB2	你经常无视交通规则以加快完成工作任务	
	RDB3	你经常因为赶时间而开快点	
	RDB4	你经常开得离前面的车太近，如果要刹车的话，不能及时停下	
	RDB5	你经常开车时因为周围发生的事情而分心	
	RDB6	你经常因为不专心开车而引致危险的状况	

3.5.3.2 参与者

2020年7月，对浙江省内各物流（货运）公司的卡车司机进行调研，内容为卡车司机的个人信息与驾驶心理影响。

对500名卡车司机进行了问卷调查，样本的选择标准为持有有效驾驶执照的全职卡车司机，且所有参与者签了书面同意书。在这项研究中发现并移除了29个有缺失值的无效数据，得到了471个有效数据（有效回复率94.2%）以进行分析。大多数参与者年龄在30岁或以上（93.84%），男性（99.36%）。大多数参与者接受初中或以下教育（51.38%），有五年以上的卡车驾驶经验（77.71%）。

3.5.3.3 数据分析

借助AMOS软件，使用SEM方法来检验假设并评估研究模型。在进行SEM之前，该研究进行了验证性因素分析（CFA），以验证所提出的研究模型中构念测量的有效性和可靠性。在本研究中，一旦测量模型具有良好的模型拟合度，就可以使用SEM检查结构模型，以测试所提出的研究模型中的假设。SEM中的模型适应度指数和相应要求与CFA中相同（即$\chi^2/df<5$、SRMR＜0.08、RMSEA＜0.08、TLI＞0.90和CFI＞0.90）。

3.5.4 结果

3.5.4.1 测量模型评估

结果显示，测量模型的拟合指数均满足要求值，因此表明测量模型充分拟合了数据（表3-12）。

表3-12 模型的模型拟合指数

模型拟合指数	推荐数值	测量模型	结构模型
χ^2/df	＜5	2.899	3.455
SRMR	＜0.08	0.076	0.065
RMSEA	＜0.08	0.064	0.072
TLI	＞0.90	0.941	0.923
CFI	＞0.90	0.950	0.934

3.5.4.2 结构模型评估

与测量模型评估中相同的五个模型拟合指数用于评估结构模型。所有模型拟合指数均符合推荐值（表3-12），表明研究模型充分代表了构念之间的假设关系，假设检验的结果如表3-13所示，八个假设中有五个得到支持。其中，感觉寻求对危险驾驶的态度产生正向影响，而风险感知对危险驾驶的态度和危险驾驶的意图产生负面影响。对危险驾驶的态度对危险驾驶意图产生正向影响，进而对危险驾驶行为产生正向影响。

表3-13 假设检验的结果

假设	标准化路径系数	p值	结果
H1：对危险驾驶的态度正向影响危险驾驶意图	0.711	＜0.001	支持
H2：感知行为控制正向影响危险驾驶意图	0.055	0.081	不支持
H3：主观规范正向影响危险驾驶意图	−0.025	0.366	不支持
H4：危险驾驶意向对危险驾驶行为有正向影响	0.802	＜0.001	支持
H5：感觉寻求正向影响对危险驾驶的态度	0.071	0.040	支持
H6：感觉寻求正向影响危险驾驶意图	0.055	0.072	不支持
H7：风险感知对危险驾驶的态度产生负面影响	−0.809	＜0.001	支持
H8：风险感知对危险驾驶意图产生负面影响	−0.168	0.003	支持

图 3-11 总结了假设检验的结果，该研究模型可以分别解释 68.8%、80.2%和 64.3%的危险驾驶态度、危险驾驶意图和危险驾驶行为的方差，表明该研究模型对卡车司机危险驾驶行为的解释力很强。这些值代表因变量（例如对危险驾驶的态度、危险驾驶的意图和危险驾驶行为）的方差比例，这些变量由模型中的预测变量解释。例如，为了解释与危险驾驶态度相关的值，首先需要查看图 3-12 以确定模型中的哪些因素作为其预测变量。因此，我们可以确定与危险驾驶态度相关的 68.8%的方差是由它的两个预测因素——感觉寻求和风险感知来解释的。同样，我们可以确定风险感知、感觉寻求、对危险驾驶的态度、感知行为控制和主观规范解释了与危险驾驶意图相关的 80.2%的方差。对于危险驾驶行为，其方差的 64.3%由预测变量解释，即危险驾驶意图。

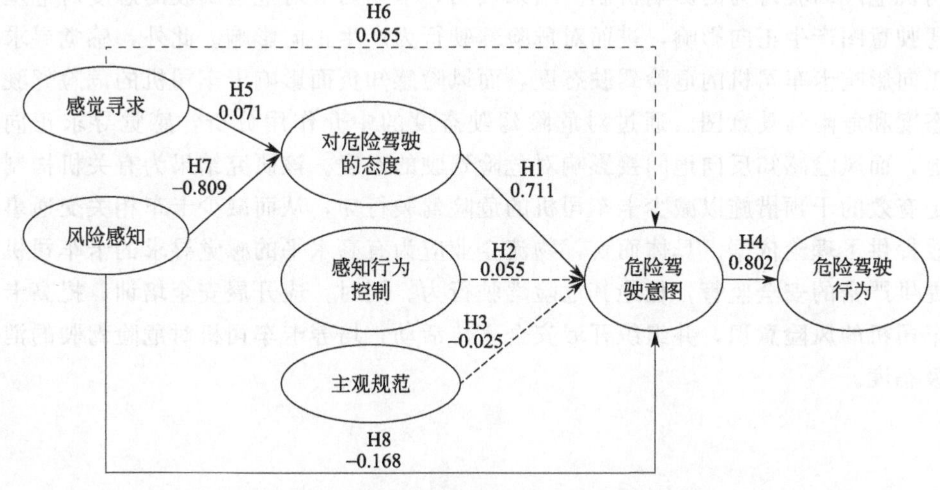

图 3-11　结构模型评估的结果

（其中箭头附近的值是标准化路径系数，实线表示显著，虚线表示不显著）

3.5.4.3　中介分析

进一步地，使用 p 值检验了对危险驾驶的态度在感觉寻求和危险驾驶意图之间以及风险感知和危险驾驶意图之间的关系中的中介作用。结果表明，对危险驾驶的态度显著调节了这两种关系。具体而言，在危险驾驶态度的中介作用下，感觉寻求对危险驾驶的意图有正向的间接影响（$p<0.05$），而风险感知对危险驾驶的意图有负向的间接影响（$p<0.001$）。

3.5.4.4　人口统计变量的影响

除此之外，使用方差分析研究了人口统计分类变量（性别、教育水平和地区）对卡车司机危险驾驶行为的影响，结果显示性别（$p=0.236$）、教育水平（$p=0.248$）和地区（$p=0.356$）对卡车司机的危险驾驶行为不显著。而对于连续的人口统计变量（年龄和卡车驾驶经验），采用 Pearson 相关系数研究人口统计变量与卡车司机危险驾驶行为之间的相关性。结果表明，年龄与危险驾驶行为之间的关系以及卡车驾驶经验与危险驾驶行为之间的关系的 Pearson 相关系数分别为 0.084（$p=0.07$）和-0.01（$p=0.983$）。

3.5.5 结果分析

提出并验证了将计划行为理论、感觉寻求和风险感知相结合的研究模型，以解释各因素对卡车司机危险驾驶行为的影响。通过 SEM 和中介分析，全面探索了感觉寻求、风险感知、感知行为控制、主观规范和危险驾驶态度对卡车司机危险驾驶行为的影响机制。结果表明，卡车司机对危险驾驶的态度对危险驾驶意图产生正向影响，进而对危险驾驶行为产生正向影响。此外，感觉寻求正向影响卡车司机的危险驾驶态度，而风险感知负面影响卡车司机的危险驾驶态度和危险驾驶意图。通过对危险驾驶态度的中介作用分析，感觉寻求正向地，而风险感知反向地间接影响对危险驾驶的态度。该研究结果为有关机构制定有效的干预措施以减少卡车司机的危险驾驶行为，从而减少卡车相关交通事故提供了理论依据。具体而言，物流企业应为有高水平的感觉寻求的卡车司机提供严密的安全监管，杜绝其危险驾驶行为。同时，应开展安全培训，提高卡车司机的风险意识，并组织开展安全宣传活动，培养卡车司机对危险驾驶的消极态度。

参考文献

[1] 中华人民共和国国家统计局 . http：//data. stats. gov. cn/easyquery. htm? cn=C01.

[2] 卡车之家 . 货车司机生存现状调查:挣钱难开车更难 [EB/OL]. http：//www. 360che. com/driver/151231/50741. html.

[3] 交通网 . 货车究竟有多危险　平均 1 万辆 1 年闯 20 次祸 [EB/OL]. http：//jgzx. 122. cn/c/2014-04-17/437410. shtml.

[4] 牛毅,李振明,樊运晓 . 基于数据挖掘的高速公路货车交通事故影响因素关联分析研究 [J]. 安全与环境工程，2020，27 (04)：180-188.

[5] Heinrich H，Petersen D，Roos N. Industrial accident prevention：a scientific approach [M]. New York：McGraw-Hill book company，1980.

[6] Harris W. Fatigue，Circadian Rhythm，and Truck Accidents [J]. Vigilance，1977，3：133-146.

[7] Gates J，Dubois S，Mullen N，et al. The influence of stimulants on truck driver crash responsibili-

ty in fatal crashes [J]. Forensic science international, 2013, 228 (1): 15-20.

[8] Lemp J D, Kockelman K M, Unnikrishnan A. Analysis of large truck crash severity using heteroskedastic ordered probit models [J]. Accident analysis and prevention, 2011, 43 (1): 370-380.

[9] 孙薇. 大货车交通事故致因机理及对策研究 [D]. 重庆: 重庆交通大学, 2014.

[10] 牛毅. 基于数据驱动的安全生产事故致因分析方法研究 [D]. 北京: 中国地质大学, 2020.

[11] 李振明,牛毅,樊运晓,等. 不同区域高速公路货车事故特征研究 [J]. 中国安全科学学报, 2020, 30 (06): 121-127.

[12] 倪捷,刘志强. 高速公路驾驶人跟车视觉行为研究 [J]. 安全与环境工程, 2015, 22 (06): 129-133.

[13] 张宝. 高速公路交通事故规律分析与影响因素研究 [D]. 北京: 中国人民公安大学, 2019.

[14] 傅贵,殷文韬,董继业,等. 行为安全"2-4"模型及其在煤矿安全管理中的应用 [J]. 煤炭学报, 2013, 38 (07): 1123-1129.

[15] 王来全. 煤矿安全管理中行为安全"2-4"模型的应用 [J]. 中国高新技术企业, 2014 (17): 118-119.

[16] 桂阳地. 浅谈行为安全"2-4"模型及其在煤矿安全管理中的应用 [J]. 建材与装饰, 2017, 20 (20): 207-208.

[17] 付净,刘辉,葛及,等. 基于行为安全"2-4"模型的化工行业典型事故分析 [J]. 吉林化工学院学报, 2015, 32 (06): 59-64.

[18] 张洪,宫运华,傅贵. 基于"2-4"模型的建筑施工高处坠落事故原因分类与统计分析 [J]. 中国安全生产科学技术, 2017, 13 (09): 169-174.

[19] 王丹,刘庆丽,刘国峰. 基于事故致因"2-4"模型的模板坍塌事故研究 [J]. 工程管理学报, 2017, 31 (06): 130-134.

[20] 周崇然. 行为安全"2-4"模型在冶金企业安全管理中的应用 [J]. 现代商贸工业, 2017 (16): 99-100.

[21] 翁静雯. 危化品运输安全问题的"2-4"模型及应用 [J]. 中国应急救援, 2017 (05): 53-57.

[22] 傅贵. 安全科学与事故致因论 [J]. 安全, 2017, 38 (02): 2.

[23] 赵冉. 加大处罚与监管力度以保障交通安全——国务院出台《关于加强道路交通安全工作的意见》[J]. 商用汽车, 2012 (16): 15-16.

[24] Shappell S A, Wiegmann D A. Applying reason: the human factors analysis and classifcation system (HFACS) [J]. Human Factors and Aerospace Safety, 2001, 1: 59-86.

[25] Schröder-Hinrichs J U, Baldauf M, Ghirxi K T. Accident investigation reporting deficiencies related to organizational factors in machinery space fires and explosions [J]. Accident Analysis & Prevention, 2011, 43 (3): 1187-1196.

[26] 高宁. 基于 HFACS 与 Apriori 算法的船舶碰撞事故致因分析 [D]. 大连: 大连海事大学, 2018.

[27] 胡文武. 基于 HFACS-BAs 的营运客车事故企业管理影响因素研究 [D]. 武汉: 华中科技大学, 2019.

[28] 王晶,樊运晓,高远. 基于 HFACS 模型的化工事故致因分析 [J]. 中国安全科学学报, 2018, 28 (09): 81-86.

[29] Celik M, Cebi S. Analytical HFACS for investigating human errors in shipping accidents [J]. Accident Analysis & Prevention, 2009, 41 (1): 66-75.

[30] 宋宇飞．基于ANP-灰色聚类评估的住宅产业化成熟度评价研究［D]．郑州：郑州大学，2018.

[31] 王海滨,吴魁,陈海东．基于灰色关联分析改进的ANP效能评估方法［J]．导弹与航天运载技术，2013（05）：66-69.

[32] Alavi S S，Mohammadi M R，Souri H，et al. Personality，Driving Behavior and Mental Disorders Factors as Predictors of Road Traffic Accidents Based on Logistic Regression [J]．Iranian Journal of Medical Sciences，2017，42（1）：24-31.

[33] Naderi H，Nassiri H，Sahebi S. Assessing the relationship between heavy vehicle driver sleep problems and confirmed driver behavior measurement tools in Iran [J]．Transportation Research Part F：Traffic Psychology and Behaviour，2018，59：57-66.

[34] Linkov V，Zaoral A，Řezáč P，et al. Personality and professional drivers' driving behavior [J]．Transportation Research Part F：Traffic Psychology and Behaviour，2019，60：105-110.

[35] Li Z，Man S S，Chan A H S，Zhu J. Integration of Theory of Planned Behavior，Sensation Seeking，and Risk Perception to Explain the Risky Driving Behavior of Truck Drivers [J]．SUSTAINABILITY-BASEL，2021，13（9）：5214.

[36] Qu W，Zhang W，Ge Y. The moderating effect of delay discounting between sensation seeking and risky driving behavior [J]．SAFETY SCI，2020，123：104558.

[37] Breivik G，Sand T S，Sookermany A M. Sensation seeking and risk-taking in the Norwegian population [J]．PERS INDIV DIFFER 2017，119：266-272.

[38] Zhang X，Qu X，Tao D，et al. The association between sensation seeking and driving outcomes：A systematic review and meta-analysis [J]．Accident Analysis & Prevention 2019，123：222-234.

[39] Hoyle R H，Stephenson M T，Palmgreen P，et al. Reliability and validity of a brief measure of sensation seeking [J]．PERS INDIV DIFFER，2002，32（3）：401-414.

[40] Ivers R，Senserrick T，Boufous S，et al. Novice Drivers' Risky Driving Behavior，Risk Perception，and Crash Risk：Findings From the DRIVE Study [J]．AM J PUBLIC HEALTH 2009，99（9）：1638-1644.

第4章

不同类型和区域卡车事故原因分析

我国地域辽阔，自然环境复杂多变，各地区经济、社会发展不平衡，各地交通事故规律呈现出显著差异。况且卡车车辆类型众多，事故形态、原因、严重度各异，这些都为事故预防工作提出更高要求。针对不同区域、不同车型的事故特征，需要采取针对性的预防措施。

4.1 常见卡车事故原因

4.1.1 全国高速公路现状与卡车类型

随着我国经济社会的快速发展，高速公路的建设突飞猛进，货运车辆承担着繁重的运输任务。根据《2021年交通运输行业发展统计公报》显示，2021年我国营运性货运量521.60亿吨，增长12.3%，货物周转量218181.32亿吨公里，增长10.9%。到2021年末，全国公路总里程达到506万公里，高速公路总里程16.91万公里，总里程居世界第一位。高速公路虽然只占我国公路总里程的3.2%，却完成了全社会营业性卡车40%以上的货物周转量，在我国运输行业中发挥着举足轻重的作用。然而，随之相伴的是数量急剧增长的交通事故，造成了严重的人员伤亡和财产损失，给高速公路运输管理带来巨大的压力。

相关统计显示，截至2018年底，全国国道观测里程21.88万公里，机动车年平均日交通量为14179辆，比上年增长3.5%，年平均日行驶量为309939万车公里，增长2.5%。其中，国家高速公路年平均日交通量为26435辆，增长5.4%，年平均日行驶量为138840万车公里，增长6.0%；普通国道年平均日交通量为10307辆，增长1.4%，年平均日行驶量为171094万车公里，下降0.1%[1]。

当前，虽然全国道路交通安全形势稳中向好，但稳中有险，稳中有忧。交通安全基础仍很脆弱，影响道路交通安全的因素依然多而复杂，像长大下坡、临水临崖等“危险道路”，以及逾期未检验、未报废的“带病车辆”依然存在，为道路系统的安全运行埋下了巨大隐患，安全形势依然严峻。

4.1.2 高速公路卡车事故特点

以浙江为例，从浙江省高速交管部门公布的数据来看，全省境内现有高速公路超5000公里，高速公路交通相当繁忙，因高速公路事故每年造成约300人死亡[2]。在2011～2015年间，浙江省每年的高速事故都呈增长趋势，卡车事故数均占到了总交通事故数的25%左右，但是这25%的事故造成的死亡人数却占到了交通事故总死亡人数的70%左右。相关数据显示，平均每发生48起高速公路卡车事故，就会有1个人死亡，有8个人受伤，事故后果非常严重，造成的社会影响巨大。

4.1.2.1 卡车事故区域位置分布规律

卡车发生事故的地理位置主要受各大城市经济发展情况和特定的道路条件影响，表现在以下三个方面：第一是所在的地市划分的区域位置；第二是根据高速公路出入口划分的高发区域；第三是路面和匝道广场的事故分布情况。

(1) 各城市事故发生数量。近年来浙江省各地卡车平均事故数的分布见图4-1。以事故数占比12%、6%为界，划分为事故高发城市、事故中等城市和事故低发城市，则由图可知，绍兴、杭州和金华均为高速公路卡车事故高发城市，宁波、台州、湖州、嘉兴、衢州和温州为事故中等城市，而丽水和舟山为事故低发城市。

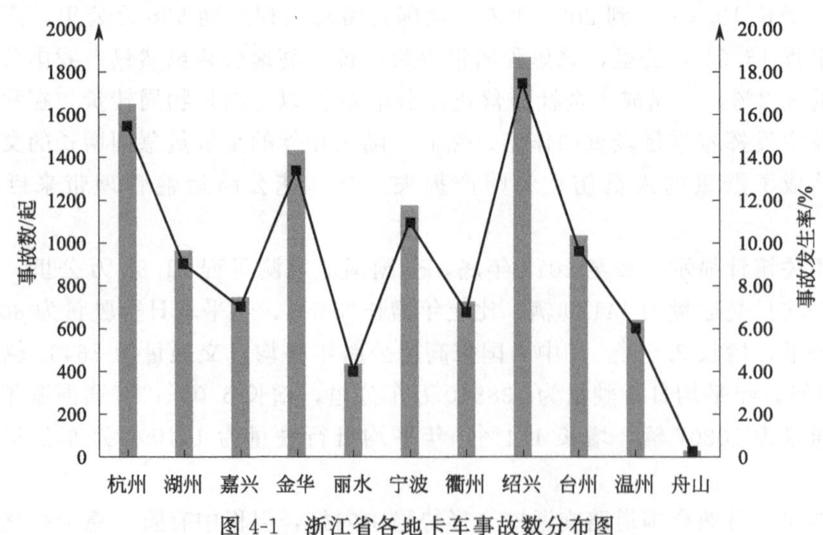

图4-1 浙江省各地卡车事故数分布图

(2) 各城市事故严重度。浙江省各地每起卡车事故平均伤亡人数见图 4-2。从伤亡人数来看，事故严重度中等的城市有湖州、嘉兴和宁波，每起卡车事故平均受伤人数也较高；事故严重度较低的城市为丽水，列全省第五。事故严重度高的城市有杭州、金华和绍兴，卡车事故受伤人数接近 0.2 人/起，绍兴在受伤人数上与衢州、台州和温州持平。

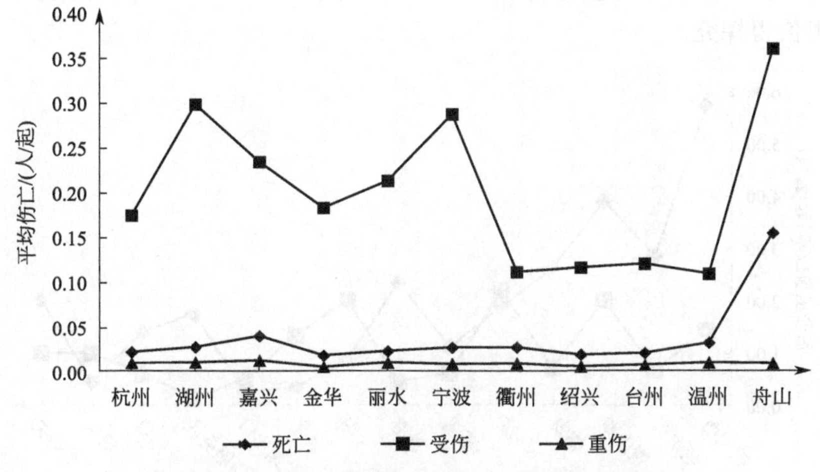

图 4-2 浙江省各地每起卡车事故平均伤亡人数图

可见，从各市的所处位置来看，杭州、绍兴和金华处于浙江省的内部核心区域，与其他各个市区有着较为紧密的道路连通关系，杭州作为浙江省的经济核心区，与其他各市的货物运输关系也更为紧密。处于外围沿海城市的宁波也是经济十分发达的地区，但由于两面靠海，与内陆地区的联系受到了限制，因此事故数稍低。外围城市湖州、嘉兴、衢州、丽水经济发达程度相对低，而经济程度较为发达的温州由于地处浙江省最南面且一面沿海，高速车流量相对较少。舟山是浙江省地理位置最为特殊的一个城市，位于浙江省东北部的海域，高速道路很少，事故数占比也极低，不足1%，但每起事故的死亡人数相对较高，达到 0.15 人/起。

(3) 分段分析。将浙江省的高速公路以高速出入口为分段点，分成若干段，且分为两个方向。这里主要分析了浙江省内几条比较重要的国家级高速公路，分别为：G15 沈海高速浙江段、G1512 甬金高速浙江段、G15 常台高速浙江段、G25 长深高速浙江段、G3 京台高速浙江段、G50 沪渝高速浙江段、G56 杭瑞高速浙江段、G60 沪昆高速浙江段。经对上述几条公路 2011～2015 年的事故数统计之后发现，事故主要集中在各枢纽、临近城市的出入口、服务站出入口以及隧道等特殊位置，研究还发现出入城市方向的事故数存在较大的差别。

以G56杭瑞高速为例，图4-3为杭瑞高速进出城方向每公里事故数对比图。进城方向的每公里事故率越靠近杭州城区越高，达到5.71起/公里，而出城方向每公里事故率均在2起/公里以下，越靠近城区每公里事故率更大一些，这个规律尤其是在距离较长的高速公路段结束的位置更加明显，通常称为“尾端效应”。同一段路程，相反方向的道路设计、设施和行车条件基本相同，并且同一路段的交通车流量也相似，那么导致相反方向卡车事故率相差较大的原因就很值得探究。

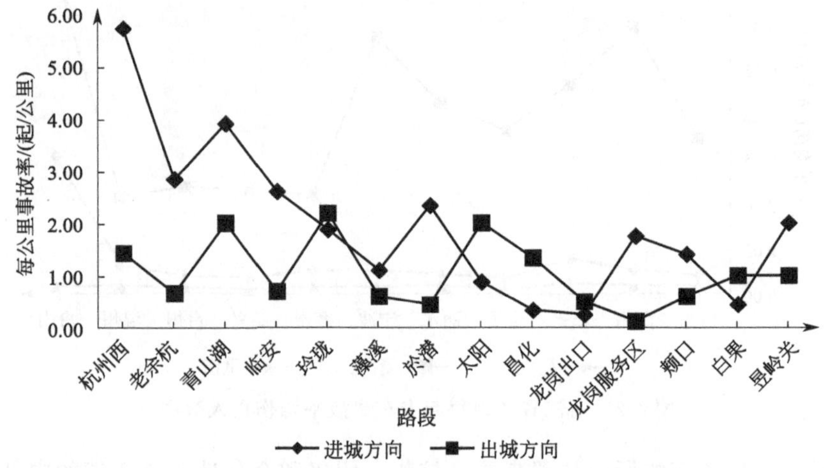

图 4-3　杭瑞高速每公里事故率进出城方向对比图

可以看出，在车辆和道路相同条件下，司机的驾驶行为很大程度上决定了事故是否发生。一般情况下，司机经过较长时间的行驶后，会进入疲劳期，且在高速公路末端意味着已经接近目的地，身体和心理同时进入一个比较放松的状态，再加上越靠近城市车流量越大，不能很快适应路上行车条件的变化，导致了进城方向的事故增多，而出城方向的事故与更远路段的差距不大。

(4) 事故形态分析。匝道广场上的事故与车道上的事故最大差别在于事故形态的结构组成。从整体卡车事故形态来看，一般以尾随相撞为主，其次是撞击固定物或静止车辆，且相差较大，路面上发生的事故形态结构符合该规律。而匝道广场上，由于多有弯道，固定桩较多，且经常发生车辆变道、转弯等情况，因此撞击固定物或者固定车辆的居多。通过统计分析，从高速公路事故数据来分析，路面和匝道广场卡车事故形态分布见图4-4。

从图4-4中可以看出，路面和匝道广场事故分布规律是撞击固定物/静止车辆的比例非常高，达到了29％，尾随相撞为27％，同向刮擦的比例也达到了24％。可以看出，匝道广场上发生侧面相撞和翻车事故的比例也远高于路面上发生的相同卡车事故。

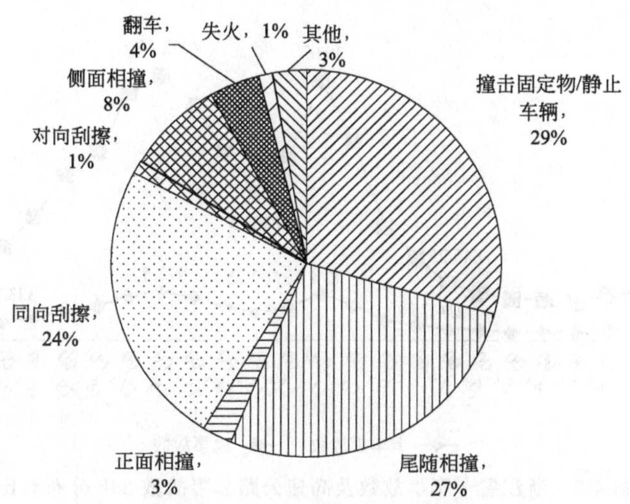

图 4-4 路面和匝道广场卡车事故形态分布图

4.1.2.2 高速公路事故的时间分布规律

高速公路事故的时间因素主要体现在行车的光照环境行车时间的长短对司机疲劳度的影响。

浙江省卡车事故数以及高速公路总事故数 24h 分布对比见图 4-5。从图上的曲线走势可以看出，卡车事故数和总事故数在 24h 的分布规律大致相同，但是卡车事故数与总事故数的日夜占比有较大的不同。本书根据光照的情况、人体疲劳度的变化及高速公路上车流量情况，大致将 24h 分为两个部分，其一为日间行车段，由早上 8 点到晚上 8 点，这段时间内行车，一般光线环境较好，人体处于比较精神的状态，而且为正常的上班时间段，车型主要以小型客车为主；其二为夜间行车段，由晚上 8 点到第二天早上 8 点，这段时间内行车，光线环境较差，司机处于疲劳时期，特别是在午夜到凌晨这段时间，高速公路上通常车流量较小，车型主要以卡车为主。

在日间行车段，卡车事故的总发生率在 73％左右，是卡车事故的高发期，但在总事故数中占比较少，且较为稳定。其中，上午 10 点和下午 15 点是卡车事故发生率的两个峰值点，其事故发生率均超过了 8％，这两个时间也是高速公路车流量的高峰期。夜间行车段，卡车事故每小时事故发生率全部低于日间行车段，在 1.61％～3.12％间，总发生率平均为 26.68％。但是卡车事故发生数占总事故数的平均比例值由日间的 22％上升到了 30％，尤其是凌晨 2 点，这个数值超过了 33％。图 4-6 为每小时每起卡车事故平均死亡人数趋势图，从图上可以看出，日间行车段的每小时每起卡车事故平均死亡人数普遍低于 0.005 人，而夜间行车段为 0.012 人，其中凌晨 3 点是每起事故死亡人数的高

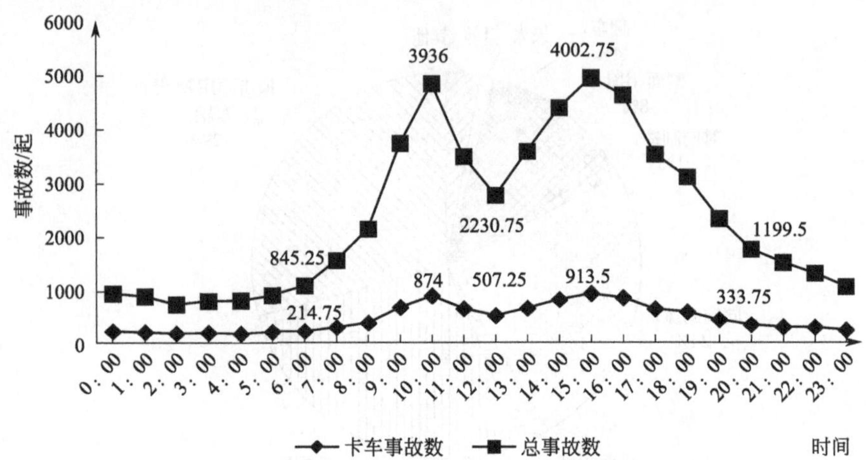

图 4-5 浙江省卡车事故数及高速公路总事故数 24h 分布对比

峰，接近 0.025，几乎为日间行车段的 5 倍，可见夜间行车段卡车事故造成的死亡人数之高。

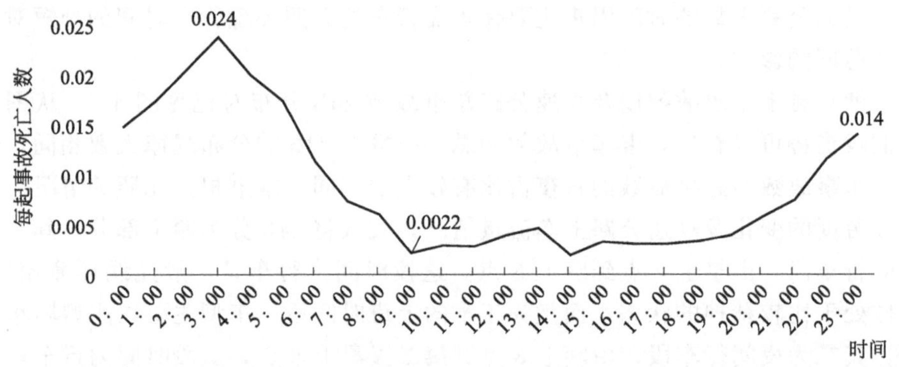

图 4-6 各时段每起卡车事故平均死亡人数分布图

日间行车段，车辆违章行驶及司机操作不当这两类原因占比差不多，均达到了 44%，其他几类原因占比较少。车辆违章行驶的 44%中，有 35.48%为车与车之间未保持安全距离造成事故。对比夜间行车段，事故原因为未保持安全距离仅占所有事故的 17.92%。在日间行车段，一般高速上车流量较大，而且路面上车辆类型较多，客、卡车混合程度较高，车与车之间的影响和干扰较为严重，因此事故发生率较高，涉及卡车的事故发生率也相应较高。但由于日间行车，司机行驶状态、照明情况较好，一般都为尾随相撞，撞击固定物或静止车辆，侧面、正面刮擦的情况微小型财产损失事故，事故严重程度较低。而到了夜间行车段，事故数、受伤人数都相较日间行车段来说有了较大的降低情况，但是死亡人数却达到了53.39%～64.95%。夜间的翻车、坠车事故比例相较于日间有较大的增长。另外，撞击固定物或静止车辆的增幅比例达到了10%。夜间行车的时候，道路光线较弱，司机的视线和视野范围都很差，且夜间行车以大型卡车为主，车辆的机械性能也和小型车辆有明显的差距，见图4-7。

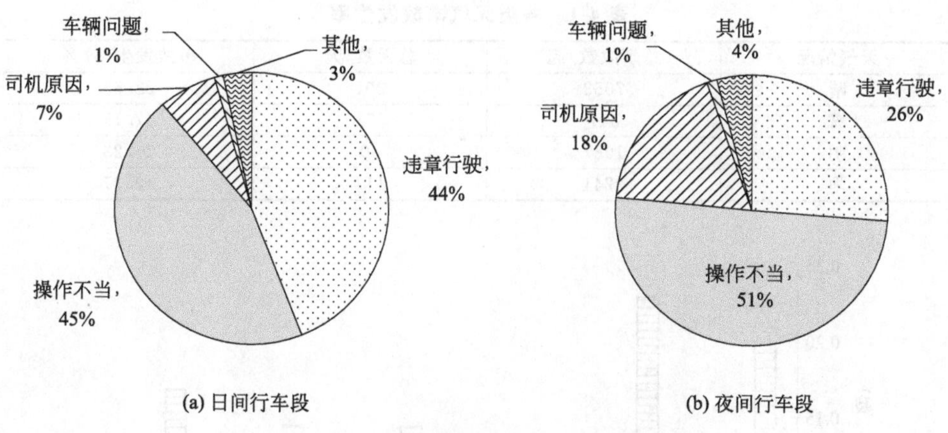

图4-7 日夜间行车段事故原因对比图

比较卡车事故原因，夜间事故原因出现较大增幅的一个为疲劳驾驶，从日间的1.69%增长到了夜间的11.37%，另一个为卡车超载。疲劳驾驶造成的事故比例增加很容易理解，随着行车时间的增长，为了运送效率或其他原因，不得不放弃休息而持续行车，造成疲劳驾驶；而卡车超载情况的增加则反映出目前卡车运输行业的一个陋习，由于夜间监督执法频度相对降低，货运公司就容易钻空子在夜晚增加卡车承载量来提高运输效率。另外日夜行车时间段相差较大的是由于未保持安全距离而发生的事故，由日间的35.48%降到了夜间的17.92%，这也反映出夜间道路上行车车辆较少，车与车之间通常能维持较安全的行车距离。

4.1.2.3 高速公路卡车事故与天气变化关联分析

天气情况的变化会对路面行车条件、司机视野范围和能见度情况、车辆性能产生较大的影响，特别是在极度恶劣的天气条件下，由于能见度低、路面行车条件和车辆技术状况等发生了极大的变化，容易导致驾驶员失误，造成交通事故的频发。大风天气，增加车辆横向力，降低了行车的稳定感，也容易吹起杂物、沙子等影响视野；雨雪天气，高速公路上的能见度和司机视野有所降低，且地面容易积水结冰，摩擦系数偏低，且雪灾能影响交通安全设施；烟雾天气，对能见度和视野有较大的影响，影响视距；高温天气，增加了车辆故障率，也会影响司机的生理、心理状态。如此看来，行车状态最好的是晴天和阴天，而雨雪天气，尤其是雪天，行车条件最为恶劣。

本书统计了卡车事故发生的天气情况，见表 4-1。高速公路上，雪天最容易发生事故，发生率接近 50%；其次是晴天、阴天和雨天。而大风、大雾天气间断性发生，特别是大雾天气多发生于秋季早晨。各类天气每起卡车事故伤亡情况如图 4-8 所示，五类天气的事故原因占比如图 4-9 所示。

表 4-1 各类天气事故发生率

天气情况	总事故数/起	总天数/天	事故发生率/%
晴	7053	201	22.65
雪	517	7	47.75
阴	1067	40	17.23
雨	2241	117	12.37

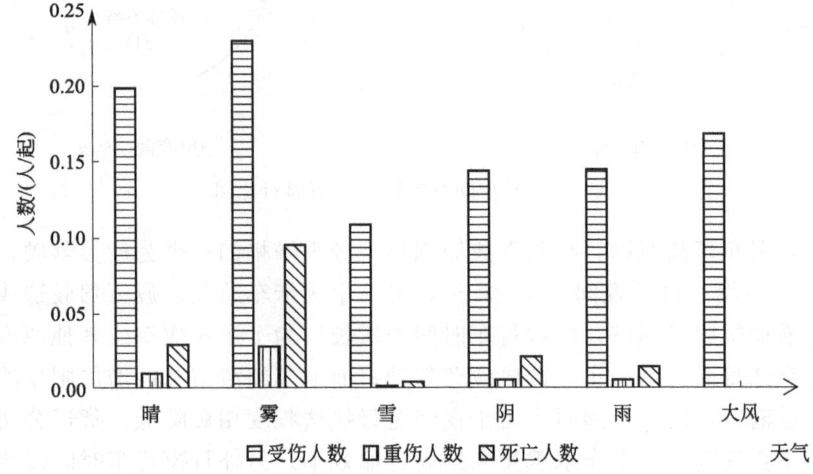

图 4-8 各类天气每起卡车事故伤亡情况

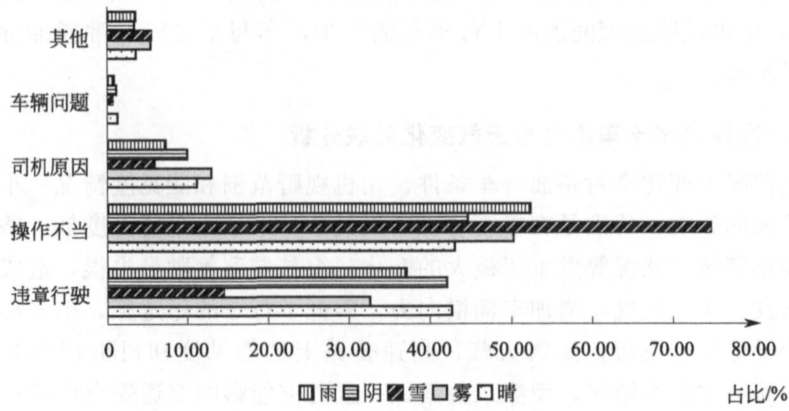

图 4-9 五类天气事故原因占比

可以看出，卡车事故造成的伤亡率与事故发生率有较大的不同。从卡车事故致伤率来看，事故发生率最高的雪天致伤率是几类天气中最低的，接近0.1人/起。其次是阴天和雨天，这两类天气每起事故的受伤人数差不多，接下来是晴天（根据统计，大风天气4年仅发生6起，暂不列入比较分析）。而对视野影响最大的雾天，最易导致人员受伤。再来看人员的重伤和死亡情况，大致与致伤差不多，不同点在于晴天的每起事故死亡人数与阴天相接近，而雨天则更低一些，雪天的每起事故死亡人数最低，为0.004人/起。

从事故形态方面来看，雾天的事故形态结构最为特殊，发生的事故中有81.21%为尾随相撞，撞击固定物或静止车辆仅占8.72%。这两个数据很明显地表示出，大雾天气对高速公路能见度和司机视野的影响十分大，特别是对车与车之间动态距离的影响。雨天的尾随相撞的发生率是最低的，仅占34.8%。但是，相比其他天气正面相撞的发生率不足2%的情况下，雨天发生正面相撞的概率极高，达到了16.19%，雪天其次（4.83%）。正面相撞的发生说明卡车已越过中间隔离带，从这个数据可以看出，雨雪天气，对于司机掌握方向的能力要求更高，一旦发生方向失控，就有可能造成脱离道路的事故发生。另外，晴天发生翻车的可能性也较高，事故数远高于其他几类天气，且占比不低。大风天气5年来的事故数非常少，对高速公路行车的影响较小。

雪、雾等天气行车条件较为恶劣，事故发生率较高，但是事故伤亡主要集中在晴、阴等行车条件较好的天气。从图4-9分析事故原因可以看出，雪天的事故原因超过70%为操作不当，而由于违章行驶而导致的事故不到15%，说明雪天、路面结冰的行车条件对司机在高速上行驶有着更高的操作要求和水平，司机在行驶时会格外小心，主观上避免危险的行车行为，比如超速、超载、打电话等，注意力也更加集中，因此，发生的事故大多因为司机驾驶水平不足引起。与之相反的是雨天，行车条件相比雪天好得多，违章行驶的占比就高了许多，尤其是超速和超载的情况比雪天高出一倍。这与司机的心理情况有着很大的关系，驾龄较长的司机可能过于自信，无视雨天带来的视线受阻、地面摩擦系数较低的危险情况，这样导致的事故严重程度更高，会造成更严重的伤亡情况。另外，天气情况较好的晴阴天气，使得出行车辆增多，加上司机进行连续长途货运的可能性增高，有意减少休息时间，从而导致疲劳驾驶引起的卡车事故发生率远高于其他天气。

4.1.2.4 其他卡车事故特点分析

从前面分类别统计的事故形态中就可以看出，浙江省高速公路卡车事故主要以尾随相撞为主，占了所有事故的58%，其次是撞击固定物或静止车辆，达到了21%。其他几种类型的事故形态较少，都低于5%，并且几类事故后果较为严重的类型，如碾压、坠车、翻车等都不到3%，见图4-10。

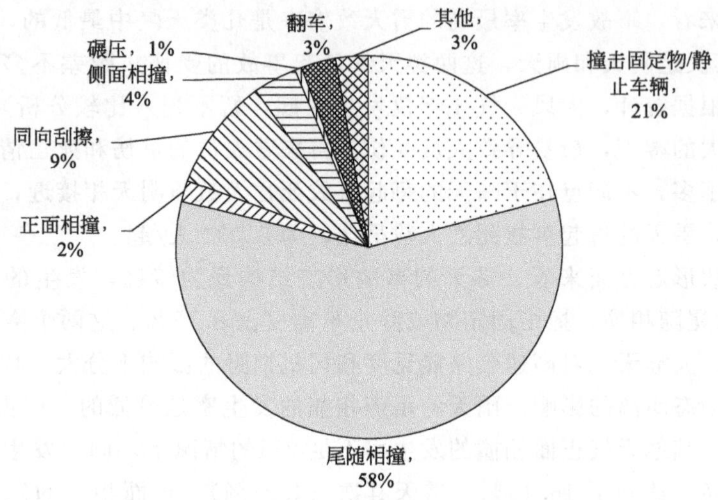

图4-10　浙江省高速公路卡车事故形态分布图

在这些尾随相撞事故后，高速公路上通常还会发生连续多起尾随相撞。比如2014年1月1日当天共发生了39起尾随相撞事故，有17起事故为连续尾随相撞事故，特别是其中有2起为事故发生后未及时撤离或设立有关标志导致的二次事故。

浙江省2011～2015年高速公路卡车事故数仅占总事故数的23.52%，但是其造成的经济损失和人员伤亡情况特别严重。从图4-11可以看出，只有机动车损毁数量的占比和事故数占比较为接近，直接经济损失、死亡人数均占到了全部事故的75%左右，而受伤人数则超过50%。这说明，涉及卡车的高速公路事故往往会造成大量的人员伤亡和经济损失，其事故严重程度特别高。

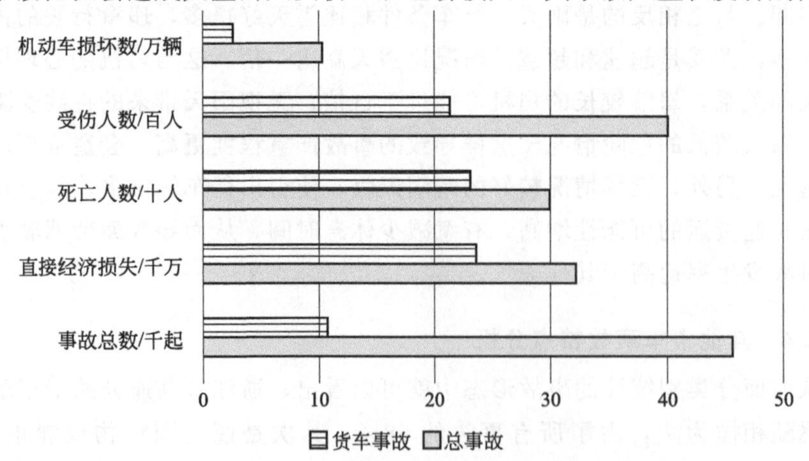

图4-11　浙江省高速公路卡车事故与全部事故严重程度比较

4.1.3 高速公路典型事故案例分析

4.1.3.1 “4·1” G15W 常台高速嘉兴段死亡 3 人事故案例分析

（1）事故基本情况。20××年 4 月 1 日 20 时 25 分许，由某司机驾驶的浙 FD×××号重型厢式车途经 G15W 常台高速公路往乍浦方向 113km 600m 处时，尾随碰撞由当事司机驾驶的苏 E0F×××号小型客车，致苏 E0F×××号车碰撞边护栏，造成司机及苏 E0F×××号车上四位乘员受伤，其中三人抢救无效死亡。

（2）现场情况。图 4-12～图 4-14 所示为事故现场状况。

图 4-12　事故现场

图 4-13　两车位置关系（见文后彩插）

图 4-14　前车损毁情况（见文后彩插）

（3）事故直接原因分析。当事司机在车道内违法停车，是造成事故的一方面原因；另外一司机在驾驶过程中注意力不集中，发现前方情况时制动不及，是造成事故的另一方面原因。

（4）事故所反映出的问题。这是一起典型的出入口事故，驾驶人因道路不熟悉在第一车道内违法停车认路被后车追尾，引发严重后果。主线出入口路段因交通流需重新组织，突然变更车道、突然制动减速、低速行驶、停车、倒车等容易引发事故的驾驶陋习大量存在，是事故高发、易发点段。据统计，2013 年在出口点段因上述违法发生事故死亡 19 人，2012 年死亡 34 人。

4.1.3.2　"10.4" G25 长深高速杭州段死亡 6 人事故

（1）事故基本情况。20××年 10 月 4 日 10 时 5 分许，由王某驾驶的浙 AP6×××号小型轿车途经 G25 长深高速往江苏方向 2363km 处时，在由第三车道往第二车道变更的过程中影响第二车道内由胡某驾驶的浙 A2Y×××号小型轿车，浙 A2Y×××号车随即由第二车道往第一车道变更并与第一车道内由段某驾驶的浙 A18×××号小型普通客车发生刮擦碰撞，导致浙 A18×××号车冲破中央活动护栏至对向，先后与对向车道内由蔡某驾驶的浙 AHK×××号小型普通客车和沈某驾驶的浙 A0A×××号重型普通卡车发生碰撞，造成段某等六人死亡。

（2）现场情况。图 4-15～图 4-18 所示为事故现场状况。

（3）事故直接成因分析。当事人王某违法变更车道影响相邻车道内行驶的车辆，是造成事故的一方面原因；当事人胡某未足够观察左侧快速车道内流量密集的情况，在受变道车辆影响时采取转向措施过当，是造成事故的另一方面

图 4-15 事故现场概览（江苏方向）

图 4-16 事故现场（福建方向）（见文后彩插）

原因。

(4) 事故所反映出的问题。该案所涉浙 AP6×××号小型轿车从江西玉山出发沿途一直存在超速行驶、随意变更车道等违法行为，直至发生事故，酿成惨痛后果。另外一个问题是中央活动护栏存在的严重事故隐患。该案被冲破中央活动护栏为推拉式活动护栏，完全不具备防撞功能，微型面包车直接冲破，与对向车道的车辆迎面相撞，后果十分严重。2013 年还发生此类死亡事故 3 起，其中 1 月 16 日杭金衢衢州段一小型客车冲破中央活动护栏与对向满员大客车碰撞后大客车起火，造成 2 人死亡。该跨段存在的隐患是十分明显的，护

图 4-17　面包车停车位置（见文后彩插）

图 4-18　中央活动护栏损毁情况（见文后彩插）

栏改造特别是中央活动护栏的改造应该加快速度。

4.1.3.3　“9·16”G15W 常台高速绍兴段死亡事故、“10·31”G15 沈海高速温州段死亡事故

（1）事故基本情况。20××年 9 月 16 日 7 时 18 分许，由阙某驾驶的赣 E69×××号重型普通卡车途经 G15W 常台高速公路往三门方向 282km 400m 处时，车辆冲破边护栏后从山体与桥梁水泥护墙间隙处坠入山谷，造成赣 E69×××号车上两人当场死亡。

20××年 10 月 31 日 0 时 27 分许，由孙某驾驶的浙 BG6×××号大型卧

铺客车途径 G15 沈海高速公路往上海方向 1822km 处时，车辆冲破右侧护栏，侧翻于路基外排水沟内，造成 1 人死亡，6 人受伤。

（2）现场情况。图 4-19～图 4-24 所示为事故发生现场状况。

图 4-19 "9·16"事故边护栏受损情况（见文后彩插）

图 4-20 "9·16"事故护栏桥梁结合部情况（见文后彩插）

（3）事故直接成因分析。"9·16"事故中，当事人阙某在未采取任何措施的情况下碰撞右侧边护栏，存在疲劳驾驶嫌疑，是造成事故的原因；"10·31"事故中，当事人孙某存在超速行驶的违法行为，且在车辆方向跑偏的情况时，未按操作规范安全驾驶，是造成事故的原因。

（4）事故反映出的问题。上述两起事故均是发生在高落差路段的翻坠事故。"9·16"事故事发地点桥梁最高落差约 38m，事故车辆坠地处落差约

图 4-21 “9·16”事故车辆翻坠位置（见文后彩插）

图 4-22 “10·31”事故现场（见文后彩插）

图 4-23 “10.31”事故边护栏受损情况（见文后彩插）

图 4-24 “10・31”事故车辆损毁情况

8.3m，桥头水泥护栏与右侧山体有 2.5m 的间隙，未完全封闭。波形钢护栏与水泥桥梁护栏连接处防撞等级不足，存在一定的事故隐患；“10・31”事故位于分水关长下坡路段，事故车辆坠地处落差约 7.32m，长约 25m 的护栏全部被拔起，密实度明显不足。

4.1.4 高速公路卡车事故预防策略

预防高速公路卡车事故主要分为两个方面：第一，针对事故高发时间段或区域，改进高速公路卡车行车条件；第二，针对事故低发时间段或区域，着重改善管理制度和司机安全意识教育。

4.1.4.1 卡车专用道的设计

高速公路行驶过程中，大型车辆体积大，机动性差，而小型车辆运行性能好，两类车性能差距较大，高速公路也对于两者限速不同，会导致同一路段各车辆间产生速度差，从而引发小型车辆在路段上会夹杂在大型车辆之间行驶，形成混合车队，大车穿插在小车前，小车视野受阻挡；小车穿插在大车前，小车很容易进入大车的视野盲区，导致事故的发生。客、卡车混杂率越高，事故发生的可能性越大。因此，建立卡车专用道的想法十分有意义。

卡车专用道是根据车型以及相应的车速，建立各自独立的行车道甚至是单独的高速公路，强制使客车和卡车分开行驶。一般有两种方法，一种是新建新的高速公路，另一种是在原有的高速公路上进行拓宽。具体应根据当地的地形条件、价格以及实施条件来选择。目前，浙江省的许多地方对高速公路实施分道行驶（局部路段），取得了良好的成效。

4.1.4.2 卡车的性能改进及智能系统的搭载

目前我国的高速公路上行驶的车辆性能差异很大，特别是进行长途货运的卡车，相比其他类型的车辆，由于载重、年公里数较大，偶尔会出现发动机过热、拉缸等故障。而且根据数据统计，我国车辆轮胎质量与发达国家间存在较大的差距，爆胎是导致高速公路卡车事故的主要原因之一。我国汽车制造业对比于发达国家相对落后，缩短我国卡车与发达国家的技术差距，是目前汽车制造技术领域的一大问题。

市场上各类品牌的车型搭载了智能巡航系统，车辆可自动锁定前车并根据前车车速变化智能控制行车速度和距离，及时采取预制动措施来避开尾随相撞等事故。例如，沃尔沃卡车事故研究小组提出在卡车上配备车道保持系统、驾驶员疲劳提醒系统等。卡车运行安全智能技术也陆续出现在市场上，能在一定程度上避开司机操作水平不够或本身注意力不集中而导致的事故。

4.1.4.3 高速公路安全管理改进

（1）高速公路综合监控管理系统。高速公路综合监控管理系统是以视频监控、车辆检测、气象监测、隧道监控、交通信息发布、时间检测等系统业务为基础的综合监控系统，对加强路网资源的协调管理，及时诱导、疏散拥挤、阻塞地段的交通，加快事故处理速度，减少交通延误及因交通事故造成的经济损失和人员伤亡起到重要作用，可从整体上提升高速公路交通的管控力度及服务水平。

（2）卡车超载。根据问卷调查显示，来自混凝土运输企业的卡车司机均表示，每次运输过程都超载，但由于超载而导致的事故较少，大多数司机在企业的压力下都会习惯性超载。管理部门应对卡车加强超载检测工作，配合卡车专用道的使用，对每一辆进入高速的卡车都应进行超载检测。

（3）疲劳驾驶。疲劳驾驶是卡车司机反映最多的情况之一，不论短途还是长途的卡车司机，每日的行车时间都远远超过正常情况，为了赶时间，休息时间短暂，导致长期处于疲劳驾驶的状态下。目前已有的交通法规对大型客车的行驶时间做出了限制，要求凌晨 2～4 点不得在高速公路上行驶。作为与大型客车行驶时间和距离均接近的卡车，也应制定相应的规定，在司机身体最容易感到疲惫的凌晨不得出现在高速公路上。另外也可以使用眼动仪、驾驶疲劳检测系统等车载设备对司机进行身体状态检查。

（4）恶劣天气时进行选择性关闭。由于车辆的性能差距，管理部门可以对不同车型制定不同的行车最低条件。如雾天，小型客车性能较好，在能见度较低的情况下也可进入高速，而卡车则应有所限制（限速或不允许进入高速）。

(5) 加强车辆性能检查。车辆在进入高速公路以前应该接受严格、仔细的检查，尽量消除车辆安全隐患问题。

(6) 分类教育。卡车司机在取得驾驶证时应经过普通道路行驶和高速公路行驶的分类教育，没有经过高速公路行驶教育的司机不得进入高速公路进行货物运输。

(7) 隐患意识。在行车条件较好的时间段或区域，大多数事故都是由于司机的疏忽大意、注意力不集中而导致的。在行车条件良好的情况下，多数司机会对自己的驾驶水平产生盲目自信而放松警惕，从而引发随意超车、超速等违规行为，往往这种情况导致的事故伤亡人数更多，经济损失更大。因此，在安全意识教育中应培养司机的隐患意识，认真对待每次行驶。

4.2 工程车辆事故原因

4.2.1 工程车辆的事故特征——以杭州工程车辆事故为例

随着我国经济建设的快速发展，工程建设项目日益增多，工程车辆（属卡车的一种，本节主要指建筑工程运输车辆，包括渣土车和混凝土车，下同）的投入量骤增，但影响工程车辆事故发生的因素很多，包括道路、车辆、驾驶人和环境管理等。

在所有的道路交通运输中，工程车（主要指土建工程车）是建筑工程的主干力量，由于其质量大、承载运行时整车稳定性下降、灵活性差、盲点多、需要长时间驾驶等特点，其交通事故不但多发，且往往造成的后果严重。随着科技快速发展，新业态下物流、工程建设需求的提升，工程车辆于市区与城际间各类公路上持续高位运行，除面对上述各类隐患，还需融合进城市更加繁忙复杂的道路交通中去。各类与工程车辆有关的安全事故不仅和操作人员有很大的关联，同时车辆本身的安全结构及交通环境的交互影响，工程车同其他交通参与者存在着极大的冲突隐患。各类安全风险的交织叠加，使得交通事故预防任务艰巨繁重。

工程车为城市建设的材料运输提供了交通保障。但工程车经常出交通事故，被媒体报道为“工程车之祸，城市之殇”，又因超速超载、抛洒物体等种种劣迹，相关监管部门对其管理难度大。以杭州市为例，全市有工程车约2万辆，运行于市区与城际间各类公路上，存在着超载、超速、不按规定路线行驶等不安全行为，事故隐患多，事故风险高，严重影响道路交通安全，不仅出现交通伤亡事故，而且市内道路因工程车的超载运行而破损严重，大大增加了市政的道路维护成本，也给地方财政支出带来新压力。从杭州市交警管理部门提供数据来看，仅2016～2018的三年里，杭州市内因工程车造成的交通事故就有548起，死亡人数达211人，工程车交通事故死亡人数约占杭州市交通事故死亡人数的21%，而且有约75%的伤亡事故为路口右转出现的交通事故，这给工程车的安全运行带来了很大的挑战，也给杭州市带来了严重的社会影响。同时，超载、超速的工程车运行时对道路的破坏很大，增加了市政道路维护工作量，也有损城市形象，给城市管理带来新的问题。因此，专门研究工程车事故致因机理与风险预警技术，规范驾驶人员安全行为，快速化解事故风险，对城市文明建设有着相当重要的意义。

4.2.2 工程车辆常见事故原因分析

4.2.2.1 人为因素

造成道路交通事故的主要因素包括人为因素、车辆状况和道路环境。以往的研究表明，95%的交通事故与人为因素有关[3,4]，90%以上的交通事故与危险驾驶行为有关[5]。而卡车司机作为道路交通活动的主体，是影响卡车行驶安全的最主要因素，在事故中起到主导性作用。其中，出现频率最高的10类危险驾驶行为分别是未保持安全距离、其他操作不当、制动不当、转向不当、妨碍安全行车、违章变更车道、疲劳驾车、违章倒车、超速行驶和爆胎，这10个危险行为导致的事故占到总事故量的近95%[6]。

4.2.2.2 道路条件因素

道路条件因素往往会影响卡车司机的感官能力，路段设计不当，会使得司机行驶感觉较差，事故率升高。路段直线道路过短，会使得司机经常进行转弯操作，直线道路过长，容易引起司机超速、视觉疲劳等问题；道路上升、下降的坡度过大，会导致卡车动力不够或制动失灵而发生事故；转弯路段若半径过小，则受离心力的影响，卡车容易发生翻车。另外，路面的平整度和抗滑性也对卡车行驶产生一定的影响。路面平整度较差的情况下，车辆过多的震动颠簸，会影响行车的稳定性，对车辆的部件也会造成一定的损伤，行车舒适度下降。而路面平整度差，也会对车辆的速度造成一定的限制。路面抗滑性下降时，车辆行驶过程中会发生滑移现象，导致刹车制动不能达到预期的目标，造成追尾、连环相撞等事故。特别是在高速公路上行驶的大型车辆，由于其质量远大于普通轿车，其惯性远大于其他车辆，当车辆高速行驶时更容易发生交通事故。

4.2.2.3 车辆因素

车辆因素一般体现在转向失灵、制动失效、轮胎爆炸、灯光问题。由于卡车体积大、质量大，这些问题出现在卡车上产生的后果往往更加严重。车辆的质量问题以前一直是我国的短板，从发达国家的高速公路交通事故来看，由于车辆因素导致的交通事故仅占 4.8%，而我国高速公路事故成因中车辆因素的比例却达到了 13.3%。由于卡车长期处于超负荷工作状态，司机对于卡车的定期维护保养意识也较为重要。

4.2.2.4 外部环境因素

外部环境因素包括通行条件、运载情况以及管理方面。

(1) 通行条件。通行条件包括车型、流量与车速。高速公路上，大型车辆占地大，机动性差，而小型车辆运行性能好，两类车性能差距较大，高速公路也对于两者限速不同，会导致同一路段各车辆间产生速度差，小型车辆会夹杂在大型车辆之间行驶，形成混合车队，大车穿插在小车前，小车视野受阻挡；小车穿插在大车前，小车很容易进入大车的视野盲区，导致事故的发生。当车流量较小时，路面开阔畅通，车辆之间的安全距离有保证，事故发生率较低；而随着车流量的增加，车与车之间的安全距离需要重视，一般的违规行车行为如随意超车就会导致事故的发生；当车流量达到饱和及过饱和的状态，会使得平均车速较低甚至交通堵塞，车辆行驶缓慢且需要耐心，事故发生率大大降低。

(2) 运载情况。当车辆超载时，会使制动效能、转向系统工作效率下降，传动系统出现故障。另外，车辆超载对轮胎的压力也会增大，使得爆胎概率增大，爆胎会导致车辆偏离行驶路线甚至发生侧翻。

(3) 管理方面。高速公路的管理技术尤为重要，事故发生后若不能及时得到较好的处理，很容易导致二次事故，加重事故的严重程度。

4.2.2.5 统计分析

从杭州所辖工程车且已经安装监控的车辆中，获取出现碰撞事故前后各 1min 时段的视频，进行状态分析，研究卡车事故原因。

以工程车视角为主体，统计了 2018 年 10 月至 2019 年 12 月这 15 个月的数据，以月度为单位划分时间区间。对数据描述分为两个部分：基础数据和进阶数据。基础数据的指标有事故起数、伤亡事故起数和事故发生时段（上午、中午、下午、傍晚、夜晚、深夜、凌晨），这是对数据库基本面的描述；进阶数据分为两部分，第一部分为事故对象（小车、行人、电动车等）、事故形态（同向、侧面、尾随、碾压），第二部分为方向和速度指标的统计分析。以上均为客观的频数、概率分布的统计分析结果，并未加以原因分析，从制作过程来看，如何通过合适的图表把这些指标展示出来，指标之间如何关联影响，可为原因分析提供基础。

(1) 基础数据。图 4-25 所示为工程车事故月度数据统计结果。由图可知，事故起数和伤亡事故起数在五月都达到了最高峰，而在一月和二月事故数量为最低。导致该结果的原因是：一、二月正值春节放假，此时的车流量较其他时间相对小。

图 4-26 为工程车事故时间分布区段统计结果。同样，主要受车流量因素的影响，上午和下午时段的事故量为一天中的两个高峰。

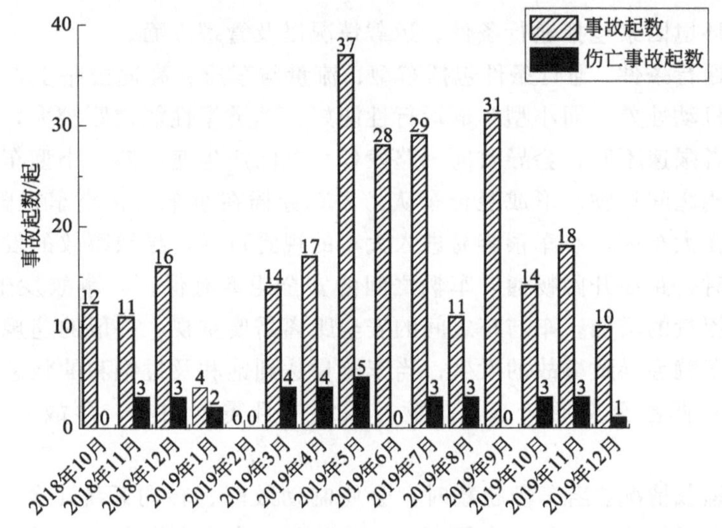

图 4-25 工程车事故月度数据统计分析

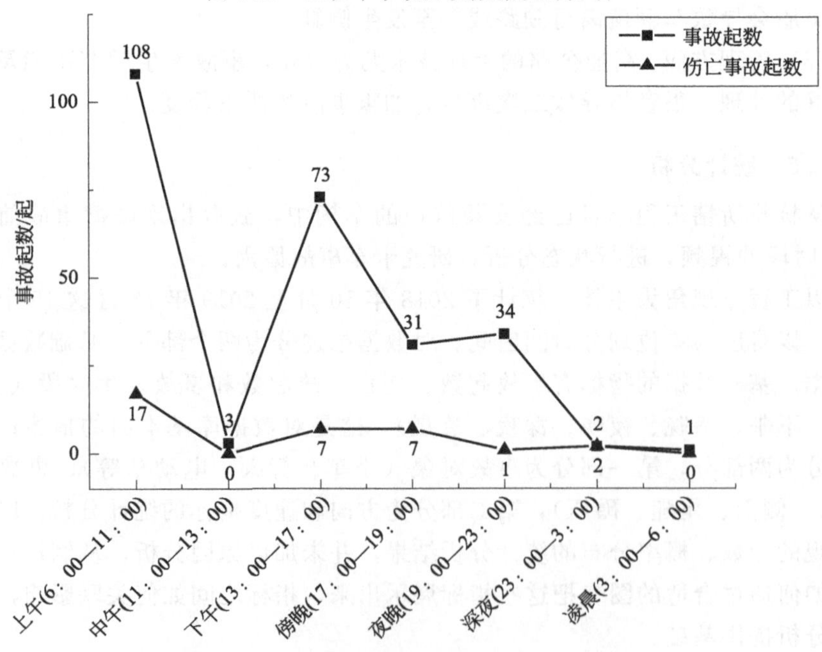

图 4-26 工程车事故时间分布区段统计分析

表 4-2、图 4-27 以及图 4-28 为所收集工程车事故数据的基础统计结果，可以看出，工程车事故的伤亡事故数量占比较高，一定程度上揭示了工程车事故严重程度大的特点。

表 4-2 工程车事故摘要统计表

样本(*N*)	有效	15 份	15 份
	缺失	40 份	40 份
均值		16.80	2.27
均值的标准误差		2.659	0.431
中值		14.00	3.00
众数		11①	3
标准差		10.297	1.668
方差		106.029	2.781
偏度		0.500	−0.274
偏度的标准误差		0.580	0.580
峰度		−0.283	−1.158
峰度的标准误差		1.121	1.121
全距		37	5
极小值		0	0
极大值		37	5
和		252	34

①存在多个众数，显示最小值。

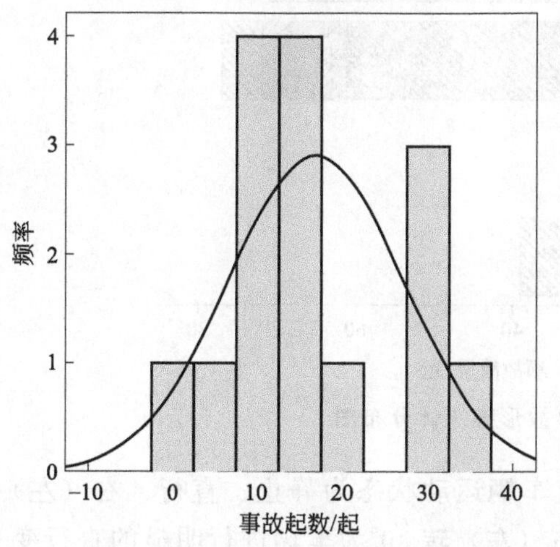

图 4-27 工程车事故起数分布直方图

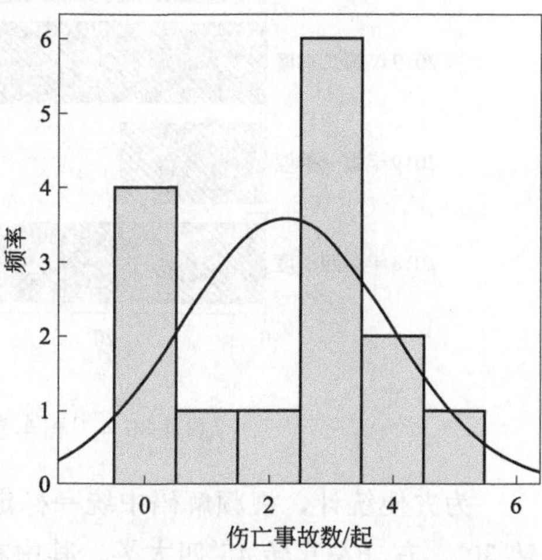

图 4-28 工程车伤亡事故数分布直方图

（2）进阶数据。图 4-29 所示为工程车事故对象的占比分布，由该图可知，一般轿车等小型车辆是最主要的事故对象。其中，值得注意的是，此排行中电动车排名第二，是事故受害者或主导者的可能性较大，足以说明电动车驾驶员的不安全行为对道路交通安全的危害较大。图 4-30 则揭示了工程车事故形态的分布情况。

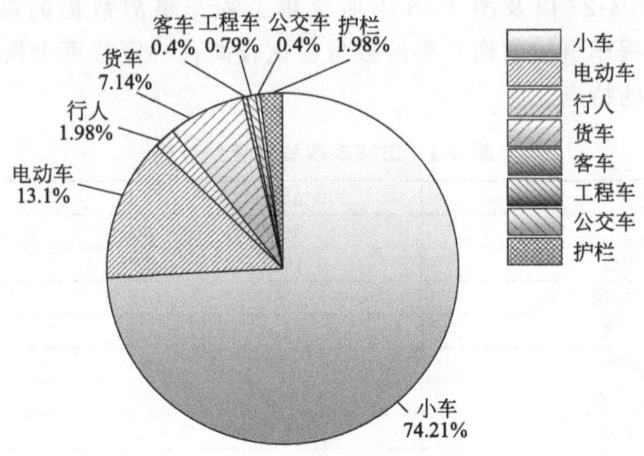

图 4-29　工程车事故对象统计分布图

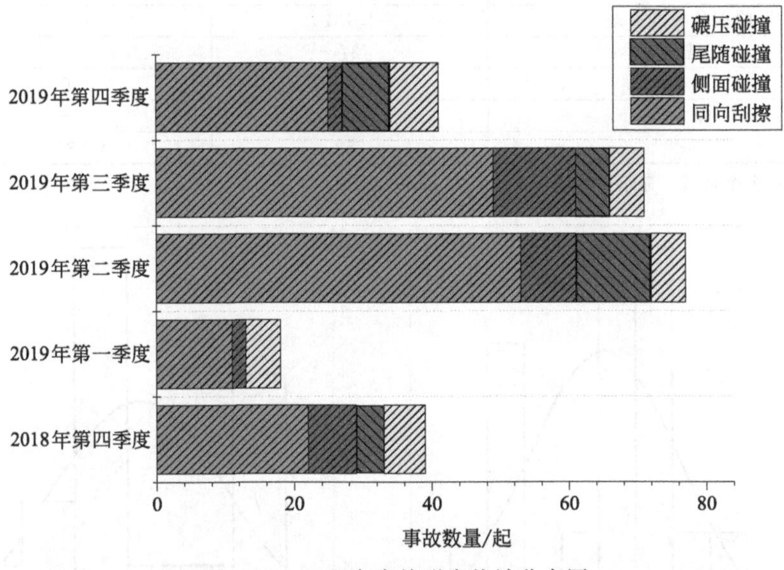

图 4-30　工程车事故形态统计分布图

为方便统计，视频解码中统一标定车辆运动状态为静止、直行、右（左）转 30°、右（左）转 45°四大类，其中右（左）转 30°为车辆进行明显的直行变更车道操作，右（左）转 45°为车辆进行明显的转向操作如路口转向等。具体信息如图 4-31 所示。

4.2.3　工程车司机产生不安全行为的原因

在所有已发生的交通事故中，人为因素是引发事故主要原因。从行为安全

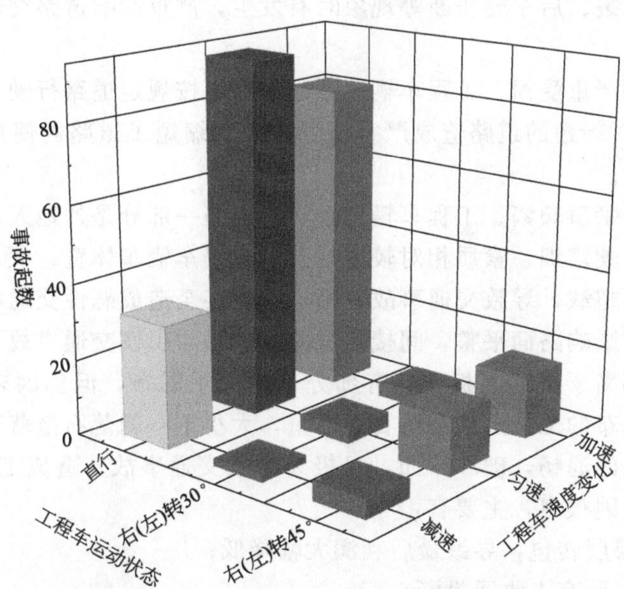

图 4-31 工程车事故发生前速度变化统计分析

角度来看，驾驶人的驾驶行为受组织决策影响很大。严格的组织管理，对企业员工行为有相当大的约束作用。组织行为和个人行为，是决定卡车事故的主要原因。其中，驾驶人的行为起决定性的作用，而驾驶人的行为又受其自身的运输收益、个人修养、安全意识、驾驶水平和自我要求等因素影响。卡车司机的外部行为，主要是指组织以外的行为，包括社团组织的规定、政府监管要求等，这些行为直接对卡车司机产生较大的影响，他们在驾驶过程中都要不同程度地受这些规范要求所约束。查找不安全行为的类型、数量比例和发生者的变化规律，以期通过行为控制的方法来预防工程车辆不安全行为事故；同时联合电子监控企业的数字智能服务，有效辨识分析行车过程中各类因素的影响，通过统计各类不安全因素评估风险，开发研制事故风险预警系统，有着十分重要的理论和实际意义。

4.2.4 工程车辆监管手段的缺失与事故频率

虽然工程车辆数量的快速增长，客观上为经济的发展做出了贡献，而且随着经济的进一步发展，可能还需要进一步增加工程车辆，以确保建设需要。然而，工程车辆的大量增加，在为经济发展带来繁荣的同时，一些不容忽视的问题也随之出现，虽然交通运输部门不断提高对工程车辆的整治力度，但问题仍存在且相当严重，给和谐社会的建设工作带来不安定因素。如今，面临的问题主要有：

（1）严重超载。工程车辆载重经常超过车辆核定载重量的一倍甚至二倍、三倍，轮胎爆裂、后车轴压断等现象时有发生，严重影响道路交通，以致造成道路阻塞。

(2) 路面严重受损。工程车辆严重超载和不按规定道路行驶（为逃避检查或绕近路），对新建的道路造成严重损坏，大大缩短了道路的使用寿命，严重影响行车安全。

(3) 交通肇事频繁。工程车辆驾驶员有相当一部分是外地人，有的根本没有经过专业驾驶培训，素质相对较差，加上工程车辆车体宽、大、高，且车况较差，又严重超载，导致交通事故不断，有的甚至造成恶性交通事故。

(4) 落石影响路面平整，间接造成路面破损与引发交通事故。大部分工程车装载石料都高于车辆挡板，虽有部分车辆盖了罩布，但仍因未盖严实而落石，而未盖罩布的工程车辆则落石更严重，大小不一的落石散落于路面，不仅严重影响道路的通畅，破坏路面，且极易引发交通事故。造成工程车辆超限、超载情况的原因很多，主要有：

① 工程层层转包，导致最后利润大幅降低；

② 工程车所有人收回投资心切；

③ 工程车司机获取利益心切；

④ 有关部门监管不到位。

因此，有必要对工程车辆实行严管，建议交通、矿管、公安等部门：

(1) 加强工程车驾驶员的安全教育及超限超载等严重违反有关规定行为的危害性教育，教育学习应每月 1～2 天集中或分批进行，每年内累计 3 次未参加学习者，取消驾驶工程车辆的资格。

(2) 对所有工程车辆进行大排查，凡私自加高车厢挡板或其他使车辆的载重量大幅增加的，限期改正，否则不能上路。擅自上路扣驾驶证、扣车辆、罚款，对装载高度超过核定车厢挡板高度的，同样予以处罚。

(3) 规定工程车行驶路线，未经允许严禁驶入，擅自驶入者，扣驾驶证、扣车辆、罚款。

(4) 实行 24h 动态检查，且长期坚持。此举虽然会提高行政成本，但与损坏路桥与引发交通事故相比，却是大大降低了成本。

(5) 规范工程招投标行为，严禁工程层层转包，杜绝成本上涨，是遏制工程车超载超限的最根本办法。

(6) 要求各施工单位及时汇总工程车辆安全情况，建立档案，做到“一车一人一档”。

4.2.5 智能化监管技术与工程车辆驾驶行为改善

智能网联方向对工程车提出了全新要求：电动化、网联化、智能化、共享化逐渐融入商用汽车产品及商业模式中，商用车产业处于转型升级的关键时刻。针对车辆安全乃至整个交通系统安全问题的智能科技手段也急需随之发展。人工智能交互系统、后台数字化监管平台等科技辅助手段的研发进步，对个人或组织的安全管理具有新互联网时代的意义。

工程运输车辆管理问题一直困扰着相关企业和交通管理部门，工程车辆一般都是载重较大、具有较高交通安全隐患的车辆，为此各地政府也经常组织专项整治活动，引导工程车辆有序停放、规范装载、规范运营、规范倾倒，遏制工程车辆超限超载、抛洒滴漏、乱停乱放、随意倾倒等各种违章现象。相关企业传统的工程运输车辆管理方式，难以适应当下社会、政府、企业对工程运输车辆管理提出的高要求，而物联网、大数据、数字化等新兴技术的快速发展，为该问题的解决提供了途径。

工程运输车辆管理要切实抓好源头管理，规范运输车辆装载运输行为。一般工程施工前建筑企业都会跟司机签订工程运输车辆交通安全责任书，来明确工程车辆行驶路线、时间、道路保洁，遵守道路安全法律法规和安全保证金交纳等内容，涉及城区交通管制区域的，还需要按通行证规定线路和时间行驶。

但是在运输过程中，多数企业缺乏监督监控的方式方法，导致一些违规操作的事情发生，比如我们在生活中就经常看到渣土车深夜组团闯红灯的情况发生，给社会带来风险，给公司带来损失。

因此，以安全施工信息化管理工程车辆为核心，通过信息技术，大数据管理，实现从机械设备的操作许可到过程中的状态监测，以终端感知和云端分析为主要手段，提供记录、监控、分析、报警、异常终止等功能，聚焦工程运输车辆操作及使用安全，将机械管理规范化，能够实现工程运输车辆实时监管，通过监控，管理者以第一视角实时查看路况及车辆运行情况，并提供异常告警，减少工程事故的发生。

管理者通过手机和电脑就能实现对工程运输车辆的全方位实时监控，实现从人防到技防、从事后被动监管向事前主动监管、从静态监管向实时动态监管的转变，全面推进工程建设，促进安全施工、文明施工、交通秩序，保障人民群众的生命安全、市政设施安全。

4.3 不同区域卡车事故原因

4.3.1 南北两地公路与气候特点比较

为充分发现不同区域高速公路卡车事故特征的差异性，选取南方的经济比较发达且交通事故较多的浙江省与东北经济总量中等且交通事故一般的吉林省作为典型区域，以交通事故占比较高的高速公路卡车事故数据为例，利用社会网络分析等方法，充分发现我国南北两地卡车事故发生的异同性，分析造成差异的原因，以期为两地相关部门提出更有针对性的建议措施。

浙江省和吉林省分别处于我国的南北方，两省的高速公路在车流量、里程数以及气候特征方面具有较大差异。其中，浙江省拥有高速公路5970km，日均卡车流量达47.5万辆，其繁忙程度位于全国前列，每年约有300人死于高速公路事故。吉林省的高速公路通车总里程为3582km，日均卡车流量为4.4万辆，流量远远低于浙江省，近五年平均每年有65人死于高速公路事故。在气候方面，浙江省温热多雨，吉林省冬季长而多雪、雾等极端天气。气象原因是造成交通事故的主要原因之一，很大程度上影响了高速公路的事故数量和严重性。两地高速公路对我国南北两地的高速公路安全状况具有一定的代表性，对进一步发掘两地事故发生影响因素的异同性、提出针对性的措施具有重要意义。

研究的两组数据样本分别来源于浙江省和吉林省的相关高速公路交通管理部门，由于两组数据来源地不同，事故数据在记录形式和一些字段表述方面有一些不同。因此为便于两地事故的对比分析，分别选取浙江省和吉林省两条最具代表性的高速公路：沪昆高速和京哈高速的事故数据，首先进行预处理，经过筛选处理，最终得到近3年的共1396起伤亡事故。事故数据示例如表4-3所示。数据中所包含的字段信息包括：高速公路、具体路段（桩号）、伤亡程度、天气状况以及事故原因等。

表 4-3 事故数据示例

高速公路	桩号	车辆方向	事故类型	死亡人数	受伤人数	天气	事故认定原因分类
京哈高速	K1028	长春	伤人事故	0	2	晴	其他影响安全行为
京哈高速	K1042.45	哈尔滨	死亡事故	1	3	晴	疲劳驾驶
沪昆高速	K193.8	江西	死亡事故	2	0	晴	未保持安全距离
⋮	⋮	⋮	⋮	⋮	⋮	⋮	⋮

4.3.2 不同区域卡车事故原因

为充分利用事故数据的价值，所采取的主要工作流程包括：数据收集与预处理、事故数据分类分析、社会网络分析、建议措施四个主要部分，其具体流程如图4-32所示。该分析流程中选择应用了分类分析和社会网络分析方法，有效地开展卡车事故各因素之间的层次与关联分析。首先利用分类分析，从探究如何减小事故的严重性角度出发，对事故样本按严重度、环境、道路、管理、司机因素的顺序逐步进行分类和统计，对事故数据进行初步识别和认识，并发现突出问题，为下一步的社会网络分析提供依据。社会网络分析则是在分类分析的基础上，通过构建可视化关系网络、中心性分析以及关键字段聚类分析等手段，深入挖掘众多事故影响因素之间的复杂关系网络、关联紧密程度以及重要程度等潜在事故信息，并基于结果分析，提出具有针对性的建议措施。各方法之间相互补充，逐步递进，以实现数据利用率的最大化，有关交通事故数据对比分析流程如图 4-32 所示。

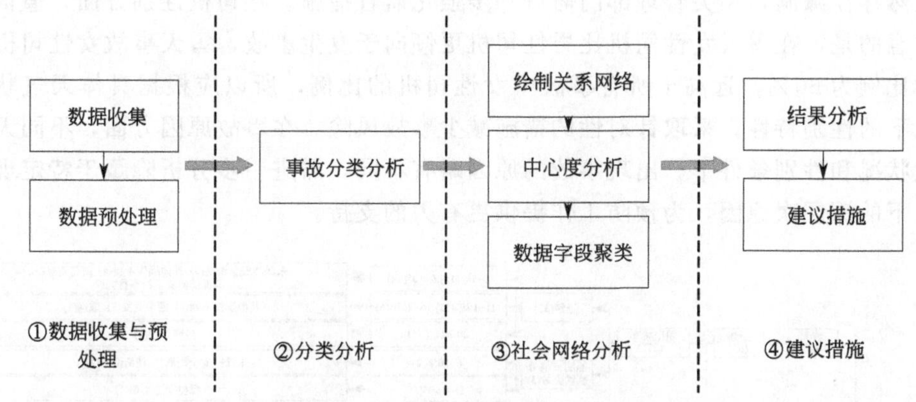

图 4-32 交通事故数据对比分析流程

由于研究中两组数据来源不同，因此在数据记录风格和内容上会有所差异，为更好地进行对比分析，对两组数据相同的记录内容进行筛选处理。

人、车、道路、环境以及管理都是影响道路交通安全的重要因素，以探究如何有效减小事故后果的严重性为主要目的，以严重度、环境、道路、管理、司机等五个方面为出发点，结合原始数据本身的特征，对事故影响因素进行筛选和归类，最终筛选得到 6 个一级影响因素和 25 个二级影响因素。同时，由于原始数据中的具体死亡人数、受伤人数、损失金额以及具体路段桩号等事故信息分布范围较广，就直接应用社会网络分析进行研究。筛选处理后的主要影响因素如表 4-4 所示。

表 4-4 筛选后的字段信息

一级影响因素	二级影响因素
严重度	死亡事故;受伤事故;财产损失事故
天气(环境)	晴;阴;雨;雾;雪
路面状况(道路)	干燥;冰雪;潮湿;积水
超载情况(管理)	超载;未超载
司机性别(人)	男;女
事故原因	未保持安全距离;其他操作不当;制动不当;转向不当;妨碍安全行车行为;违章变更车道;疲劳驾车;违章倒车;超速行驶;爆胎等

以吉林省京哈高速死亡事故为例，分类分析结果如图 4-33 所示，通过分类分析可初步了解事故特征的整体分布规律。由图 4-33 可知，在严重度方面，死亡事故和伤人事故的比例约为 1∶1.58，呈现出较高的死亡比例。高速公路

卡车事故的高严重性已成为亟待解决的关键问题。在气候环境方面，伤亡事故发生在雨雪等极端天气的比例较高，达到40%，说明天气对事故发生产生着很大影响，且在雪天更易造成事故的发生。车辆超载方面，出现超载的比例为5%，占比相对较低，但依然存在且造成了事故的发生，说明在车辆监管方面仍然存在漏洞，相关管理部门需进一步强化监管措施。在司机性别方面，值得注意的是，在雪天女性司机比男性司机更倾向于发生事故，雪天事故女性司机的比例为60%，远高于所有事故中女性司机的比例，所以应根据具体天气状况下的性别特性，采取针对性的措施减少事故风险。在事故原因方面，不同天气状况和性别条件下，出现事故的原因略有不同，需进一步分析隐藏于特定现象下的深层次原因，为预防工作提供更有力的支持。

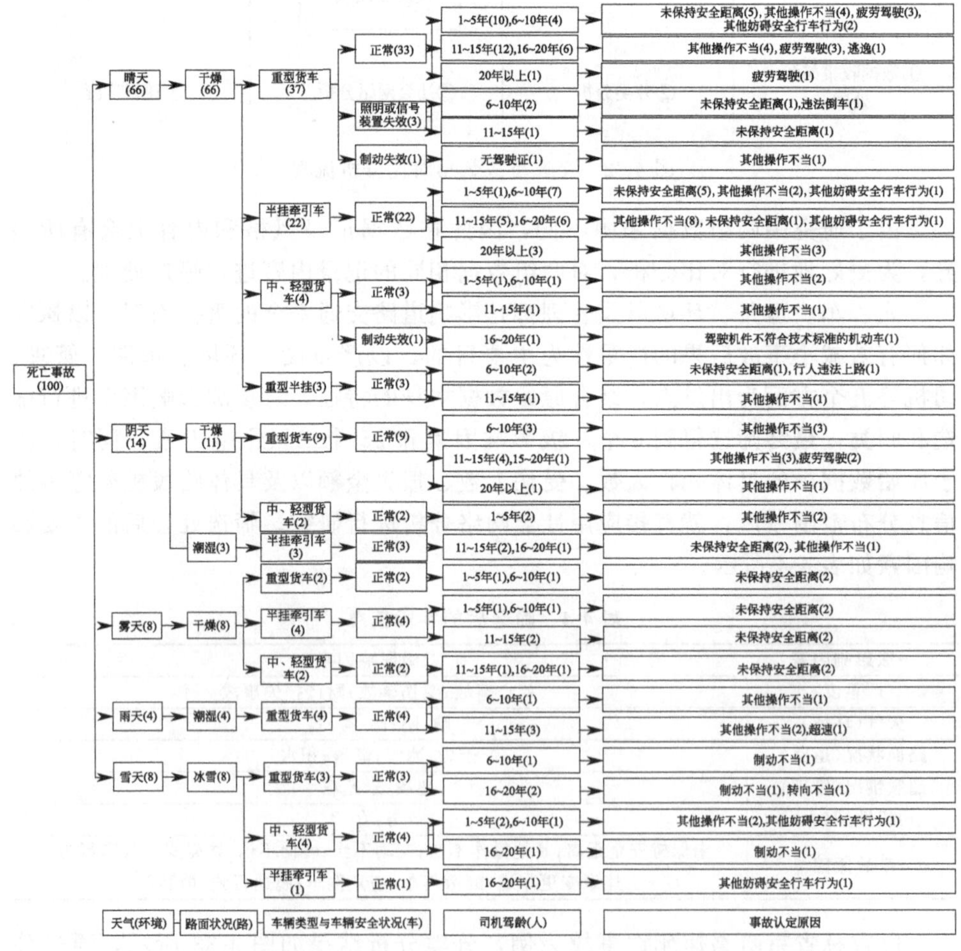

图4-33 事故分类分析，以京哈高速死亡事故为例（括号中为百分比）

4.3.3 不同区域卡车事故的共性比较

（1）关键字段关系网络构建。社会网络分析结果如图 4-34 所示，图中分别为京哈和沪昆高速主要字段复杂关系网络图，关系网络中，节点代表了高速公路、桩号、原因等因素，节点之间的连线表明节点之间存在关联，节点大小主要基于点度中心度指标，节点越大说明点度中心度越大，在关系网络中起到关键作用，基于聚类分析，网络中相同颜色的节点为同一类别。对比图 4-34（a）和图 4-34（b）可以发现，京哈高速和沪昆高速在关系网络分布上有较大差异。其中，在严重度方面，京哈高速事故中，死亡事故数量占比更多，事故严重性更高，在网络图中是较为中心的节点，尤其是 K1088.5 路段，严重度最高；在事故原因方面，京哈高速事故的最主要原因为其他操作不当，沪昆高速事故则是未保持安全距离；除此之外，从网络图中可以发现，雪天、雨天、疲劳驾驶往往是造成死亡事故的主要诱因，且事故损失相对较高。通过对比复杂网络关系图，可更直观地发掘不同时空事故发生的差异，更加清晰需重点预防的节点，以及节点之间的联系，使预防工作更具针对性。

（2）中心度分析结果。如表 4-5、表 4-6 所示，分别为京哈高速和沪昆高速交通事故数据的字段中心性分析结果。其中，字段的点度中心度越高，表明与该字段有直接关联的其他字段越多，在关系网络中的重要度越高，通过抑制点度中心度高的事故影响因素，可更大范围地减少其他事故因素的负面影响。相较于点度中心度利用的是局部特征，接近中心度则更加注重利用网络整体性来衡量节点的中心性，字段接近中心度越高，表明该字段与其他因素的距离总和越小，往往处于关系网络的几何中心位置，意味着大量事故影响因素更“倾向于”与该节点产生联系，从而影响事故的发生。因此，改善该节点所对应的问题，可有效阻止事故的发生。中介中心度越高，说明节点的中介作用越大，更倾向于在非相邻的两个节点间起到桥梁的作用，对其他因素的控制能力也越强，通过抑制该节点的作用，有助于切断多个事故影响因素间的间接联系。对三个度量指标进行结合、对比分析，更有助于对事故发生状况的全面了解。

点度中心度是衡量节点中心性最为直接和直观的度量指标，且为了便于读者解读，依据点度中心度对主要字段进行排序。考虑到字段较多，表中只列举了中心度最高的 25 个字段信息。

表 4-5 吉林京哈高速中心度排序

字段序号	主要字段	点度中心度	接近中心度	中介中心度	聚类-类别
1	伤人事故	46	0.716981	357.786291	2
2	晴天	42	0.690909	253.395815	2
3	死亡事故	36	0.633333	233.209019	0

续表

字段序号	主要字段	点度中心度	接近中心度	中介中心度	聚类-类别
4	其他操作不当	34	0.62291	262.129149	1
5	损失 5000 元	26	0.603175	35.16746	2
6	损失 20000 元	26	0.567164	127.081097	0
7	1 人受伤	24	0.58465	44.067749	1
8	损失 10000 元	24	0.542857	49.772222	3
9	3 人受伤	22	0.575758	24.59632	2
10	2 人受伤	20	0.575758	27.269048	2
11	疲劳驾驶	20	0.542857	79.528716	2
12	阴天	18	0.542857	43.640476	3
13	2 人死亡	16	0.520548	6.668398	2
14	其他影响安全行为	16	0.487179	6.09127	2
15	未保持安全距离	14	0.48719	74.5	2
16	1 人死亡	12	0.520548	1	1
17	损失 2000 元	12	0.493506	2.363636	1
18	K1034	12	0.475	0	2
19	雪天	12	0.422222	0	0
20	转向不当	12	0.422222	0	0
21	3 人死亡	12	0.422222	0	0
22	K1088.5	12	0.42222	0	0
23	其它事故原因	10	0.475	0	1
24	K1122	10	0.475	0	1
25	醉酒驾驶	10	0.452381	0	3

表 4-6 浙江沪昆高速中心度排序

字段序号	主要字段	点度中心度	接近中心度	中介中心度	聚类-类别
1	伤人事故	60	0.916667	520.855556	1
2	晴天	48	0.785714	182.561616	0
3	1 人受伤	34	0.673469	44.685426	0
4	未保持安全距离	30	0.647059	46.660029	1
5	2 人受伤	30	0.647059	24.018759	2
6	雨天	30	0.647059	24.87114	2
7	死亡事故	28	0.568966	21.444444	2
8	1 人死亡	24	0.55	5.655556	2
9	其他操作不当	20	0.589286	6.626696	2
10	阴天	20	0.589286	5.206061	2
11	3 人受伤	20	0.589286	4.755556	2
12	制动不当	18	0.578947	3.760029	2
13	妨碍安全行车行为	18	0.578947	5.537807	2
14	其他事故原因	16	0.568966	3.337807	2
15	疲劳驾车	14	0.559322	2.782251	2
16	转向不当	10	0.540984	0.27619	0
17	受伤	10	0.540984	0.333333	1
18	违章变更车道	10	0.540984	0.27619	0

续表

字段序号	主要字段	点度中心度	接近中心度	中介中心度	聚类-类别
19	4人受伤	10	0.540984	0.355556	2
20	K215	8	0.532258	0	1
21	K216	8	0.532258	0	0
22	K212	6	0.52381	0	0
23	K214	6	0.52381	0	1
24	K378.5	6	0.52381	0	0
25	K188	4	0.515625	0	1

通过对比分析，两个表之间存在一些差异，例如，京哈高速交通事故的死亡事故中心度较为靠前，排在第三位，说明该高速发生事故的严重度更高，与前文分析结果一致；同时表4-5中，死亡事故、转向不当、雪天、K1088.5等字段的类别都为“0”，说明这几个影响因素关系密切，往往是造成严重事故的重要诱因；除此之外，京哈高速事故数据字段可分为4个类别，而沪昆高速则为3个，说明京哈高速事故诱因更为复杂。

现以京哈高速的死亡事故为例，对其事故数据进行分类分析，以便初步了解事故数据集或系统的整体规律和特征，为后续的分析工作提供参考；在分类分析的基础之上，利用社会网络分析工具Gephi绘制了关键字段的复杂关系网络图，进一步清晰了各事故影响因素之间的关联关系；而中心度分析则是社会

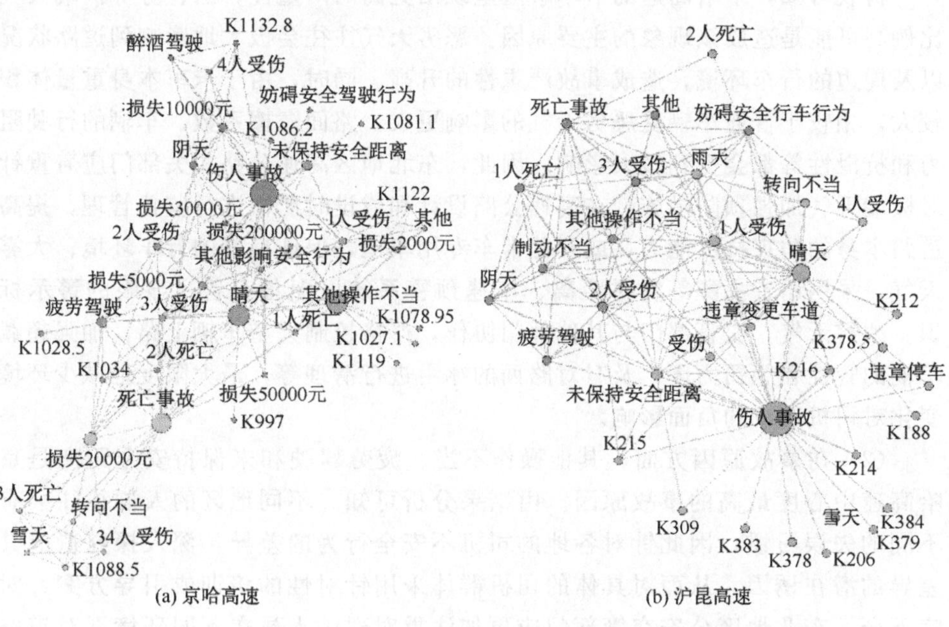

图4-34 京哈高速及沪昆高速主要字段复杂关系网络（见文后彩插）

网络分析的量化结果，进一步揭示了关系网络中各节点的重要程度及紧密关系，并对字段进行了聚类分析，以实现事故数据利用率的最大化，为管理人员提供更有利的理论参考。

4.3.4 不同区域卡车事故预防措施

我国地域辽阔，各地的经济发展差异性较大，区域效应对高速公路发展的影响尤为突出，加之南北两地的气候条件、车辆密度等因素各异，导致两地在高速公路卡车事故特征的表现上产生很大差异[7]。以吉林省和浙江省高速卡车交通事故为例，探索了两地事故发生规律的异同，基于分析结果，以期能引申出更具推广意义的建议措施，为我国南北两地相关部门提供理论支持。

4.3.4.1 针对我国东北地区的建议措施

与浙江等东南部省份相比，我国东北地区高速公路在长度和密度方面都处于劣势，在货运客运量和运输效率上存在较大差距，且东北地区寒冬季节较长，冰雪天气是影响事故数量和严重度的重要因素，针对这些特征，提出以下建议措施。

（1）在事故严重性方面，通过对比两组数据的复杂关系网络和中心度分析表可知，京哈高速的卡车事故呈现出更高的严重性，雪、雾等极端天气比例高可能是造成该现象的主要原因。恶劣天气往往会极大地影响到道路状况以及周边的行车环境，造成事故严重性的升高。同时，由于卡车本身重量体积较大，相较于普通车辆受恶劣天气的影响更大，路面摩擦系数、车辆的行驶阻力和抗滑性等都会受到很大影响。因此，东北地区高速公路相关部门应着重针对极端天气加强预防措施：在高速公路设计和建设时严格进行监督管理，提高道路本身的防灾抗灾能力，或开辟卡车专用车道，保证良好的行车环境；大雾天气，采用语音提醒等实时距离、车速预警系统，配备完善、显眼的警示标识；冰雪天气，交管部门与其他部门协作，严格控制大型车辆上路，加强超载车辆的管控和惩罚力度，及时对路面的冰雪进行清理等，最大限度地减少环境变化对司机造成的负面影响。

（2）在事故原因方面，其他操作不当、疲劳驾驶和未保持安全距离是京哈高速中心度最高的事故原因。由结果分析可知，不同地区的人群往往会有不同的失误习惯，因此针对各地的司机不安全行为的差异，深入探究造成其差异的潜在诱因，从而对具体的司机群体采用针对性的培训或引导方案，对症下药。东北地区公安交管部门应更加注重对驾驶人员在不同环境下对道路适应能力的提高。例如，可以落实定期、定学时教育机制；组织卡车驾驶员有针对性地参加高速交通法规、高速公路事故应急救援、恶劣天气和复杂道路环境下的驾驶常识等引导教育，提高驾驶人员安全素养和应对不良行车环境的适应能力。

(3) 在复杂性方面，由聚类结果可知，京哈高速卡车事故具有更高的复杂性。由于交通事故的发生往往受人、车、路、环境等各方面因素的影响，南北两地事故的差异受天气、路况、人员、车流量等多种因素影响。因此，东北地区的公安交管部门可以加强道路安全管理力度，采取措施削弱各影响因素间的相互耦合作用，针对突出问题，强化安全监管。例如，针对车辆超载问题，加强卡车性能监管力度，对违法车辆和涉事司机从严处理；针对极端天气对路面造成的不良影响，注重道路维护和保养，尽量为车辆创造良好的行车条件；针对事故的高严重性问题，制定或完善事故应急预案，避免高速公路二次事故的发生，减少人员伤亡。

4.3.4.2 针对我国东南部地区的建议措施

以浙江省为代表的我国东南部区域，经济较为发达，高速公路密集，车流量大，相较于东北地区，高速交通事故严重度较低，事故的数量更高。因此，根据其事故发生规律，提出以下几点建议。

(1) 在高速公路车流方面，浙江省高速公路的卡车流量远远高于吉林省，且属于我国最繁忙的高速公路之一，较大的车辆密度和流量往往造成更高的事故量。因此，可针对个别时间段具体高速路段拥堵的情况，利用道路预警系统向卡车司机发布拥堵路段信息，并及时疏导拥堵路段；同时，还可以针对卡车实行高速公路分时段差异化收费，及时舒缓交通压力。

(2) 在事故原因方面，未保持安全距离是沪昆高速最主要的事故原因。而其主要诱因包括：车辆超速超载，车辆制动距离变长；注意力不集中导致驾驶员意识偏差，无法对车距准确判断；道路环境突变，如车流量或视野突然变化，驾驶员不能及时应对等。针对这些原因，该地区的相关部门可采取以下对应措施：加强车辆管控，严禁超载车辆上路；给车辆配备距离预警系统，对驾驶员出现的意识偏差及时语言提醒；完善道路安全配套设施，设立相应安全标识、交通指示灯，对驾驶员起到及时警示的作用。

(3) 智能高速交通方面，我国东南地区经济发达，大数据、5G 等高新技术处于发展的最前沿，智能化系统开始在高速公路等领域得到应用，但仍然处于探索阶段。因此，公安和交通管理部门，可进一步将安全管理理论与高速公路大数据平台相结合，构建基于现代安全管理理论的智能化信息平台，实现安全理论与新兴技术的融合，为更好地预防事故提供有力支撑，并为该技术在全国范围的推广提供思路。

参考文献

[1] 交通运输部．2018 年交通运输行业发展统计公报［EB/OL］．http：//xxgk. mot. gov. cn/jigou/zhghs/201904/t20190412＿3186720. html.

[2] 李振明，康家宁，苗建楠，等．高速公路“1315”模式二次事故预防机制的实证研究［J］．安全，2019，40（10）：20-23.

[3] Zhang B，Huang Y，Rau P P，et al. A study of Chinese truck drivers’ attitudes toward feedback by technology［J］．Safety science，2006，44（8）：747-752.

[4] Bener A，özkan T，Lajunen T. The Driver Behaviour Questionnaire in Arab Gulf countries：Qatar and United Arab Emirates［J］．Accident analysis and prevention，2008，40（4）：1411-1417.

[5] Zhou T，Zhang J. Analysis of commercial truck drivers’ potentially dangerous driving behaviors based on 11-month digital tachograph data and multilevel modeling approach［J］．Accident analysis and prevention，2019，132：105256.

[6] 牛毅，李振明，樊运晓．基于数据挖掘的高速公路货车交通事故影响因素关联分析研究［J］．安全与环境工程，2020，27（4）：180-188.

[7] 王成金．中国高速公路网的发展演化及区域效应研究［J］．地理科学进展，2006（6）：126-137.

第5章

卡车司机的个人与组织行为管理

为进一步挖掘卡车司机发生不安全行为背后的原因与机理，本章首先从司机个人层面出发，以个人特征、不安全驾驶行为的风险、违章心理以及不安全行为的监管方法角度，全面分析对卡车司机个人行为产生影响的因素；其次，从组织层面出发，分析卡车组织类型和挂靠组织的存在和安全管理现状，尤其是对危险化学品运输管理等存在的问题进行剖析，提出有针对性的建议措施。

5.1 卡车司机的个人行为安全风险

货运汽车（卡车）司机，为我国货物运输承担了主要的工作。但司机的不安全驾驶行为造成的事故，给经济社会的健康发展带来了较大的负面影响。

5.1.1 卡车司机个人特征

掌握卡车司机的人口社会学特征，是进一步深入分析卡车司机不安全行为规律的基础。对浙江省杭州市余杭区的两家混凝土生产运输企业、一家物流公司以及个体营业户中主要从事长途公路运输的卡车司机进行了问卷调查，以了解这些卡车司机的工作状况，所遇见的事故情况等。本次问卷调查共发放问卷150份，回收有效问卷133份。

（1）司机的基本情况。本次调查中，所有的卡车司机均为男性，其中年龄在30～50岁的接近80%，51.88%的司机驾龄为4～10年，文化水平较低，95.49%的司机学历在高中及以下。

（2）司机户口所在地。从卡车司机的户口所在地分布来看，河北、河南、黑龙江、辽宁和山东等省的卡车司机数量最多，且农村户口占近80%，这些地区的经济大多欠发展，且远离经济发达的地区。同时，由于农村劳动力数量大，急需大量工作岗位，卡车司机成为他们的重要选择之一。

（3）工作时间及压力。混凝土运输企业主要进行的是短途运输工作，其司机工作时间主要为上午 8 点至晚上 11 点，且每次运输作业结束后都只有不到半小时的休息时间就要进行再次运输作业，可以看出所有司机的工作时间及强度较大，且 71.43%的司机表示经常处于疲劳驾驶的状态，28.57%的司机偶尔处于疲劳驾驶的状态。有半数以上的司机表示，由于公司分配任务过多，且送货时间太紧急，导致司机不得不疲劳驾驶和超载运输，且卡车司机的薪资水平并不高，家庭经济压力较大。

（4）事故情况统计。从调查结果分析可知，有 57.14%的司机从未发生过交通事故，其余的司机一年发生事故的次数低于 3 次。图 5-1 为受调查司机遇到事故的原因（未发生过事故的司机则选出认为最可能导致事故的几项原因），有 81.95%的司机遇到过（或认为）超载造成的卡车事故，72.93%的司机遇到过（或认为）疲劳驾驶造成的卡车事故。其次为路面原因以及车辆问题。从事故原因中发现，由于操作失误而导致事故发生的仅占 14.3%，可以看出从事卡车运输的司机大多为驾龄长、经验丰富的老司机，对车辆的行驶有较好的掌控能力。可见卡车的超载和疲劳驾驶是造成事故的主要原因，这也是司机个人的不安全行为即冒险行为和法律意识的淡薄所致，事故因素的数据分布见图 5-1。

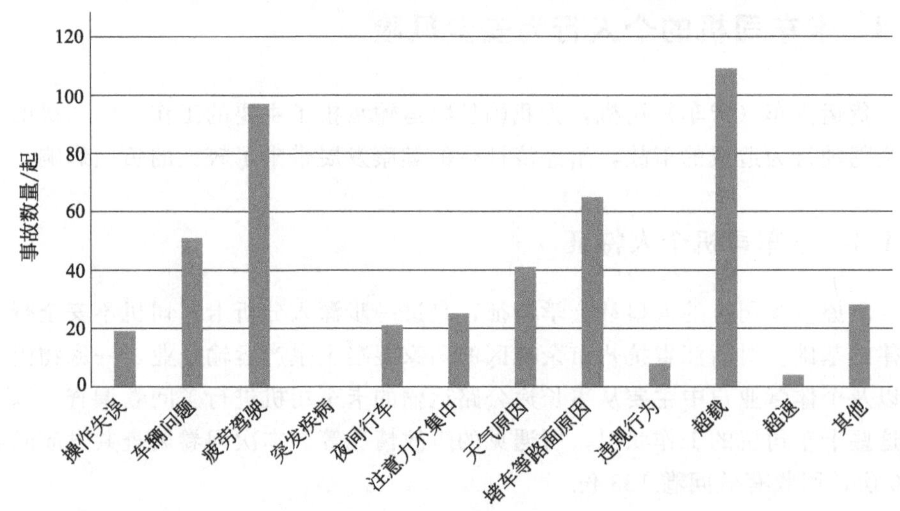

图 5-1　卡车司机遇到事故原因

（5）企业安全文化情况。企业安全文化调查时，三家企业员工反映的情况较为相似。在安全管理部门的密集监督检查下，企业进行定期的安全教育，定期组织安全活动，但混凝土生产运输企业针对安全行驶方面缺乏有效的监督机制和奖惩措施，安全驾驶在安全教育中处于表面内容，在设置奖惩措施时仅停留在完成工作量上（工程运输量），以至于司机作业时容易出现超载、超速行驶。这主要是运输企业的法律意识淡漠、逐利意识强，纵容了司机的违规行为，为交通安全埋下隐患。从企业安全管理角度来看，未能有效开展安全管理制度建设和安全文化教育，缺乏有效的监管，是卡车司机存在不安全行为的原因。

5.1.2 卡车司机不安全行为的风险分析

不安全行为是人的不安全意识所表现出来的，与人的心理特征相违背的一种非正常的行为。在职业安全工作领域则可解释为从业人员在劳动活动过程中，违反劳动纪律、操作程序和方法等具有危险性的做法。通常，道路是固定的，车辆也是正常运行的，但不同的卡车司机，由于知识、技术和能力等的不同，对突发事件的应对能力也不相同，在出现意外时，如果未能采取有效措施，将导致卡车事故发生，造成不必要的人员伤害与财产损失。

卡车司机的不安全驾驶行为受其心理状况、身体条件和驾驶经验等因素影响较大。将这几类因素根据影响时间长短分为暂时影响和持续影响因素，身体疲劳、疾病、酒精作用、心理状况等为暂时影响因素，而年龄、驾龄、驾驶习惯等为持续影响因素。现分析如下。

5.1.2.1 暂时影响因素

（1）身体疲劳。卡车司机一般是靠运输量和运输距离来决定报酬，一天之内，运输效率越高，报酬越高，多数卡车司机都会压缩休息时间长时间行驶，来保证运输效率。而法律规定，司机在高速公路上连续行驶超过 4h 以上，就属于疲劳驾驶，因此疲劳驾驶在卡车司机身上普遍存在。身体上的疲劳会使司机注意力不集中，精力不济，反应迟钝等。

（2）疾病。司机带病上车，行驶过程中难免受到疾病的困扰，导致身体机能下降，注意力分散，在反应能力、视力等方面会受到不良影响。同时，许多疾病所服用的药物存在一定的副作用，在车辆行驶过程中会被诱发出来，加剧影响。

（3）酒精作用。酒精会使司机的神经系统反应迟缓，注意力分散，严重的会神志不清，遇到突发性情况，无法及时处置，导致事故发生。在我国，饮酒驾驶属违法行为。

（4）心理状况。由于卡车的自身重量和体积较大，在高速公路行驶中占用较多的路面，会导致部分卡车司机产生优越感，使其驾驶行为存在攻击性和冒险性。目前大多数卡车司机受自身利益影响，对尽快到达目的地有强烈的期望，其他车辆的超车行为、鸣笛行为会使卡车司机产生烦躁、愤怒的心理情绪，致使其采取超速、强行超车等行为。

5.1.2.2 持续影响因素

(1) 年龄。卡车司机的年龄对其视觉的影响较大，尤其是动态视觉的影响。另外，随着年龄的越大，人体各项机能也逐渐衰退，除了视力，身体的应急反应能力也会下降，使得司机对突发事件的应急处理能力下降。

(2) 驾龄。可以将司机的驾龄分为两个时间段，驾龄为1～3年的司机，有了一些驾驶经验，对其自身的驾驶技能感到自信，而进入一个自满期，容易因过度自信发生事故；而驾龄进一步增长后，司机的驾驶技能达到了一个较好的程度，有一定的驾驶经验，事故发生率将逐渐降低。

(3) 驾驶习惯。一些驾龄较长的司机，偶有违章行为后没有发生事故，会使其慢慢放松警惕，忽略违章行为的危险性，养成不良的驾驶习惯，如超速、超载、边开车边打电话等。

5.1.3 卡车司机个人不安全行为监管方法

5.1.3.1 高速公路管理制度

(1) 卡车超载。问卷调查显示，来自混凝土运输企业的卡车司机均表示，每次运输过程都会有超载现象，在企业的压力下成为习惯性超载。所以，运输公司会对刚购买的卡车进行改装，以提高装载量，得到更多的利益。监管部门在严格按车辆类型的标准进行检测的同时，还应对进入高速运行的卡车进行随机抽查检测，杜绝改装，限制超载。

(2) 疲劳驾驶。疲劳驾驶是卡车司机反映最多的事故因素之一。不论短途还是长途的卡车司机，每日的行车时间都远远超过正常情况。为了提高运输能力，司机的中途休息时间短暂，导致长期处于疲劳驾驶的状态下。目前已有的交通法规对大型客车的行驶时间做出了限制，要求凌晨2～4点不得在高速公路上行驶。应安装司机的驾驶疲劳检测系统或卫星跟踪系统等车载监测设备，对司机驾驶过程进行实时跟踪监测，杜绝疲劳驾驶，减少意外事故发生。

(3) 恶劣天气。恶劣天气也是导致事故的一个重要因素。由于车辆的性能差异，各种类型车辆在恶劣天气下运行的能力是不同的。监管部门可以对不同车型制定不同的行车最低条件。如雾天，小型客车性能较好，在能见度较低的情况下也可进入高速，而卡车则应有所限制（限速或不允许进入高速）。

(4) 车辆性能。对于使用过度的卡车来说，在进入高速公路以前应该接受更为严格、仔细的检查，避免存在隐患。

5.1.3.2 卡车司机安全意识教育

(1) 安全教育。卡车司机在考取驾驶证时，就应每年年检，同时违规扣分者要参加安全教育培训。对道路运输驾驶员要求做到“八不”，即“不超载超限，不超速行驶，不强行超车，不开带病车，不开情绪车，不开急躁车，不开冒险车，不开酒后车”。卡车司机应保证精力充沛，谨慎驾驶，严格遵守道路交通规则和道路运输法规。

(2) 法律意识。从事货物运输的司机通常在企业要求不严的情况下，受利益驱使的影响，接受超载、疲劳驾驶及超速这些违规行为，从而增加了事故隐患。司机所在企业和监管部门应加大交通安全法律教育，让卡车司机深知违法违章所将承担的严重法律后果。

(3) 风险意识。在行车条件较好的时间段或区域，大多数事故都是由于司机的疏忽大意、注意力不集中而导致的。在路况条件良好的情况下，多数司机会对自己的驾驶水平产生盲目自信而放松警惕，缺乏事故风险意识，从而引发随意超车、超速等违规行为，往往这种情况导致的事故伤亡人数更多，经济损失更大。因此，应培养司机的隐患意识，认真对待每次行驶。

5.1.4 家庭与驾驶行为安全的关联分析

卡车司机是家庭的主干力量，关系着家里的生计。家庭与驾驶行为有关相当大的关联性。近年来，“家庭氛围”“家庭安全氛围”等词汇频繁出现在关于“事故分析和预防”的研究中，国内外众多学者的研究视角逐渐从企业安全氛围转向家庭安全氛围。而且，已有研究证明家庭因素对司机的驾驶行为存在一定影响，良好的家庭氛围往往会对司机驾驶行为产生正面影响。

相关资料显示，卡车司机平均间隔20天才能与家人见一次面，而且他们回家后的休息时间很短，根据业务需求随时会投入到工作中，唯有在春节的时候可以在家多休息一段时间。而且，他雇卡车司机比自雇卡车司机更少与家人团聚，主要由于他们在工作时间安排方面更为严格、不自由。

调查结果显示，卡车司机群体中的绝大多数为中青年男性。其中，75%以上为个体经营，约55.7%的卡车司机育有两个孩子，他们的工资是家庭的主要收入来源。卡车司机常年奔波在路上，其平均死亡率约万分之五，属于高风险行业。然而，约70%的卡车司机没有参加社保和其他商业保险，一旦发生意外，对整个家庭来说都是巨大的打击。

因此，在关注卡车司机的同时，同样需要关注他们的家庭，家庭氛围尤其是安全氛围会对卡车司机的驾驶行为产生重要影响。

5.1.5 伙伴与驾驶行为安全的关联分析

卡车司机并非一个人出车，对于个体经营的卡车司机来说，通常有父子、夫妻、伙伴等进行跟车。近几年，由于货运市场运价不稳、物价上涨，导致运输成本逐年升高，许多个体卡车司机无法承受再雇佣其他驾驶员的昂贵开销。但卡车司机独自开车上路又十分危险，因此许多个体经营的卡车司机选择让自己的亲人或朋友跟车，其中卡嫂（卡车司机妻子）最为普遍。

而卡嫂一旦选择跟车陪伴，无疑会产生一系列新的问题需要解决：

(1) 家里的老人、子女怎么照顾；

(2) 是否违背卡嫂及家人的主观意愿；

(3) 卡嫂是否完全放弃自己的工作，如果是，那么家庭收入势必会受到较大影响；

(4) 跟车是一件非常辛苦的事情，卡嫂需要承受与丈夫一样的身体消耗。

然而，最终是选择留守还是跟车，主要取决于家庭的需求，甚至很多卡嫂会时断时续地进行跟车，她们大部分的状态都不是固定的。但近年来，我国卡嫂跟车行为逐渐呈常态化，即夫妻二人共同进行运输工作。对很大一部分人来说，这只是一种无奈之举，其中经济因素是他们首先考虑的。

在跟车过程中，卡嫂承担了雇佣司机这一角色的大部分劳动，为此付出了大量的心血，承受了运输过程中的各种不利条件。但另一方面，她们给予了司机丈夫更多的陪伴和照顾，并更有默契地协助丈夫解决了很多跟车过程中的实际难题。

5.1.6 卡车司机个人不安全行为纠正方法

卡车运输企业组织应建立严格的内部安全管理制度，并予以实施。通过强化内部管理，落实安全责任，提高司机的安全生产意识，遵纪守法，平安驾驶，预防事故的发生。

(1) 强化内部管理。加强卡车运输组织主要安全管理机构的责任，严格

审查卡车司机的执业资格，加强卡车司机事故和违法信息的共享，研究建立安全管理出口机制，全面指导和监督卡车运输组织的安全生产标准化建设。

(2) 依法责任追究。交管部门针对交通肇事卡车司机，依法追究其交通事故责任。加强对重点路段和时段的控制，依法严格查处卡车重大违法行为；运输服务部门严格调查并处理货物违规装载行为。各部门间联勤联动，加强对违规卡车货运作业的管理。

(3) 提高道路运维能力。道路业主单位组织增强道路运维能力，结合交管单位工作对高风险地带实行全面的隐患排查处理，制定道路交通安全设施检查、维修、养护等工作制度；施工单位加强自身组织内部安全管理标准体系规范工作，结合所处交通参与环境，严格执行安全标准化施工作业和防控现有交通流的干预影响。

5.2 卡车司机的组织行为安全风险

5.2.1 卡车司机组织的形式

卡车司机的生产体制一般可以分为“自雇体制”和“他雇体制”两种类别。两者受其不同身份和制度的约束，表现出了不同的劳动特征和安全状况。对于个体卡车司机来说，组织管理缺失是该群体面临的最大问题之一，他们往往需要面临各种各样的政策、运营、维权等问题，增加了行车过程中的安全风险。而对于他雇卡车司机而言，在公司或组织管理的制约和协助下，他们的日常工作相对单一和固定，然而受不同的组织类型、结构、规模以及管理模式影响，其安全状况参差不齐。目前社会上存在的卡车组织形式除了少数个体车辆外，主要还是挂靠车辆（公司）经营，与大型物流运输公司相比，在组织安全管理方面，存在着较大的差距。

5.2.2 挂靠车辆组织安全管理现状

5.2.2.1 政策落实不到位

第一，保险合同不规范。根据合同约定，车辆在挂靠期间的保险由公司代收代缴，但部分“挂靠”公司存在私吞卡车司机保险费用，或私下减少保额，甚至有部分“挂靠”公司与保险公司滞留保险资金，不及时为车辆上保险。

第二，价格变动过于随意。“挂靠”本质上收取的是服务费，物价部门未对各项收费标准做出约束，导致货运公司随意调价，特别是变更法人的情况下，费用甚至成倍增长。

第三，合同条款设立不平等。例如巧立保证金、转出费、二级维护费等各种各样烦琐的收费名目，增加了卡车司机的经济负担。

第四，设置车辆转出限制，强制延长“挂靠”合同等。

全国各地许多卡车司机都掉进过或正在深陷“挂靠”黑洞，究其原因，政策规定运输公司方可办理道路运输资格证，给了他们肆无忌惮的底气。道路运输证背后的利益链存在已久，解决乱象的最好办法是尽快完善相应的政策法规，打击其背后的利益链条。

在环境污染、超载严重、大肆限行的大背景下，政府对卡车的管理范围越来越宽泛，交通运输部门无法直接参与所有的卡车司机合格证的发放和管理，因此挂靠制度的出现也一定程度上缓解了政府部门的管理压力。但针对挂靠公司相关的规范和政策亟待完善。

5.2.2.2 对策措施

（1）选择“挂靠”公司时，首先看公司的注册地与经营地是否一致，谨防皮包公司。

(2) 如果想选择新的“挂靠”公司，可通过相关网站去了解该公司之前的涉诉情况，明确公司有无征信问题。

(3) 如果认为自己与运输公司签订的挂靠服务合同存在欺诈、霸王条款、违约行为，可提起民事诉讼，申请解除合同。

(4) 尽量通过熟人来选择靠谱的“挂靠”公司，很多新公司突然冒出，卡车司机一旦入套，就有被骗的风险。

(5) 政府部门对挂靠企业服务项目及收费标准进行不定期检查，严惩违法行为，规范卡车经营管理制度。

5.2.3 大型物流公司的组织管理风险

目前，国家对安全生产高度重视，出台并修订了《安全生产法》《道路交通安全法》，保障货物运输安全可靠。全国各地的大型物流公司都严格执行，纷纷建立了比较完善的安全管理制度体系，如健全的组织机构、规定数量的安全管理员、完善的教育培训方式等，采取有效的监控技术对车辆进行驾驶过程管理，着力解决道路交通运输过程中出现的安全问题，保障货物运输安全，创造稳定的社会环境，为经济建设提供保障。

随着我国电子商务的快速发展，网络平台导致物流订单激增，传统物流行业的粗放增长和简单服务已经无法满足客户需求。新时期大型物流公司面临司机的雇佣与运输安全的挑战。多数物流企业的司机由于长时间在运输途中，很难接受企业的安全管理，完全依靠自己的安全意识进行自我约束，按时将货物送达目的地是卡车司机的首要任务。因此，企业层面对卡车司机的安全管理力度就会削弱，有关安全政策和规范、企业的安全理念难以及时向卡车司机宣传到位，企业也未能及时得到卡车司机的反馈，这一控制回路的不畅通，成为影响行车安全的关键要素之一，给大型物流公司的安全管理带来了风险。如司机的安全意识不足，在驾驶过程中受环境、气候、行驶时间等因素的影响，会出现纪律松懈和麻痹思想，个别司机甚至关闭监控报警设施，出现超速行驶现象等，造成了很大的物流运输风险。运输过程中如出现暴雨和山体滑坡等自然灾害时，卡车司机的驾驶风险骤然增加等。

5.2.4 危险化学品公司的组织运输管理风险

5.2.4.1 危险化学品概念和分类

危险化学品是指具有易燃、易爆、有毒、有害和放射性等特性，在运输过程中易造成人员伤亡和财产损毁而需要特别保护的化学物品。我国的危险化学品大都通过道路运输，属于特种许可运输。

危险化学品目前有数千种之多，其性质各不相同，每一种危险化学品往往具有多种危险性，在多种危险性中，必有一种对人类危害最大，因此，应根据其物化特性、危险性进行分类。根据《化学品分类和危险性公示 通则》（GB 13690），可将危险化学品分为3大类[1]：理化危险（16小类）、健康危险（10小类）以及环境危险（3小类）。

5.2.4.2 高速公路危险化学品车辆运输现状

近年来，我国危险化学品的产出量和消费量突飞猛进，并且呈现逐年上升趋势。危险化学品运输执行的是《危险化学品安全管理条例》。据浙江省应急厅公布的信息显示，2020年6月13日16时，位于浙江台州温岭市的沈海高速公路温岭段温州方向温岭西出口下匝道发生一起液化石油气运输槽罐车重大爆炸事故，造成20人死亡，175人入院治疗，其中24人重伤，直接经济损失9477.815万元。事故调查组认定，这是一起液化石油气运输槽罐车超速行经高速匝道引起侧翻、碰撞、泄出，进而引发爆炸的重大生产安全责任事故。事故的直接原因是：驾驶员谢某驾驶车辆从限速60km/h路段行驶至限速30km/h的弯道路段时，未及时采取减速措施导致车辆发生侧翻，罐体前封头与跨线桥混凝土护栏端头猛烈撞击，形成破口，在冲击力和罐内压力的作用下快速撕裂、解体，罐体内液化石油气迅速泄出、汽化、扩散，遇过往机动车产生的火花爆燃，最后发生蒸气云爆炸。

据不完全统计，以浙江省为例，得到交通运输部门许可的危险化学品运输经营企业超过6000家，拥有1.3万辆危险化学品运输车辆。国家针对危险化学品运输安全也出台了新的法律法规和行业标准，交管部门集中开展了一些整治行动，对新形势下危险化学品车辆管理进行规范和摸排，也取得一定的成果。

高速公路危险化学品运输呈现以下特点：

(1) 危险化学品运输量增速加快。以浙江省为例，危险化学品的数量和运输量每年都在以10%的速度增长，主要为杭州、宁波、台州等危险化学品企业集中的工业城市，具有区域集中性的特点。

(2) 运输企业模式发生变化。为贯彻落实《国务院办公厅关于石化产业调结构促转型增效益的指导意见》（国办发〔2016〕57号），浙江省政府发布的《关于石化企业调结构促转型增效益的实施意见》指出，到2019年，全省80%以上危险化学品生产企业进入化工园或化工聚集区[2]。生产企业的聚集使运输企业开始资源整合，开始向集约化、规模化的经营模式发展，运输线路开始逐渐走向固定化。

(3) 科学技术推广应用。当今的危险化学品运输企业对科学技术及安全防护技术的要求越来越高，需要依托危险化学品大数据平台，建立危险化学品企业安全风险公告和安全生产状况报备制度，实现运输安全管理。但在建立危险化学品运输安全统一监控平台上仍有很大的发展空间。

(4) 逐渐走向标准化发展。国家对运输企业的规范化、正规化都提出了要求，在危险化学品运输法律法规、规章制度上正与发达国家逐步缩小差距。采取运输许可证制度，设定专门运输线路，远程监控，卫星定位等手段规范危险化学品的运输。

5.2.4.3 危险化学品公司的运输管理风险

1. 危险货物运输车辆管理

(1) 数量及所有权的要求。自有专用车辆（挂车除外）5 辆以上。运输剧毒化学品、爆炸品的，自有专用车辆（挂车除外）10 辆以上。若为非经营性危险货物道路运输企业，自有专用车辆（挂车除外）的数量可少于 5 辆。

(2) 通信定位要求。配备有效的通信工具，且安装具有行驶记录功能的卫星定位装置。

(3) 安全防护要求。配备与运输的危险货物性质相适应的安全防护、环境保护和消防设施设备。

(4) 车型要求。运输剧毒化学品、爆炸品、易制爆危险化学品的，应当配备罐式、厢式专用车辆或者压力容器等专用容器。

2. 危险货物运输从业人员管理

道路危险货物运输驾驶员从业条件如下：

(1) 取得相应的机动车驾驶证；

(2) 年龄不超过 60 周岁；

(3) 年内无重大以上交通责任事故；

(4) 取得经营性道路旅客运输或者货物运输驾驶员从业资格 2 年以上或者接受全日制驾驶职业教育的；

(5) 接受相关法规、安全知识、专业技术、职业卫生防护和应急救援知识的培训，了解危险货物性质、危害特征、包装容器的使用特性和发生意外时的应急措施；

(6) 经考试合格，取得相应的从业资格证件。

3. 危险化学品运输存在问题

从交通管理层面来看，我国在高速公路危险化学品运输管理上存在以下几个方面问题。

(1) 法律法规尚不完善，运输企业主体责任缺失。虽然国家于2013年12月起颁布实施了新修订的《危险化学品安全管理条例》，对危险化学品的全程管理、准入管理制度、源头和末端控制都有极大的调整，并与GPS实施接轨，但仅仅依靠《条例》实施监管，其他法律法规、行业标准没有及时更新完善，难于支撑起整个危险化学品管理法律体系。另一方面，许多法律法规已经脱离目前危险化学品运输管理需求，甚至产生了新矛盾和新问题[3]。

(2) 从业人员安全意识淡薄，缺乏相应的应急处置培训。在严格的行业监管背景下，生产运输企业内部安全培训机制相对落后，一些企业受利益驱动，在落实主体责任上打“擦边球”，聘用未接受严格培训和未取得相应资格证的驾驶、押运人员，日常教育培训、定期岗位考核、专业应急处置等配套管理制度落不到实处，层层监督、系统管理、责任到位的工作机制流于形式。另一方面，从危险化学品运输企业管理人员到具体驾驶、押运等从业人员，由于文化教育背景、综合素质等情况高低不一、参差不齐、良莠混杂，部分从业人员在安全管理、规范作业、遵章行驶等问题上重视不够、意识不够，存在逃避监管的侥幸心理，违法行驶等情况时有发生。有的企业为降低生产成本，聘用不具有从业资格的驾驶、押运人员上岗，甚至于在运输危险化学品时不安排押运人员上岗，一旦发生紧急情况，由于专业知识和技能的缺乏，不能及时开展有效的补救处置措施。

(3) 各部门未建立联合监管机制。从一定意义上说，危险化学品运输车辆像流动的“爆炸装置”行驶在道路上，管理工作中的任何缺失都容易导致重大恶性事故，从目前现行的危险化学品运输法律法规体系来看，涉及质监、安监、交通、公安、卫生、环保等众多部门，各行业监管部门往往是监管一段，未形成完整体系，而现行条例只是在监管职责和任务上做出原则性规定，未对任务进行细化分解，造成工作上措施流于形式，轻于落实。

(4) 违法现象普遍存在。在对危险化学品运输车辆路面检查执法的过程中，各部门由于职能、职权不同，工作部署安排不统一，协作配合不够，造成了路面管控效能的下降。此外，我国目前的物流运输多为个体经营模式，加之管理力量不足，管理水平偏低，管理盲区大，如超限超载等非法营运危险化学品的情况十分突出。

(5) 应急救援机制不完善，缺乏专业统一的救援队伍。一方面，我国对于危险化学品交通事故的研究起步较晚，因此在事故应急救援机制方面的研究也不太成熟，应急救援方案仍不够科学、完备，应急救援机制不够协调统一。另一方面，我国目前没有一支接受过专业训练和管理的危险化学品事故救援队伍，都是分散在各个职能部门之中，如消防、公安交警等，救援人员素质参差不齐，无法统一开展学习培训。

4. 国外危险化学品运输管理先进经验借鉴

(1) 美国危险化学品运输管理先进经验。美国非常重视危险化学品物流运输的管理，利用卫星定位系统，针对各类危险品运输车辆提供远程信息服务，以监控其途中状况，而且要求运输过程随车附带托运单、包装标志、安全标签、应急文档和24h咨询电话号码。应急文档包括以下6个部分：火灾爆炸危险性、货物的健康危害、事态控制建议、火灾处置行动、泄漏处置行动和医疗急救。发货人必须在交付货物时提供应急文档，当出现运输紧急情况时，司机、押运人员或消防人员可以凭借文档信息，了解货物危险性，确定处置方案。当无法获得应急文档的有关资料时，企业的24h专家服务电话就会发挥关键作用，及时为现场提供处置建议。

(2) 法国危险化学品运输管理先进经验。法国要求所有从事危险货物运输的公司必须有1名对《联合国危险货物运输建议书》精通的专家或顾问，对危险货物的装—运—卸全程进行指导。法国运输部要求危险货物的运输工具每年必须到全国设置的分支机构进行检测，检测合格者才发给许可证，且每3年有1次严格的检测，对投用多年的车辆检测尤其苛刻。法国营运检查由交通运输部门和警察联合进行，对检查有问题的车辆通常处以重额罚款，对一次有多种问题者叠加处罚。法国危险货物运输车辆占所有运输车辆的6%，在每年发生的200起运输事故中，危险货物运输车辆占2%，事故率远低于一般运输车辆的水平，管理效果十分明显。

(3) 德国危险化学品运输管理先进经验。在德国从事危险化学品运输的司机必须进行基础课程的培训以及相应的考核，通过考试后才可获得营运证，有效期为5年。驾驶槽罐式车辆的司机还要另外经过12h的培训并通过考试，如果运输易爆物品、一级危险品，则要继续增加8h的培训并通过考试。这些营运证一般在大城市才能发放，有效期最多为5年。运输危险化学品的司机必须每5年进行一次30h的培训。司机在运输危险货物时，必须在集装箱四周张贴危险识别标志和国际通用的危险货物代码。法律规定，司机每行驶2h必须休息20min，一天工作时间最长不得超过12h。

参考文献

[1] 国家技术监督局．常用危险化学品的分类及标志 [S]．1992.

[2] 浙江省人民政府．浙江省人民政府办公厅关于石化产业调结构促转型增效益的实施意见 [EB/OL]．(2017-09-04) [24]．http://www.zj.gov.cn/art/2017/8/9/art_38271_293903.html.

[3] 中国政府网．危险化学品安全管理条例 [EB/OL]．http://www.gov.cn/gongbao/content/2002/content_61929.htm.

第6章

典型卡车事故案例与监管对策

基于多起典型的卡车事故案例，分别就打手机、超载、疲劳驾驶等常见不安全行为进行分析，从真实事故案例中发掘不安全行为的特征和致因，并从中抽取事故规律，进而提出具体的建议措施。本章主要对卡车司机在驾驶过程中因出现不安全行为（或危险驾驶）造成了严重的事故的案例进行分析，并对卡车在高速公路二次事故和工程车盲区事故进行案例分析。

6.1 开车打手机及事故案例

6.1.1 开车打手机事故案例分析

2017年11月1日下午，在S227省道某村路口发生了一起交通事故，一辆汽车撞上了一辆电动三轮车，事故造成三轮车上的两人不同程度受伤，两车不同程度损坏，见图6-1。

事后，警方调出事故车辆的行车记录仪，发现车祸前驾驶人正在打电话。行车记录仪上可以发现，事发前，车上的人正在说话。而据警方调查，发生事故时汽车上仅司机一人，应该是司机与他人正在手机语音通话，当汽车行驶至事发路口时，司机依然在语音通话中，由于分心驾驶，并没有发现前方的一辆电动三轮车，最终撞“飞”电动三轮车，车上两人摔倒，车子向前至少滑行了150m。

大多数驾驶人员认为在驾车时接打手机很正常，不以为这是一种交通违法行为。但是，相关研究机构的研究表明，驾车时使用手机接打电话比酒后驾驶更具危险性，存在着较高的道路交通安全隐患。开车打手机的主要隐患如下：

（1）妨碍驾驶。驾驶员开车打手机时单手把握方向，对驾驶车辆形成较大妨碍，对车速控制、车距把握、视线都有影响，很容易引发交通事故。

（2）分散精力。开车打电话时，驾驶员精力分散，妨碍对路面情况和周边环境的观察，一旦遇到紧急或突发情况，将会大大削弱驾驶人的应变能力，延

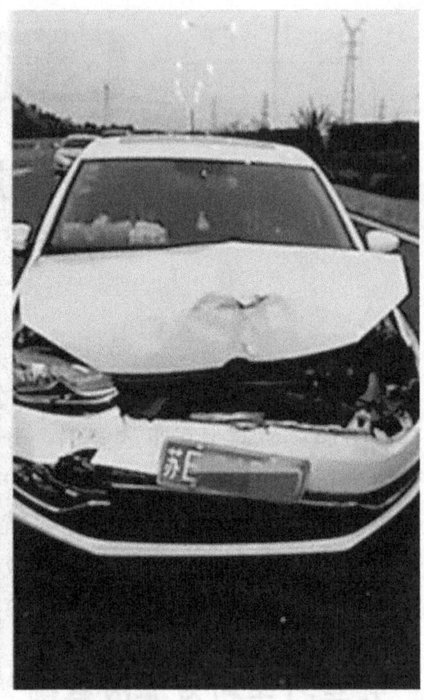

图 6-1 事故现场（见文后彩插）

长反应时间，极易造成交通事故。英国一家交通研究所最近公布的测试结果表明，开车时使用手机，大脑的反应速度比酒后驾车时慢 30%，年轻人驾驶车辆接打手机相当于 70 岁老人驾驶车辆，开车打手机发生车祸的风险比正常驾驶时高 4 倍以上，有 70%的致命事故是司机注意力不集中造成的。还有研究表明，开车打手机导致司机注意力下降 20%，如果通话内容重要，注意力甚至下降 37%。同时，拨打手机的驾驶员行车速度比正常状态慢 9%，刹车的反应速度也要慢 19%。

（3）视野狭窄。开车时打手机会使司机的视野变得狭窄，降低外围视觉的感知能力。在一项相关测试中发现，一个专心开车的驾驶员比一个分心打电话的驾驶员所记取的信息多 50%，形成“不注意视盲现象”。打手机的司机更可能错过交通信号，经常看不到公告栏和其他标志。

（4）堵塞交通。开车打手机会因分散注意力，导致车速降低，影响了其他车辆的通行率，引起交通拥堵。据测试，遇到中度或高度拥堵路况，司机通话时变道次数会降低 20%，驾驶速度也会降低，在非常拥堵路段，打手机的司机比正常行驶要多用 3%的时间，在中等流量路段，打手机的司机需要多花 2%的时间。

6.1.2 出台强有力的监管政策

针对开车打手机这一危险驾驶行为的管控，浙江省走在了全国的最前列，在 2019 年 6 月至 8 月，全省开展了为期三个月的集中查处开车打手机的专项行动[1]。相关部门采取现场处罚、电子警察、高清视频监控等手段，针对司机的驾车打手机行为进行集中、从严整治[2]。

相关统计数据显示，仅在 2019 年前半年中，浙江省就查处开车打手机 48 万起，受固定证据难以获取等因素影响，实际数据可能远大于该公布数据。若从全国范围内看，具体数据以及造成的损失，更是难以统计。因此，开展针对该危险驾驶行为的集中整治，是及时的、必要的。然而，与整治酒驾不同，目前针对开车玩手机的处罚，交通安全法有明确的处罚规定，但还不完善，存在证据难以获取、违法群体庞大等因素，使得大量司机有恃无恐，包括非卡车司机。因此，该方面的监管政策和法律规定依然任重而道远。

尽管全国性的法律政策仍有待完善，但浙江省的此次执法行动上，相关部门拿出了严格的执法力度和标准，在固定证据方面投入了更多的科技设备和人员数量，这在全国范围内都是具有重要示范意义的[1,3]。

6.2 疲劳驾驶案例分析

6.2.1 疲劳驾驶简述

在诸多的交通违法行为中，疲劳驾驶成为高速公路交通事故发生的主要原因之一，且往往危害后果大，造成的人员伤亡重。要深入了解疲劳驾驶导致道路交通事故发生的特点就需要针对疲劳驾驶的原因、规律及危害，找出关键症结，逐条针对性提出可行性预防对策。

6.2.1.1 卡车司机疲劳驾驶的危害

1. 卡车司机疲劳驾驶的状态

(1) 轻度疲劳状态。该状态下，驾驶人对道路、周围事物的感知较平时略有下降，注意力略显不集中，驾驶人较易因周围环境的改变而“唤醒”，遇突发情况或事故发生一刹那尚能及时采取紧急避险措施进行补救。该种情况，多见于卡车发生的剐蹭事故，危害程度尚低。

(2) 中度疲劳状态。该状态下，驾驶人对道路、周围事故的感知明显下降，注意力已严重不足，基本处于“半清醒”状态，因环境的改变尚能获得短时间的“唤醒”，遇突发情况或事故采取紧急避险措施较为迟缓，是日常疲劳驾驶最为常见的情况。该种情况下，事故的危害主要取决于卡车驾驶人一刹那紧急避险措施采取是否得当。

（3）重度疲劳状态。该状态下，驾驶人基本处于短暂睡眠，且间隔时间较短，持续时间较长，对周围环境处于“无感知、无意识”状态，难以因周围环境的改变而被“唤醒”。驾驶人一是由于睡眠状态下的生理动作（如手脚失控）从而导致车辆失控而发生事故；二是无法判断道路上的情况从而无法采取改变方向、制动等方式规避险情。该种情况下，事故的损害后果无法预知，往往十分严重，是造成卡车疲劳驾驶事故严重后果的罪魁祸首。

2. 疲劳驾驶的危害

疲劳驾驶的危害大小还取决于事故的形态、道路的环境及是否伴随其他违法行为。

（1）单方事故。如果仅仅只有疲劳驾驶一方，由于高速公路护栏的设计，能起到一定的缓冲及吸收碰撞能量作用，从而一定程度上能够减轻事故的损害后果。但一旦碰到无护栏边坡、临水临崖、开放式跨线桥等特殊路段时，易导致翻车、坠车、穿越中央隔离带等，从而加重事故的损害后果。

（2）多方事故。常见的一种情况是后车疲劳驾驶由于无意识，伴随着超速违法行为，一瞬间碰撞的动能加大，事故后果严重；另一种情况是后车疲劳，前车低速、不按规定变更车道、停车等，一旦发生正面撞击，由于两车的速度级差大，也会造成碰撞瞬间的动能加大，事故后果严重。更为严重的是当后车出现疲劳时，追尾前方同车道内大型车辆，极有可能造成驾驶室挤压变形，导致驾驶人及乘车人的严重损伤。

6.2.1.2 疲劳驾驶的原因

（1）道路环境的原因。通常认为，重复单一的行为容易导致意识的放松和大脑的疲劳。高速公路相比于普通公路、城市道路，环境单一，交通干扰较少，车辆速度相对稳定，车辆操作相对较少，且驾驶人往往驾驶里程及时间较长，极易产生单调感从而滋生睡意，出现所谓的“高速公路催眠现象”。

（2）运输时间的原因。一是大多数货主往往对货物运输的时间有着严格的限制，导致货运驾驶人运输时间较紧，必须昼夜不停长时间驾驶；二是大多数货物运输均是白天装卸，往往货物装卸完毕后就到了晚上，为能够有效缩短运输闲置期，提高运输趟次，货运驾驶人往往选择即装即走，这就加长了夜间行驶的时间；三是货运车辆超载、客运车辆超员这些违法行为一定程度上加重了驾驶人的心理负担，驾驶过程中有时为逃避检查心理高度紧张，也易导致疲劳；四是有的个体车主往往为了节约开支，仅聘请一名驾驶人长时间驾驶；五是虽然有的配备两名驾驶人，但由于基本上是“人歇车不歇”，两人轮流，驾驶人在车内休息，睡眠时间不长，睡眠质量不高，虽然有的驾驶人是刚睡醒开车，但仍然容易犯困。

（3）驾驶人主观的原因。一是驾驶人自身出行前未保证充足的睡眠，如从事了强体力劳动、体育运动、休闲活动未保证足够的休息时间；二是驾驶人驾驶时段系其自身“生物钟”的休息时段，仍然驾驶，如有午休习惯的人午间驾驶；三是存在侥幸心理，驾驶人感觉到疲劳时往往没有及时休息，认为熬一熬就没事了。

（4）其他客观的原因。卡车驾驶人疲劳驾驶还受其他各种因素的影响。如驾驶人的身体状况不佳或生病服药后驾驶导致的嗜睡；天气方面，春困秋乏，夏季高温都容易导致生理上的疲劳；车内环境方面，驾驶人长时间处于狭小空间环境下，空气循环不畅，且保持固定的驾驶姿势，也容易导致疲劳。

6.2.1.3 疲劳驾驶的特点

通过对卡车疲劳驾驶导致事故各项参数指标进行分析，结合共性规律和个案特性，以及以往的卡车疲劳驾驶事故基本情况分析，同时结合车流量、道路线性、天气等因素，可以看出疲劳驾驶主要存在以下特点。

（1）驾驶时间。疲劳随时间变化、随季节变动。将每天以3h为一时段进行分解后发现，卡车驾驶人疲劳驾驶事故在凌晨、清晨及深夜时段高发，其中清晨时段发生概率最高。引发疲劳驾驶的因素多种多样，其中高温是主要因素之一，夏季也成为疲劳驾驶事故高发的季节，占比均超过年度交通事故的40％。

（2）车辆流量。小流量、疲劳多。与其他交通事故情况不同，卡车疲劳驾驶事故多发生在车流量较小的路段及时段，究其原因在于当车流量较小时，外部驾驶环境较好，卡车驾驶人主观上容易放松，疲劳的状态便由此产生，而当车流量大时，驾驶环境较差，驾驶人需针对突发情况随机应变，故不易产生疲劳感。

（3）天气方面。晴天多、雨天少。根据数据分析发现，在晴天气象条件下卡车疲劳驾驶事故发生的概率最高，而雨天卡车疲劳驾驶事故发生概率最低，这与疲劳驾驶引发原因存在联系，晴天较雨天而言，气象条件、道路环境更好，卡车驾驶人容易产生懈怠，加上晴天气温升高，在阳光照射下，更易产生疲倦感。

（4）道路特点。事故现场道路环境均比较复杂，都不同程度存在长上坡、长下坡或者弯道的情况。在数据分析中发现，卡车疲劳事故地点多存在于长上坡、长下坡及弯道等特殊路段。原因很简单，长上坡路段易积压车辆，尤其是大型车辆，当出现疲劳驾驶的车辆时，易追尾前方上坡的低速车辆；长下坡路段因车辆受重力影响，车速往往较快，当驾驶人疲劳驾驶时，往往没有采取制动措施，易造成追尾或碰撞固定物；当行驶至弯道路段时，驾驶人疲劳时无意识去采取转向及制动措施，易撞击护栏等固定物。

6.2.2 疲劳驾驶事故案例

6.2.2.1 “9·24”“11·17”两起死亡3人事故

（1）事故基本情况。20××年9月24日4时25分许，徐某驾驶的皖S90×××（豫P2D××挂）号重型低平板半挂车途经G60沪昆高速公路往上海方向350km900m处时，追尾碰撞前方由汪某驾驶的赣E84×××号中型厢式卡车，两车冲破右侧边护栏后翻车，致3人死亡。

20××年11月17日4时45分许，董某驾驶的沪B96×××（沪E6×××挂）号重型集装箱半挂车途径G15沈海高速往福建方向1378km200m处时，尾随碰撞前方由王某驾驶的豫D72×××（豫DC7××挂）号重型普通半挂车，致3人死亡。

（2）现场情况。图6-2～图6-6所示为事故的现场状况，可见尽管路段较为平整，视野开阔，但在后车司机疲劳驾驶的状况下，依然发生了追尾事故，且事故现场较为惨烈。

图6-2 “9·24”现场地面痕迹（见文后彩插）

（3）事故直接原因。该两起较大事故后方车辆驾驶人均存在疲劳驾驶违法行为，前车均存在低速行驶嫌疑，当事人交通违法行为是导致事故发生的主要原因。

（4）事故反映出的相关问题。疲劳驾驶始终是引发我国高速公路死亡事故的主要原因之一，每年确定因疲劳驾驶引发事故的死亡人数占全年的40%以

图 6-3 “9·24”两车翻停位置

图 6-4 “11·17”事故现场概览

上，实际应远远大于这个数字。可见，如何预防疲劳驾驶，降低因疲劳驾驶导致人员死亡事故的高发，是高速公路安全管理一个非常重要的课题。

6.2.2.2 “5·3” G1513 温丽高速温州段死亡 3 人事故

（1）事故基本情况。20××年 5 月 3 日 5 时 59 分许，沈某驾驶浙 AM8×××号中型厢式卡车途经 G1513 温丽高速公路往温州方向 23km＋200m 处时，

图 6-5 “11.17”现场地面痕迹（见文后彩插）

图 6-6 “11·17”两车位置关系（见文后彩插）

尾随碰撞由卢某驾驶的豫 J65×××（豫 J96××挂）号重型平板半挂车，造成浙 AM8×××号车上 3 名乘客死亡。

(2) 现场基本情况。图 6-7 和图 6-8 为事故现场状况，从图中可以看出，该路段较为狭窄。车祸是由疲劳驾驶导致的追尾事故。

图 6-7　事故现场

图 6-8　两车位置关系

(3) 事故直接成因分析。当事人沈某在身体过度疲劳的状态下仍继续驾驶超员（核载 3 人，实载 4 人）机动车，是造成事故的一方面原因；当事人卢某因道路不熟悉，在分流岛停车起步后以低于规定最低限速的速度行驶（近似停车），是造成事故的另一方面原因。

(4) 事故反映出的问题。该案例综合了疲劳驾驶、低速行驶违法和主线出口路段等特点，是一起非常典型的事故。另外，浙 AM8×××号中型厢式卡车驾驶室超员应该引起我们的高度重视。2011 年“7・15”G15 沈海高速温州段死亡9人事故已经有了血的教训，情况类似。高速公路卡车超员违法行为十分普遍，如何强化源头管理，落实入口管理“一岗双职”机制仍需要我们进一步的努力。

6.2.3 预防措施

根据以上卡车疲劳驾驶的形成原因、危害及特点的分析，结合路况及事故特点实际情况，针对暴露出的问题进行整改，政府职能部门出台政策，以“组合拳”全方位立体对卡车疲劳驾驶事故进行预防工作。

6.2.3.1 “唤醒”卡车疲劳驾驶人

由于高速公路通行环境较好、路面情况稳定，驾驶人易由轻度疲劳进入中度或者重度疲劳。交管部门在疲劳驾驶高发、高落差以及边坡护栏等路段前方增设震动提醒标线（震荡标线、隆起颗粒交叉组合带），通过震动感及胎噪“唤醒”疲劳的卡车驾驶人。同时在易疲劳区起点设置“严禁疲劳驾驶”“易疲劳路段”反光提示标牌，提醒驾驶人勿疲劳开车，也是提醒驾驶人保持安全车距，防止他人疲劳驾驶而对自身造成影响。

6.2.3.2 加强安全设施建设

针对近年来卡车疲劳驾驶事故逐渐增加，以及高速公路提高限速标准后，车辆车速普遍较之前有所提升，一旦遇到边坡无护栏、临水临崖、开放式跨线桥等特殊路段时，极易造成严重的危害后果，这些路段受硬件设施的不健全影响所造成的损害往往比疲劳驾驶本身更为严重。针对此类事故隐患，交管部门积极协调业主部门进行联合排查，对边坡无护栏、临水临崖、开放式桥墩增加刚性护栏，将易形成贯穿的护栏起点包裹，最大限度降低疲劳驾驶事故可能带来的危害后果。

6.2.3.3 多种形式提醒卡车驾驶人

为更加有效地消除卡车驾驶人疲劳感，加强夜间警示效果，交管部门在易疲劳路段安装了太阳能警示灯、设置反光警示牌及仿真警车，在地面铺设了减速震荡标线，起到了很好的警示效果，有效预防了卡车疲劳驾驶现象的发生。在以上的基础上，交警部门还在疲劳事故多发点段护栏立柱加密粘贴反光膜，给单调的高速公路通行环境带来强烈的视觉冲击，也能加强道路线型诱导，防止驾驶人因疲劳无法及时判断道路线型。

6.2.3.4 提供舒适的休息环境

从交警与卡车驾驶人的交流沟通中发现，导致货运车辆疲劳驾驶高发的原因在于没有提供舒适的睡眠环境，常年在车内狭小空间休息，对睡眠质量造成影响。为缓解驾驶人休息环境恶劣的情况，交警与服务区管理部门进行协调，在规定时间内必须到服务区休息，有的地方如浙江在两个服务区之间开设长途卡车临时休息区（下高速），这些在一定程度上引导驾驶人主动进入服务区休息，缓解了驾驶人的疲劳驾驶，降低了事故风险。

6.2.3.5 强化路面监管

在提高物防的基础上，交警部门加强信息化勤务指挥调度，通过“视频巡查、动态监管、定点提醒”等三位一体的方式加强货运车辆的监管力度，在午后或夜间易疲劳时段，引导货运车辆进驻服务区休息，在服务区公共区域设置便民服务点，向司乘人员免费发放清凉油、薄荷糖，同时教育卡车驾驶人就地休息或采用冷水敷面等措施缓解疲劳状况。

6.2.3.6 科技强警全时段安全提醒

针对疲劳驾驶难发现、难管理的特点，某些交管部门率先创新，自主研发了“动感声光电一体化”疲劳预警装置，主要在卡车疲劳驾驶事故高发路段投入使用。该套装置主要由太阳能警灯、警报器、闪光灯、路面震荡带组成，当车辆经过时便触发红外线设备，警报随即响起，有效实现了声、光、动全方位全覆盖的预警，通过24h不间断提醒，对预防疲劳事故起到了积极的作用。

6.2.3.7 个人生活习惯的改善

(1) 养成按时就寝和良好的睡眠姿势，每天保持7～8h的睡眠；睡前1.5～2h内不饮食，睡前1h内不多饮水、不进行过度脑力工作；卧室内保持通风、清洁，床不宜太软，被子不要过重、过暖，枕头不宜过高。

(2) 科学、合理安排行车时间和计划，注意行车途中的休息；连续驾驶时间不得超过4h，连续行车4h，必须停车休息20min以上；夜间长时间行车，应由2人轮流驾驶，交替休息，每人驾驶时间应在2～4h之间，尽量不在深夜驾驶。

(3) 驾驶车辆避免长时间保持一个固定姿势，可时常调整局部疲劳部位的姿势和深呼吸，以促进血液循环；最好在行驶一段时间后停车休息，下车活动腰、腿，放松全身肌肉，预防驾驶疲劳。

6.3 超载事故案例分析

车辆超载是指车辆运载的货物质量或人数超过行驶证的核定载质量或人数；车辆超限是指车辆的轴载质量、车货总质量或装载总尺寸超过国家规定的限制。

《道路交通安全法》规定：“机动车载物应当符合核定的载质量，严禁超载；载物的长、宽、高不得违反装载要求。”第四十九条规定：“机动车载人不得超过核定的人数，客运机动车不得违反规定载客[4]。”

车辆超载对安全行车或运输造成了极大的危害，严重危及人民的生命和财产安全，诱发了大量的道路交通事故。据统计，70%的道路交通事故是由车辆超载引发的，50%的群死群伤重特大道路交通事故与超载有直接关系。

6.3.1 超载事故案例

(1) 基本情况。2011年2月14日21时许，山东省博兴县魏某某（男，28岁）驾驶鲁M××××号重型卡车（该车装载货物铜粉，严重超载）沿220国道由东向西行驶，当行驶至220国道与西二路路口处时，与由西向东行至此处郑某某（男，28岁）驾驶的鲁ET××××号轿车相撞，致驾驶员郑某某及乘车人李某某（男，23岁）、王某（男，23岁）现场死亡，造成道路交通事故（图6-9～图6-11）。魏某某负事故主要责任，于2月15日被刑事拘留。

图6-9 事故现场（见文后彩插）

(2) 超载行驶的危害。

① 严重破坏公路基础设施。由于超载超限车辆远远超过了公路和桥梁的设计载荷，致使路面损坏、桥梁断裂，使用年限大大缩短。

② 行车中危险性增大。车辆超限超载，载质量增大，惯性加大，制动距离加长。如果严重超载，则会因轮胎负荷过重、变形过大而引发爆胎、突然偏驶、制动失灵、翻车等事故。另外，超载还会影响车辆的转向性能，易因转向失控而导致事故。

图 6-10 事故现场（见文后彩插）

图 6-11 车辆严重损害（见文后彩插）

③ 驾驶人容易出现操作错误。驾驶人驾驶超限超载的车辆，往往会增加心理负担和思想压力，容易出现操作错误，影响行车安全，造成交通事故。

④ 影响着道路的畅通。由于超限超载后的车辆无法达到正常速度行驶，长时间占用车道，直接影响着道路的畅通。

（3）载货汽车装载规定。

① 机动车载物不得超过机动车行驶证上核定的载质量，装载长度、宽度不得超出车厢。

② 重型、中型载货汽车、半挂车载物，高度从地面起不得超过 4m，载运集装箱的车辆不得超过 4.2m。其他载货的机动车载物，高度从地面起不得超

过 2.5m。

③ 载货汽车超过核定载质量的，公安机关交通管理部门有权依法扣留机动车。

6.3.2 超载事故频发原因

（1）经济利益驱使。尽管公路交通运输日益繁忙，但与几十年前的状况不同，那时卡车的数量很少，卡车司机根本不缺活干。可是近些年来，大量的劳动力涌入了卡车司机的行列，就形成了当前僧多粥少的情况。在货源和生存空间不断被压缩的情况下，许多运输专业户为了降低成本，采取少报标记吨位、逃漏通行费的手法来获取非法利润，于是出现大批卡车实际装载货物量明显高于标记吨位的违法超载现象。同时，为迎合运输业户多装载货物的需求，不法车辆生产厂家不断加大车辆实际承载能力，导致货运机动车超限超载问题十分突出。

（2）“优胜劣汰”原则。在自然界中有一种优胜劣汰的生存法则，在货运行业中，也存在类似的原则，那就是谁拉的多货主就用谁拉。例如，同样的车型，同样的距离，运费相同的情况下，一个车是按照标准拉 20t 货，而另一个车却说可以拉 30t，货主显然就会更倾向于后者。在这样畸形的市场竞争下，就催生了卡车超载的现象。

6.3.3 超载监管的源头管理方法

（1）摸清状况，区别对待。相较于轿车司机，卡车司机具有明显区别，交通管理部门应具体问题具体分析，对症下药是提升道路安全的关键。卡车司机群体的综合素质普遍偏低，个别司机甚至存在被罚款还可以找车主或企业“报账”的现象，在管理过程中，不能对所有卡车司机的处罚一概而论，致使法律对卡车司机的约束力降低。

（2）加强对卡车司机的安全教育和宣传。良好的安全意识是安全行车的关键，安全教育和宣传是提高卡车司机安全意识的重要手段。然而，卡车司机普遍存在重经济利益，轻安全意识的现象，对现实作业中的风险不关注、不了解，甚至排斥。许多货运公司或个体司机都存在对交通安全隐患不重视，被动学习、被动管理，事故隐患得不到及时整改等现象，导致卡车司机甚至企业一而再、再而三出现相同违法行为，进而导致交通事故频发。

（3）建立、健全非日常工作时间段长效警务机制。任何工作的有效开展和成绩的长期稳定绝不可能依靠有限的一两次整治活动，对卡车司机的宣传、教育、管理是一项长期、艰巨的工作，应当更进一步建立、健全警务机制，并长期落实执行。

治理卡车超载是交警部门长期而又艰巨的任务，要加大宣传，全民参与，查找根源，消除隐患，要综合治理，形成合力，齐抓共管，加强配合，制定规划，狠抓落实，短期制标，长期制本。并要处理好治理超载与经济发展的关系，处理好执法与服务的关系，牢固树立治超工作服务于经济发展，服务于人民群众的原则，努力创造安全、畅通、规范、有序的道路交通环境，从而促进经济、社会和谐发展。

6.4 高速公路二次事故分析

现代交通运输当中，高速公路占有极其重要的地位，但随着高速公路里程的不断增加及汽车保有量的持续上升，随之而来的是高速公路事故及二次事故发生率的急剧上升，约占高速公路事故数的30%以上，扩大了事故的态势，严重影响了救援的开展。因此，研究高速公路二次事故的成因与特点，构建一个比较完善的二次事故预防机制有着相当重要的意义。

6.4.1 高速公路二次事故频发原因

以浙江省为例，截至2017年底，该省公路总里程为120101公里，高速公路4154公里，二级以上公路占公路总里程的17.64%；2017年全省高速公路共发生道路交通事故87378起，事故共造成298人死亡、4949人受伤，发生一次死亡3人以上较大事故4起，造成12人死亡。总体上看，死亡人数较历史最低值（2016年）略有上升，较大事故继续保持低位，辖区通车里程增加51.3公里，年公里死亡率0.0762，与历史最低值（2016年）基本持平，年万车死亡率0.0050，为历史最低值，见表6-1。

表6-1 浙江省高速公路历年交通安全基本情况

年份/年	事故总数/起	死亡人数/人	里程数/公里	年公里死亡率/(人/公里)	年万车死亡率/(人/万车)	三人以上事故数/起	五人以上事故数/起	十人以上事故数/起
2011	31588	389	3227.7	0.1205	0.0127	10	2	0
2012	39645	362	3319.9	0.1090	0.0112	3	0	0
2013	54577	361	3606.7	0.1001	0.0097	6	1	0
2014	60811	327	3639.6	0.0898	0.0078	7	3	0
2015	67883	307	3692.7	0.0831	0.0067	6	0	0
2016	78119	284	3847.4	0.0738	0.0056	5	0	0
2017	87378	297	3898.7	0.0762	0.0050	4	0	0

据统计，2011～2017年浙江省高速公路就发生人员死亡的二次事故694起，共造成834人死亡。2017全年238起死亡事故中，有91起是驾驶人停车引起的事故，共造成106人死亡，起数、人数分别占全年总数的38.2%、39.1%。有17起事故是司乘人员下车活动（未及时转移）情况，对事故后果的加重起到直接作用；有22起事故存在未设警告标志（警告标志设置不规范）的情况，司乘人员安全防护意识不强造成严重后果，见表6-2、表6-3。

表6-2　浙江省高速公路历年二次事故基本情况

年份/年	停车类事故		停车类事故		停车类较大事故起数/起	较大事故总起数/起	占比/%
	起数/起	占比/%	死亡数/人	占比/%			
2013	110	37.4	131	37.2	2	6	33.3
2014	84	30.9	99	31.2	2	7	28.6
2015	89	35.7	110	37.9	5	6	83.3
2016	103	40.6	119	41.9	3	5	60.0
2017	91	38.2	106	39.1	2	3	66.7

表6-3　浙江省高速公路历年二次事故原因基本情况

年份	停车类事故起数/起	疲劳肇事		人员下车		未设标志		停车平均时间/min	时长30min以上起数/起	时长1h以上起数/起
		起数/起	占比/%	起数/起	占比/%	起数/起	占比/%			
2013	110	64	58.2	23	20.9	5	4.5	3.7	3	0
2014	84	41	48.8	20	23.8	3	3.6	4.7	1	0
2015	89	35	39.3	23	25.8	17	19.1	2.7	0	0
2016	103	48	46.6	12	11.7	16	15.5	4.4	4	2
2017	91	49	53.8	17	18.7	22	24.2	5.5	4	3

6.4.1.1　二次事故的成因

高速公路二次事故，是车辆在高速公路上发生交通事故后，事故车辆的驾驶人后续出现不安全行为，未能及时将事故车辆与人员从现场撤离至安全地带却仍滞留在原地，被经过车辆、抛洒物等碰撞，产生次生及后延事故，称为高速公路二次事故。

高速公路二次交通事故的形成，主要有以下三个方面的情况：事故车辆驾驶人缺乏交通安全常识，出事故后未能及时采取有效的科学应急处理方法；事故车辆在出事故后，不能移动至安全区域而停留在车道上，意外遭受过往车辆碰撞与异物打击；在交通执法的过程中，交警未能及时到现场采取有效的措施。

高速公路从一开始就因高速的车流引发高于一般公路的交通事故，尤其是近年来，在国内各条高速公路上屡屡发生重特大二次交通事故，严重危害司乘人员的生命财产安全，给道路交通管理工作带来很大压力。同时也严重威胁着广大人民群众的出行安全。

在高速公路上，由于汽车行驶速度快、运行时动量大，因而其冲击力强，一旦发生事故往往危害性大，后果严重。据统计，在高速公路发生的交通事故中，轻微的交通事故所占比例微乎其微，重特大恶性交通事故的概率较大，所占比例高。由此，二次事故的频发和其导致的严重后果值得人们探讨研究。

6.4.1.2 二次事故的特点

高速公路二次事故除了事故本身具有的因果性、偶然性、必然性、规律性、潜在性、再现性、预测性等特点外，还具备以下三个明显的特点。

(1) 耦合性。高速公路二次事故与一次事故（车辆自身引发意外事故）有直接的相关性，其后果往往比一次事故严重，损失更大。因为一次事故通常是单一的因素引起的交通事故。由于处理不及时，在车流量较大、道路环境复杂等情况下，驾驶人未及时采取有效的救援措施，而出现不安全的应急行为，存在多因素耦合，导致二次事故的发生。这种情况，通常是一次事故车辆停在公路上，而后边车辆驾驶人未及时获悉事故信息而避让不及撞击事故为多[5]。

(2) 阻滞性。高速公路二次事故经常出现后车正侧面撞击，冲击力大，事故破坏性大，事故现场波及范围更大，救援难度大，影响到的车辆、人员较多，出现高速公路阻滞，甚至大面积瘫痪，严重影响交通。客观上也存在着道路急变陡坡地段或雨雪雾等恶劣天气中，过往车辆的驾驶人反应不及时、采取措施不力，也往往引发多车连续相撞和群死群伤等恶性重特大事故[6,7]。

(3) 时间性。高速公路二次事故的发生与一次事故的发生时间间隔约为6min。也就是说，当车辆出现事故（或故障）停留在车道内开始，若没有按规范要求操作（如设置警示标识、撤离人员等），约经过6min后，该车辆会被后续车辆碰撞而产生二次事故，时间间隔非常短。因此，在当今高速公路交通运输非常繁忙的情况下，发现有车辆出现事故停留在车道内，就应快速通知事故车辆撤离，并做好二次事故发生的防范工作。关于高速公路二次事故研究，有关专家学者已有较多的研究成果，对其成果进行梳理，主要有两类。一类是从预警技术来研究的，如李婵娟提出建立二次预警的BP神经网络预警模型，研究预警信息发布方法[5]。刘艳设计出一款交警或高速路政人员便携的自动超速告警系统，预防二次事故发生[8]。解文博等在研究传统的高速公路警示牌放置时容易被过来车辆撞击的危险，提出应设计一种车载警示系统，在车辆出现碰撞事故时，该系统会自动发出强烈的光线，起到远距离警示的效果[9]。另一类是从安全管理角度提出解决方法，如：杨松研究了一种隧道异常情况预警、二次事故预防和应急联动处置功能的综合预警系统，以实现预防并减少二次事故的发生[10]。徐秀芹认为高速公路二次事故的原因是交警安全管理不力，协调能力弱，应建立事故预警系统[11]。胡源则针对高速公路二次事故中的卡车比例、超速行驶、应急操作不当及恶劣天气等四方面制定了预防措施，提出了高速公路的二次事故预警体系，实现预防二次事故的目的[12]。

综上所述，已有的研究是从预警技术和管理方法着手的。预警技术的研究，有利于警示驾驶人而避免出现不安全行为，以实现预防二次事故发生的目的。但由于运输车辆的分散性和车辆组织的不确定性，导致这些预警技术的应用很难在短时间内实施。因为整个高速公路处于一个封闭的系统运行之中，道路、车辆以及交通设施相对固定，而车辆的运动是随着驾驶人的运行操作变化而变化的，从行为安全角度，监管层如何对运输车辆出现不安全行为时进行及时干预，对车辆组织进行严厉追责，以及对驾驶人的不安全行为进行处罚等都联合起来进行系统的分析研究则应是一个新的课题。高速交警部门作为监管组织，对境内所辖运行车辆应该制定严谨科学有效的措施，来实现预防或减少二次事故的发生。

6.4.1.3 二次事故的危害

高速公路上发生交通事故后，由于事故现场的人员、车辆、抛洒物及救援设备等与途经车辆发生作用而导致再次发生的事故即为高速公路二次事故[13]。其危害主要有以下几点。

(1) 高速公路二次事故和一次事故有直接的相关性，其后果往往比一次事故严重，影响较大。

(2) 危害性大。由于二次事故经常出现正面追击，冲击力大，事故破坏性大，事故现场波及范围更大，影响到的车辆、人员较多，容易造成道路大面积瘫痪。此外，救援难度也会增大。

(3) 目前在我国境内高速公路，二次以上交通事故大多发生在急变陡坡地段或雨雪雾等恶劣天气条件下，司机反应不及时造成采取措施不力往往引发多车连续相撞和群死群伤等恶性重特大事故。

6.4.1.4 二次事故案例

【案例一】 2018 年 8 月 10 日晚，杨某驾驶的小轿车在杭州湾环线高速行驶，右后轮忽然爆胎，车辆与中央护栏发生刮擦，之后停在了第一车道并占用部分第二车道。发生事故后，驾驶员杨某第一时间不是撤离车上人员和报警，而是下车给保险公司打电话。10min 左右后，另一辆车从第一车道行驶过来，直接撞上了杨某停留在此的轿车，造成车内尚未撤离现场的杨某母亲死亡。

此案例中致使死亡事故产生的直接原因为后车未及时发现前方事故车辆形成追尾的二次事故，间接原因为杨某在初次事故发生后的错误操作，首先给保险公司打电话，并未及时联系交警并转移事故车辆上人员至安全地带，贻误了救援程序的实施，导致死亡的严重结果，其根本原因还在于杨某高速交通法律法规意识淡薄，出现紧急情况处理时显示出其知识匮乏、意识欠缺等较差的基本素养。这件事故也充分印证了上述二次事故致因分析中的三个重要因素，案例的结果也说明了在各个原因指标的表现上，与统计分析结果的高度吻合。

6.4.2 高速公路二次事故预防方法

高速公路二次交通事故的预防不仅需要人们对二次事故严重程度的认知警觉，更需要合理完备的预防机制的支撑。所以，如何建立健全高速公路二次交通事故预防机制，尽可能缩短初次事故的处理时间和减少初次交通事故对车流影响已经成了亟待解决的问题。

以浙江为例，据高速交警对浙江高速公路二次事故的统计研究，初步形成"1315"模式预防机制，该机制针对高速交警及救援力量，致力于建立适合于高速公路发展规模的交通事故信息响应策略，快速、准确反应，优化联动反应机制，提高高速交警及救援单位的响应速度与救助能力，预防二次事故的发生，最大限度减少事故造成的损伤危害，实现快速救助、减少伤亡和损失的目的。以下为"1315"模式预防机制具体内容。

(1)"1"，根据公安部规定及浙江省高速公路交通状况，高速交警需在一次事故发生后1min之内出警，自我加压及时响应，占得救援行动的先机；

(2)"3"，根据要求，接警人员需在3min之内对事故当事人进行询问和监督，指挥当事人撤离至安全地带，并做好相关防护措施，此为避免二次事故发生的关键一步；

(3)"15"，根据要求，出警人员需在接到出警指令15min以内到达事故现场，控制事故发生地带，保证救援通道，指挥该地带交通并快速实施处理、救援程序，将二次事故发生概率降至最低。

"1315"模式预防机制的构建是高速交警及其他救援力量为响应高速公路事故发生后二次事故预防的重要举措，着重体现高速交警的快速反应和指挥，以及为其他各部门提供救援保障，避免二次事故发生的高效、准确应对策略。该机制对及时给予交通事故中的人员救助，实现快速救援，减少伤亡，尽快排除车辆堵塞，恢复高速公路通行能力，减少经济损失和负面社会效应具有重要的现实意义。

"1315"模式预防机制的构建对二次事故的防范具有极强的现实指导意义，

以下通过对典型二次事故案例的应用分析，体现该机制对二次事故预防的作用效果。

【案例二】 2018 年 8 月 17 日下午 17 时 04 分左右，高速交警绍兴支队指挥中心接到一个报警电话，一辆轿车抛锚在 G15W 高速三门方向 212K 处，车辆无法移动，占超车道，车上有 5 人。指挥中心接到报警电话后，立即嘱咐报警人开启双跳灯和设置三角警示牌，并一再强调所有人员迅速撤离至右侧护栏外。随后指挥中心立即调取事发路段监控，发现该车 5 名司乘人员并没有转移，而是全部在超车道上停留，还通过不断挥手示意后方车辆避让，川流不息的车辆随时都有可能撞上去，处境十分危险。指挥中心发现情况后，马上打电话给报警人，嘱咐他迅速将所有人员撤离至右侧安全地带。在指挥中心民警的再三劝说下，5 名司乘人员终于全部安全撤离至右侧护栏外。就在他们撤离后不到 6min，一辆飞驰而来的轿车重重地撞上了抛锚车，如果此时这 5 名人员还停留在超车道上，后果将不堪设想。事后当事人非常感激高速指挥中心及时引导他们撤离至安全地带。

美国统计学家海因里希统计分析美国 7.5 万起伤害事故的原因后得出结论：88%的事故是由人的不安全动作导致的[14]。两起事故均为高速公路二次事故的典型，事故中车辆在第一或第二车道上发生故障无法移动时，两位当事人采取截然不同的应对方式，有着生与死的结果导向。如此看来，“1315”模式预防机制的启动不仅依靠政府公安部门的快速响应，更需要高速驾乘人员的积极配合这一先决条件，只有这样，该机制才会发挥最大功效，遏制二次事故的发生及其带来的严重后果，及时给予事故当事人救助，处理事故并完成救援行动。

6.5 工程车辆盲区事故案例分析

6.5.1 工程车辆盲区事故成因

所谓盲区，即设备操作人员的视线所看不到的地方，尤其是大型设备（但并非大型设备所特有），例如卡车，普遍存在盲区问题。非机动车或行人被卡车撞到的事故经常发生，而在这类事故发生以后，卡车司机往往要负主要责任，而导致卡车事故频发的原因中，卡车盲区因素占有很高的比例。毫无疑问，想要从根本上解决卡车事故频发问题，减少卡车盲区迫在眉睫。

从图 6-12 可以看到，卡车两侧和尾部的 D 区属于全盲区，被挡风玻璃 A 柱挡住视线所形成的 E 区同样也属于全盲区，这些区域都是卡车司机完全看不到的区域。国外一公司推出卡车转弯辅助系统，基于摄像头和雷达的主动探测系统，即当行人或其他道路使用者出现在卡车的盲点区域时，该款转弯辅助

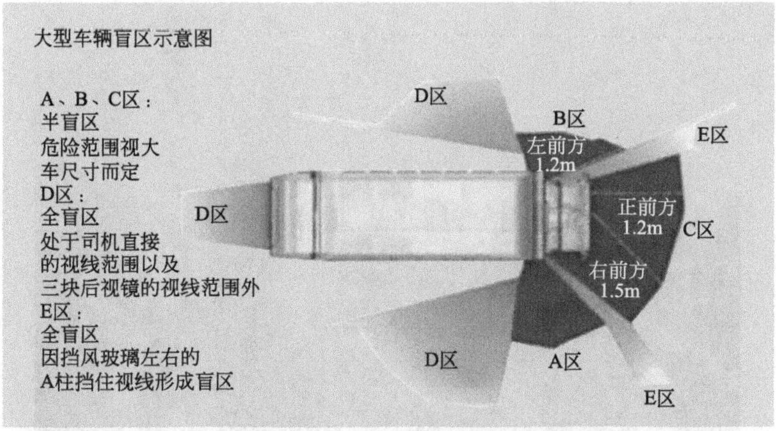

图 6-12 卡车司机视野盲区

系统会主动提醒驾驶员。国内上汽自主研发的视觉感知系统、激光雷达系统、毫米波雷达系统以及卫星和惯性导航组合系统，能够做到多维度、多方位精确感知前后各约 250m、左右各约 80m 范围内的行人、车辆、其他障碍物等。但目前仅在港口特定场景投入使用。除此之外，江铃在轻卡上应用的四路流媒体后视镜，能够同时录制前、后、左、右画面，同时随心关闭左和右两边画面，也可切换前后显示画面，避免驾驶员因盲区而导致交通事故。以上都是通过先进的技术在车辆上做改动以减少视觉盲区，目前也有不少城市在交通事故多发路口进行优化改造，比如上海喷涂红底黄字“右转危险区”警示标识，并配套增设右转弯指示信号灯，减少转弯车辆和直行非机动车之间的冲突。

6.5.2 工程车辆盲区事故案例分析——“11·9” G15 沈海高速台州段事故

（1）事故基本情况。2013 年 11 月 9 日 8 时 4 分许，武某某驾驶的皖 J13××× (皖 J11××挂) 号重型普通半挂车途径 G15 沈海高速公路往福建方向 1610km 加 900m 处时，尾随碰撞由黄某驾驶的从施工封闭区域驶出的豫 PA0×××号重型自卸卡车，致使豫 PA0×××号车碰撞中央护栏，同时皖 J13×××（皖 J11××挂）号车冲入施工区域碰撞摊铺机后再碰撞边护栏，造成武某某当场死亡。

（2）现场情况。如图 6-13、图 6-14 所示为事故现场状况。

（3）事故直接成因分析。当事人黄某在未注意观察后方来车的情况下，驾驶施工车辆从施工封闭区域内突然驶出，影响了正常行驶的机动车，是造成事故的主要原因。

图 6-13　事故现场（见文后彩插）

图 6-14　肇事车停车位置（见文后彩插）

（4）事故反映出的问题。该案是一起涉及施工的事故。事发路段为单向两车道路段，因路面摊铺施工封闭慢速车道，快速车道正常通行。事故当事人之一黄某系施工单位装载摊铺原料车辆驾驶人，事发前其驾驶豫 PA0×××号重型自卸卡车在施工封闭区域，后驶离封闭区域进入正常通行的快速车道，变更车道前后黄某始终未注意快速车道内社会车辆通行情况，导致后方车辆制动不及发生该起事故。经查，施工现场无交通组织、指挥、预警专职人员，施工车辆随意进出封闭区域，施工单位现场管理松懈，安全管理不到位。这一类的事故屡禁不止，不断发生，说明对施工管理存在重审批、轻管理，轻现场管理的问题没有得到根本的改变。

参考文献

[1] 浙江日报. 严惩开车玩手机，这次“出手”的为什么是浙江［EB/OL］. https://baijiahao.baidu.com/s? id=1636105858446117724&wfr=spider&for=pc.

[2] 新华网. 浙江警方启用高清监控严查开车打手机等违法行为［EB/OL］. http://www.xinhuanet.com/legal/2017-02/28/c_1120544118.htm.

[3] 浙江城镇网. 浙江已查处逾12万起开车玩手机行为引全国点赞［EB/OL］. https://town.zjol.com.cn/cstts/201907/t20190710_10557394.shtml.

[4] 中华人民共和国国务院. 中华人民共和国道路交通安全法实施条例［Z］. 2004.

[5] 李婵娟. 复杂路网环境下高速公路二次事故预警研究［D］. 西安：长安大学，2014.

[6] 孙永俊. 预防高速公路二次交通事故策略研究［D］. 西安：长安大学，2008.

[7] 张正科. 高速公路二次交通事故的预防策略探讨［J］. 西部交通科技，2011（01）：25-29.

[8] 刘艳. 高速公路二次事故预防便携式超速告警系统研究［D］. 长春：长春理工大学，2013.

[9] 解文博，张萌，刘丹妹. 高速公路二次事故预防的车载警示系统［J］. 智能城市，2018，4（12）：3-5.

[10] 杨松. 基于多普勒的公路隧道交通事件与二次事故预警系统研究［J］. 中国交通信息化，2016（9）：131-134.

[11] 徐秀芹. 高速公路二次事故预警系统研究［J］. 科学与财富，2011（4）：278-279.

[12] 胡源. 高速公路二次事故成因及其预防对策研究［D］. 哈尔滨：哈尔滨工业大学，2017.

[13] 林谋有，刘国满，盛敬，等. 高速公路二次交通事故预警指标研究［J］. 公路与汽运，2015（06）：53-56.

[14] 李振明，康家宁，苗建楠，等. 高速公路二次事故中驾驶人不安全行为原因分析［J］. 人类工效学，2019，25（06）：63-68.

第7章 卡车司机事故风险评估与预警方法

随着大数据、人工智能等技术的快速发展，为了预防事故，建立卡车司机不安全行为风险评估模型，设计卡车司机不安全行为预警系统，为防止卡车司机驾驶过程不安全行为的发生提供技术支撑。

7.1 卡车司机事故不安全行为风险评估模型构建

7.1.1 卡车司机事故数据挖掘现状

造成道路交通事故的主要因素包括人为因素、车辆状况、道路条件以及环境。有研究表明，绝大多数道路交通事故与人为因素有关[1-3]。因此，深入探究卡车司机的不安全驾驶行为规律，对于预防卡车事故具有重要意义。大量研究试图探索影响不安全驾驶行为的决定性因素。大多数文献集中于客观因素（如事故的时间和地点，车辆，道路和环境条件）对不安全驾驶行为的影响[4-8]。然而，企业安全对策和管理等积极因素对卡车司机不安全驾驶行为的影响往往被忽略。因此，一些学者开始关注主动因素与危险驾驶行为之间的关系[9-13]。与其他安全领域相比，学者们很少关注企业安全管理对危险驾驶行为的影响以及重要性。因此，很少有涉及企业安全管理层面或更深层次的社会系统因素的研究，并且仍然缺乏强有力的证据来证明安全管理可以有效减少不安全驾驶行为[14]。

除此之外，不安全行为在所有行业中普遍存在，但是由于学者的关注重点不同，对导致不安全行为的影响因素尚无统一的定论。与制造业、煤炭开采和建筑业不同，关于企业安全管理因素对卡车司机不安全行为影响的研究较少。尽管各个行业的特征差异很大，但有必要向其他行业学习，构建有关卡车司机不安全驾驶行为影响因素的指标体系。因此，基于其他行业相关文献，结合中国交通运输行业的特征（例如中国独特的车辆隶属体系或货运行业的集约化管理趋势[15,16]），确定卡车司机不安全驾驶行为全面的指标体系具有重要研究价值。

从研究方法的角度来看，统计回归模型或描述性统计分析是探索影响事故发生的各种决定性因素之间相关性的最广泛和成熟的方法。例如，有序概率回归模型[17-21]、多元回归模型[22]，以及基于 t 检验、卡方检验和比值比等的关联分析方法[23]，这些方法都是基于广义线性函数的某些特定假设分布。尽管这些传统的统计方法可以识别影响事故的各种因素之间的重要关系，但必须以有效的模型假设和适当的预定义关系式作为前提。而且，这些方法大多都假设因变量和自变量之间是线性相关，忽略了变量之间的相互作用效应和非线性因果关系。然而，大量研究指出，事故影响因素之间存在系统性的非线性关系。与传统的统计回归模型相比，机器学习方法更加灵活，无需任何假设，并且对大量复杂数据具有更大的适应性和处理能力[24]。近年来，各种各样的机器学习方法已广泛应用于交通安全领域[25]，例如人工神经网络（ANN）[26]、支持向量机（SVM）[27]、随机森林（Random Forest）[28]、关联规则分析（ARA）[29] 和决策树[30] 等。然而，单一机器学习模型获得的研究结论可能会存在一定的局限性，因此亟须基于多种模型的融合来构建更全面、可优化的分析框架。此外，当前的机器学习方法主要用于交通事故严重程度的分类研究以及事故影响因素的关联分析[31-33]，关于不安全驾驶行为的研究则相对较少。

因此，本节的目的是从指标建立和分类框架构建的两个方面出发，全面分析影响卡车司机不安全驾驶行为的主要因素。首先，为了充分探究主动性因素对不安全驾驶行为的影响，构建了卡车驾驶员危险驾驶行为影响因素指标体系，该体系包括六个一级输入维度：①个人信息；②车辆因素；③驾驶员心理；④道路环境；⑤企业安全管理；⑥法律法规。同时，确定了九种不安全驾驶行为作为输出指标。其次，基于以上提出的指标体系，基于多种机器学习算法和统计测试方法，构建了不安全行为的分类分析框架。通过整合机器学习和统计测试方法的优势，该分析框架有望充分利用卡车事故数据的潜在价值，并探索各种因素如何影响卡车司机的驾驶行为。

7.1.2 模型构建

传统的统计方法和机器学习方法都有其自身的优势和局限。因此，为了充分利用大量卡车事故数据的潜在价值，探讨各种因素对不安全驾驶行为的影响，现使用多种机器学习算法（CART、RF、AdaBoost、GBDT），构建一个预测卡车司机不安全驾驶行为的分类框架。该框架的主要目的是建立不安全驾驶行为的预测模型，并进一步分析各种影响因素之间的相关性，以实现卡车事故数据潜在规则的综合挖掘。这项研究的主要工作流程如图 7-1 所示：①数据收集和处理。基于所构建的指标体系，进行数据收集预处理。②建模。结合多种机器学习算法，对处理后的数据进行训练，生成分类模型。③输出。依据评价指标评估模型效果，并进行改进。

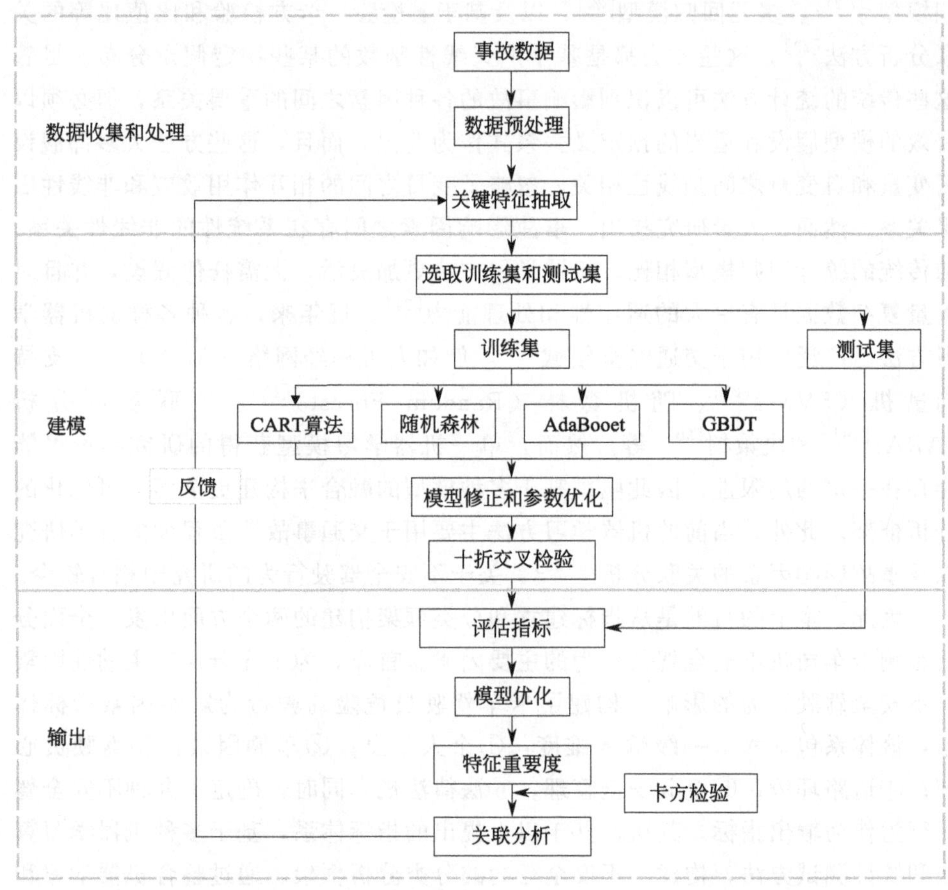

图 7-1 主要工作流程

7.1.2.1 不安全行为的要素组成

在道路交通安全方面，人、车辆、道路、环境和安全法规通常被视为影响交通事故的重要因素。学者们经常将这些因素引入道路安全风险评估中[34]。当涉及危险驾驶行为时，学者们通常只考虑客观因素对不安全行为的影响。但是，Hfrg（1995）和 Lawton（1998）指出，缺乏企业安全监管会严重影响到司机的安全行为。此外，在其他生产行业中，尽管学者们对导致工人不安全行为的关键因素持有不同的看法，但一些个人特征如年龄[35]、受教育程度、心理状况[36,37]等被普遍认为是影响不安全行为的重要因素。

除此之外，管理因素、法律法规、社会环境[38-40] 也对卡车司机驾驶行为产生着巨大影响。基于现有研究可知，卡车运输动态系统的组成如图 7-2 所示。

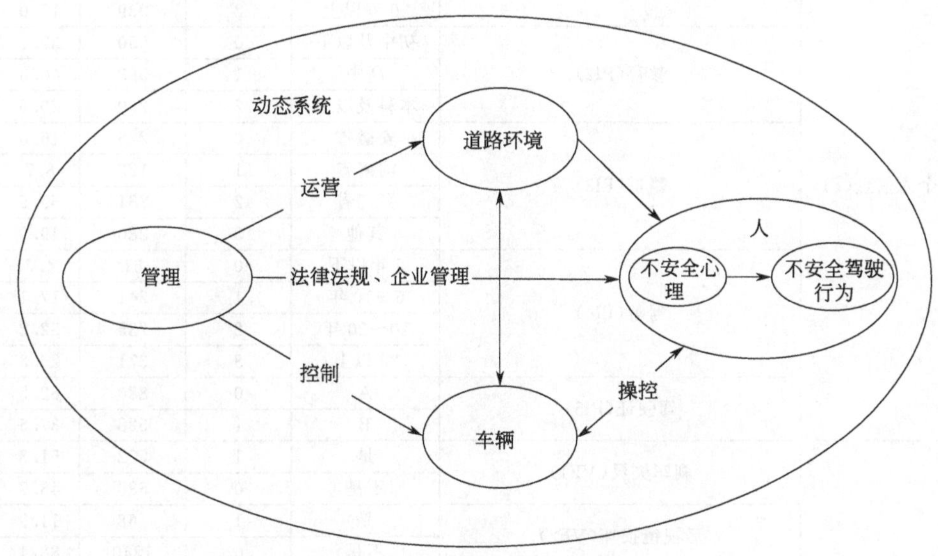

图 7-2 卡车运输动态系统

7.1.2.2 数据收集与预处理

（1）数据收集。指标确定之后，本书课题组在相关交通管理部门的协助下，从杭州市从事卡车驾驶的人员的全面调查中获得详细事故信息。该调查从 2018 年 10～12 月历时 3 个月，共有 2000 名卡车司机参加了问卷调查和访谈，最终获得了 1896 个有效样本。问卷调查的七个一级维度包括驾驶员的个人信息、车辆因素、司机心理、企业安全管理、道路环境、法律法规、不安全驾驶行为以及 64 个二级指标。在这项研究中，以个人信息、车辆因素、司机心理、企业安全管理、道路环境、法律法规 6 个一级维度（64 个二级指标）作为输入指标，9 种不安全驾驶行为是输出指标，即在事故调查中确定的导致事故的主要危险行为。

（2）数据预处理。为解决数据结构设计缺陷等问题，提高数据质量和可利用性，首先对原始数据进行筛选和预处理。因此，将错填、误填和异常值的样本移除或修复，最终选择了 1408 个可用样本。此外，对原始数据的结构进行了适当调整、整合和删除，还删除了一些样本频率过低的指标（例如，在中国极少有女性被雇用为卡车司机，因此剔除了性别因素）。最终，确定了六个一级输入维度（51 个二级输入指标）和一个一级输出维度（9 个二级输出指标）。筛选的输入指标如表 7-1 和表 7-2 所示。

表 7-1 预警模型输入指标

一级输入指标	二级输入指标和编号	描述	标签	频次/起	比例/%
个人信息(PI)	年龄(PI1)	小于 35 岁	0	233	16.5
		35～50 岁之间	1	936	66.5
		50 岁以上	2	239	17.0
	教育(PI2)	初中及以下	0	550	39.1
		高中	1	568	40.3
		本科及以上	2	290	20.6
	籍贯(PI3)	安徽省	0	225	16.0
		河南省	1	122	8.7
		浙江省	2	781	55.5
		其他	3	280	19.9
	驾龄(PI4)	5 年以下	0	61	4.3
		5～10 年	1	241	17.1
		10～20 年	2	735	52.2
		20 以上	3	371	26.3
	驾驶证(PI5)	A	0	880	62.5
		B	1	528	37.5
车辆因素(VF)	刹车失灵(VF1)	是	1	722	51.3
		不是	0	686	48.7
	后视镜损坏(VF2)	是	1	168	11.9
		不是	0	1240	88.1
	爆胎(VF3)	是	1	359	25.5
		不是	0	1049	74.5
	转向不足或转向过度(VF4)	是	1	166	11.8
		不是	0	1242	88.2
	配备超速或碰撞自动报警装置(VF5)	是	1	379	26.9
		不是	0	1029	73.1
	警报设备失效(VF6)	是	1	33	2.3
		不是	0	1375	97.7
	装载易燃易爆物品(VF7)	是	1	137	9.7
		不是	0	1271	90.3
	有害物质泄漏(VF8)	是	1	214	15.2
		不是	0	1194	84.8
	雨刮器损坏(VF9)	是	1	157	11.2
		不是	0	1251	88.8
司机心理(DP)	消极情绪(DP1)	是	1	357	25.4
		不是	0	1051	74.6
	极端情绪(DP2)	是	1	77	5.5
		不是	0	1331	94.5
	粗心大意(DP3)	是	1	621	44.1
		不是	0	787	55.9
	不熟悉路况(DP4)	是	1	384	27.3
		不是	0	1024	72.7
	侥幸心理(DP5)	是	1	185	13.1
		不是	0	1223	86.9

续表

一级输入指标	二级输入指标和编号	描述	标签	频次/起	比例/%
司机心理(DP)	速度攀比心理(DP6)	是	1	82	5.8
		不是	0	1326	94.2
	紧张(DP7)	是	1	66	4.7
		不是	0	1342	95.3
企业安全管理(ESM)	连续行驶4h以上(ESM1)	是	1	721	51.2
		不是	0	687	48.8
	被要求加班(ESM2)	是	1	507	36
		不是	0	901	64
	个人违规罚款未报销(ESM3)	是	1	231	16.4
		不是	0	1177	83.6
	大型卡车缺乏组织管理(ESM4)	是	1	166	11.8
		不是	0	1242	88.2
	未定期进行安全培训(ESM5)	是	1	352	25.0
		不是	0	1056	75.0
	领导者从不关心下属(ESM6)	是	1	126	8.9
		不是	0	1642	91.1
	驾驶前未进行安全交底(ESM7)	是	1	153	10.9
		不是	0	1255	89.1
	工作量与收入不成比例(ESM8)	是	1	177	12.6
		不是	0	1231	87.4
	司机被迫超载(ESM9)	是	1	262	18.6
		不是	0	1146	81.4
	安全管理体系不明确(ESM10)	是	1	140	9.9
		不是	0	1268	90.1
	未定期进行安全教育(ESM11)	是	1	460	32.7
		不是	0	948	67.3
	未定期组织开展安全活动(ESM12)	是	1	301	21.4
		不是	0	1107	78.6
	缺乏完整有效的安全管理体系(ESM13)	是	1	265	18.8
		不是	0	1143	81.2
	缺乏有效的监督机制(ESM14)	是	1	141	10.0
		不是	0	1267	90.0
	奖惩措施不完善(ESM15)	是	1	233	16.5
		不是	0	1175	83.5
	缺乏称职的管理团队(ESM16)	是	1	125	8.9
		不是	0	1283	91.1
	未制定完整的预防措施(ESM17)	是	1	153	10.9
		不是	0	1255	89.1
道路环境(RE)	结冰路面(RE1)	是	1	660	46.9
		不是	0	748	53.1
	大雾(RE2)	是	1	598	42.5
		不是	0	810	57.5
	对面车辆打开远光灯(RE3)	是	1	361	25.6
		不是	0	1047	74.4

续表

一级输入指标	二级输入指标和编号	描述	标签	频次/起	比例/%
道路环境(RE)	暴雨(RE4)	是	1	356	25.3
		不是	0	1052	74.7
	车外光线太暗(RE5)	是	1	111	7.9
		不是	0	1297	92.1
	地面泥泞而湿滑(RE6)	是	1	227	16.1
		不是	0	1181	83.9
	道路障碍物(RE7)	是	1	67	4.8
		不是	0	1341	95.2
	车外光线太强(RE8)	是	1	103	7.3
		不是	0	1305	92.7
法律法规(LR)	缺乏针对个体经营车辆的法律法规(LR1)	是	1	498	35.4
		不是	0	910	64.6
	缺乏严格的法律法规(LR2)	是	1	615	43.7
		不是	0	793	56.3
	由于高速公路收费过高，卡车司机选择超载(LR3)	是	1	560	39.8
		不是	0	848	60.2
	缺乏对挂靠车辆的管理(LR4)	是	1	268	19.0
		不是	0	1140	81.0
	燃料太贵(LR5)	是	1	125	8.9
		不是	0	1283	91.1

表 7-2　预测模型的输出指标

一级输出指标	二级输出指标	描述	标签	频次	比例/%
不安全驾驶行为	酒驾	是	1	418	29.7
		不是	0	990	70.3
	疲劳驾驶	是	1	279	19.8
		不是	0	1129	80.2
	毒驾	是	1	64	4.6
		不是	0	1344	95.4
	误操作	是	1	157	11.2
		不是	0	1251	88.8
	闯红灯	是	1	83	5.9
		不是	0	1325	94.1
	超速	是	1	121	8.6
		不是	0	1287	91.4
	视线受阻	是	1	303	21.5
		不是	0	1105	78.5
	随意变道	是	1	142	10.1
		不是	0	1266	89.9
	玩手机	是	1	142	10.1
		不是	0	1266	89.9

7.1.3 卡车事故风险评估模型构建

7.1.3.1 CART

决策树（Decision Tree，DT）分类算法有很多种，如迭代二分法（ID3）、C4.5、C5.0和分类与回归树（Classification And Regression Tree，CART）等，每种算法的主要区别在于它们选择特征的依据不同[41]。其中，ID3、C4.5、C5.0以信息熵为特征选择准则，CART以基尼系数为准则。此外，C4.5和C5.0是基于ID3的优化版本。

ID3和C4.5算法的核心是应用信息增益准则在决策树的每个节点上选择特征，并对每次信息增益最大的特征进行分割，递归地建立决策树。与C4.5相比，CART可以用于回归和分类。CART是对给定输入随机变量X的输出变量Y的条件概率分布进行机器学习的方法，CART假设决策树为二叉树，内部节点的特征为“是”和“否”，左分支为值为“是”的分支，右分支值为“否”的分支。这种决策树相当于将每个特征递归地二分，将输入空间（即特征空间）划分为有限个单元，并确定预测在这些单元上的概率分布，即给定输入条件下输出的条件概率分布。并以基尼系数作为数据纯度的定量指标，构造决策树。CART算法以基尼增长率作为分割属性选择的准则，选取最大的基尼增长率作为当前数据集的分割属性。

CART利用基尼（Gini）指数选择最优特征，确定特征的最优二值分割点。与C4.5算法相比，CART采用基尼指数代替信息增益比，具有更高的计算效率。同时，基尼指数代表了模型的杂质。基尼指数越小，杂质含量越低，特征越好。基于基尼指数的决策树分割原则如下：

$$\mathrm{Gini}_i = 1 - \sum_{k=1}^{n} p_{i,k}^2 \tag{7-1}$$

式中，k是一个特定的类（“是”或“否”）；i是第i个节点；n是类数；$p_{i,k}$是节点i中类k的训练实例的比例；Gini_i是节点i的混乱度，如果使用的所有训练实例都属于同一个类，则该节点是纯的（即$\mathrm{Gini}_i=0$）。

如何将样本分成两个子集？以样本集D为例，样本总数为$|D|$，然后根据特征A的某个值a（例如特征“负面情绪”的值“是”），将D分为$|D_1|$和$|D_2|$，CART算法试图最小化的代价函数如下：

$$\mathrm{Gini}(D,A) = \frac{|D_1|}{|D|}\mathrm{Gini}(D_1) + \frac{|D_2|}{|D|}\mathrm{Gini}(D_2) \tag{7-2}$$

一旦样本集被分成两部分，CART算法将继续使用相同的逻辑对子集进行划分，并循环进行，直到无法找到进一步的分割来减少混乱度，然后，算法将停止。

7.1.3.2 随机森林

随机森林（Random Forest，RF）是 Breiman（2001）提出的一种利用集成思想集成多个决策树的算法。RT 的本质属于集成学习，是机器学习的一个重要分支，通常使用 bagging 方法来训练数据。它通过形成多个独立学习和预测的弱分类器（决策树）来工作，并最终在这些预测的基础上做出最优预测，因此其分类性能优于每个弱分类器。RF 依靠其子分类器（子树）的投票决定最终的分类结果。RT 的具体生成过程如下。

（1）假设训练集的大小为 D，对于每个弱分类树（CART），从总数据集中随机选择 D 个训练样本（这种抽样方法称为 bootstrap 样本法），作为一棵树的训练集。

（2）如果每个样本的特征维数（二级指标个数）为 M，则指定一个常数 $m<M$，从 M 个特征中随机选择 m 个特征（二级指标）子集，每次拆分树时从 m 个特征中选择最优特征。

（3）在决策树生成过程中，每个节点按步骤（2）进行分割，每棵树最大限度地增长，不需要修剪；

（4）根据步骤（1）到步骤（3）建立大量的决策树，从而形成一个随机森林，最后将所有决策树的预测集合起来生成最优预测。

7.1.3.3 AdaBoost

AdaBoost[42] 是提升算法簇中最经典的算法。AdaBoost 也是一种集成算法，即将几个弱分类器组合成一个强分类器。与 RF 中使用的 bagging 方法不同，AdaBoost 的总体思想是循环训练分类器，并不断地使用新的分类器对前者进行修正，并对前者拟合不佳的训练实例赋予更大的权重。然后用新的加权值训练新的分类器，使得加权值不断更新，因此新分类器越来越关注其中的难点问题。而且，循环不断向前推进。具体算法流程如下：

（1）初始化样本权重，每个实例的权重 $w^{(i)}$ 初始值为 $1/m$；

（2）分类器训练实例完成后，计算分类器的加权错误率如下：

$$r_j = \sum_{\substack{i=1 \\ \hat{y}_j^{(i)} \neq y_j^{(i)}}}^{m} w^{(i)} \Big/ \sum_{i=1}^{m} w^{(i)} \tag{7-3}$$

（3）然后计算分类器的权重：

$$\alpha_j = \eta \lg \frac{1-r_j}{r_j} \tag{7-4}$$

(4) 对于$i=1, 2, 3, \cdots, m$，更新实例权重，即提高分类效果不佳（分类错误）的实例权重：

$$w^{(i)}=\begin{cases} w^{(i)} & (\hat{y}_j^{(i)} \neq y_j^{(i)}) \\ w^{(i)}\exp(\alpha_j) & (\hat{y}_j^{(i)} \neq y_j^{(i)}) \end{cases} \tag{7-5}$$

(5) 使用更新权重，训练新的预测器，然后重复整个过程。当达到指定数量的分类器时，算法停止。

7.1.3.4 GBDT

梯度提升决策树（Gradient Boosting Decision Tree，GBDT）是 Breiman（1997）首先提出的。与 AdaBoost 一样，GBDT 也是通过不断训练新的分类器来修正旧的分类器。然而，不同之处在于，新的分类器不是通过迭代来调整实例权重，而是与前一个分类器的残差相匹配。以数据集$\{(x_1, y_1), (x_2, y_2), \cdots, (x_i, y_i)\}$，$i=1, 2, \cdots, n$为例，GBDT 的完整算法过程如下：

(1) 初始化第一个弱分类器$f_0(x)$：

$$f_0(x)=\lg\frac{P(Y=1|x)}{1-P(Y=1|x)} \tag{7-6}$$

式中，$P(Y=1|x)$是训练样本中$Y=1$的比率，先验信息用于初始化分类器。

(2) 对于已建立的M个分类回归树，$m=1, 2, \cdots, M$。

(a) 对于$i=1, 2, \cdots, N$，第m棵树的残差由式(7-7)计算：

$$r_{m,i}=-\left[\frac{\partial L(y_i, F(x_i))}{\partial F(x)}\right]_{F(x)=F_{m-1}(x)}=y_i-\frac{1}{1+e^{-F(x_i)}} \tag{7-7}$$

(b) 对于$i=1, 2, \cdots, n$，通过将数据$(x_i, r_{m,i})$与 CART 回归树拟合，得到第m个回归树，其对应的叶节点面积为$R_{m,j}$，其中$j=1, 2, \cdots, j_m$，并且j_m是第m个回归树的叶节点数。

(c) 对于j_m叶节点区域，计算最佳拟合值：

$$c_{m,j}=\frac{\sum_{x_i\in R_{m,j}} r_{m,i}}{\sum_{x_i\in R_{m,j}}(y_i-r_{m,i})(1-y_i+r_{m,i})} \tag{7-8}$$

(d) 强分类器$f_m(x)$由式(7-8)更新：

$$f_m(x)=f_{m-1}(x)+\sum_{j=1}^{j_m} c_{m,j} I(x\in R_{m,j}) \tag{7-9}$$

(3) 最终强分类器$f_M(x)$是：

$$f_M(x)=f_0(x)+\sum_{m=1}^{M}\sum_{j=1}^{j_m}c_{m,j}I(x\in R_{m,j}) \tag{7-10}$$

7.1.3.5 模型整定与参数优化

在决策树的建立过程中，数据容易过度拟合，导致模型泛化能力较差。造成数据过度拟合的原因有样本数据质量差及决策树构造方法不合理等。因此，有必要对模型参数进行优化，以实现决策树的特征选择和剪枝，从而提高分类器的性能和泛化能力。为了获得可靠的优化参数，本书采用十折交叉检验与网格搜索相结合的方法来搜索最优参数设置，以最大限度地提高模型的泛化能力。参数包括 max _ depth、max _ leaf _ nodes、min _ samples _ Splits 以及 n _ Estimators 等。

7.1.3.6 输出

(1) 模型评估。分类任务的典型评价指标有准确性（Accuracy）、精确性（Precision）、召回率（Recall）和 F1 值（F1-score）等[41]。这些指标的计算基于混淆矩阵，如表 7-3 所示。表 7-3 中的假阳性（FP）表示实际阴性但预测为阳性的样本数，真阴性（TN）表示实际阴性且预测为阴性的样本数，真阳性（TP）表示实际阳性且预测为阳性的样本数，假阴性（FN）表示实际为阳性但预测为阴性的样本数。

表 7-3　混淆矩阵

混淆矩阵		真实值	
		是	否
预测值	是	真阳性(TP)	假阳性(FP)
	否	假阴性(FN)	真阴性(TN)

这四个评估指标的表达式如下：

$$\text{Accuracy}=\frac{\text{TP}+\text{TN}}{\text{TP}+\text{TN}+\text{FP}+\text{FN}} \tag{7-11}$$

$$\text{Precision}=\frac{\text{TP}}{\text{TP}+\text{FP}} \tag{7-12}$$

$$\text{Recall}=\frac{\text{TP}}{\text{TP}+\text{FN}} \tag{7-13}$$

$$\text{F1}=\frac{2\times\text{Precision}\times\text{Recall}}{\text{Precision}+\text{Recall}} \tag{7-14}$$

公式中各符号含义与表 7-3 内容对应。

准确度（Accuracy）是指正确分类的样本占样本总数的比例，是分类问题中最直观、最直接的评价指标，但也存在明显的缺陷。当不同类别的样本比例非常不平衡时，比例较大的类别往往成为影响准确率的最关键因素。精确性（Precision）是指所有预测的阳性样本中实际为阳性样本的百分比，反映了模型对阴性样本的区分能力。精确性越高，模型识别阴性样本的能力越强。召回率（Recall）是指预测阳性样本在所有实际阳性样本中所占的百分比，反映了模型识别阳性样本的能力。F1 值是精确性和召回率的调和平均值，是两者的结合。F1 值越高，模型越稳健。

（2）特征重要度。由于数据集中的每一个特征对不安全驾驶行为的影响程度不同，因此探索具体的不安全行为最重要的影响特征对于进一步认识和预防危险行为具有重要意义。因此，以 RT 和 Gini 指数为分析工具，对每个特征的重要性进行评价，筛选出重要性最高的特征进行排序。

（3）关联分析。为了进一步探讨最关键特征与具体不安全驾驶行为之间的关系，基于筛选出的关键特征，采用卡方检验和优势比（OR）分析这些因素与不安全行为的相关性。卡方检验用于检验两个或多个分类变量是否相关，以及揭示每个指标如何影响不安全驾驶行为的风险。OR＞1 表示不安全驾驶行为的风险因该影响因素而增加，与不安全驾驶行为呈正相关；OR＜1 表示该影响因素降低了不安全驾驶行为的风险，与不安全行为呈负相关；OR＝1 表示两者之间没有相关性。

7.1.4 卡车司机行为安全模型应用效果

总共将 1408 个处理过的样本数据放入分析框架。以表 7-1 中的六个维度作为输入，表 7-2 中的 9 个不安全行为作为输出，可以预测每个输出的类别（“是”或“否”），并进一步探讨了导致不安全驾驶行为的因素分布。

7.1.4.1 模型评估

在模型性能方面，以疲劳驾驶的预测效果为例，采用十折交叉检验对 4 个分类模型（CART、RT、AdaBoost 和 GBDT）的性能指标（准确性、精确性、召回率和 F1 值）进行评分。根据图 7-3 可知，GBDT 在准确性方面表现最佳，其对疲劳驾驶行为的预测准确性达到 80%，其次是 RT 的 77%和 AdaBoost 的 74%。相比之下，DT 的性能最差，为 71%。从精确性、召回率和 F1 值方面来看，RT 具有最佳性能，表明 RT 构造的分类模型具有最强的泛化能力。其中，召回率越高，从所有样品中识别疲劳驾驶的不安全行为的能力越强。根据召回曲线，RT 可以识别约 68%的疲劳驾驶行为。精度越高，所有疲劳驾驶的预测结果中实际疲劳驾驶的百分比就越高。精度曲线显示，RT 预测的疲劳驱动的 70%是准确的。但是，在大多数情况下，经常无法同时实现高精度和查全率。因此，为了达到最佳平衡，引入了 F1 值，这是 Precision 和 Recall 的综合指标。F1 值越高，模型越稳健，综合性能也越好。同样，通过 F1 值曲线可知，RT 的 F1 值最高，表明 RT 的泛化能力最好。

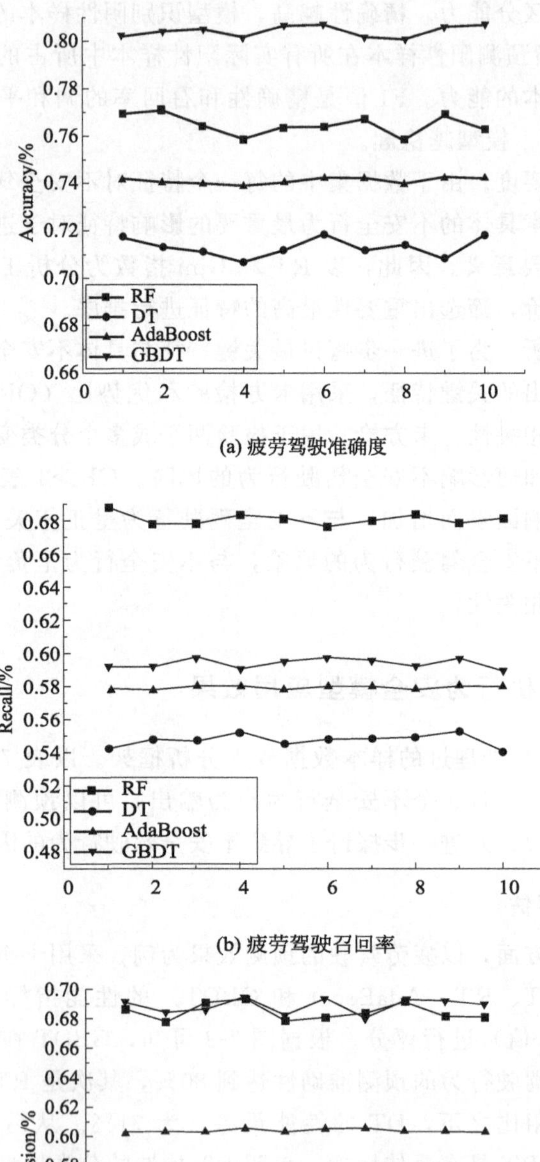

(a) 疲劳驾驶准确度

(b) 疲劳驾驶召回率

(c) 疲劳驾驶精确度

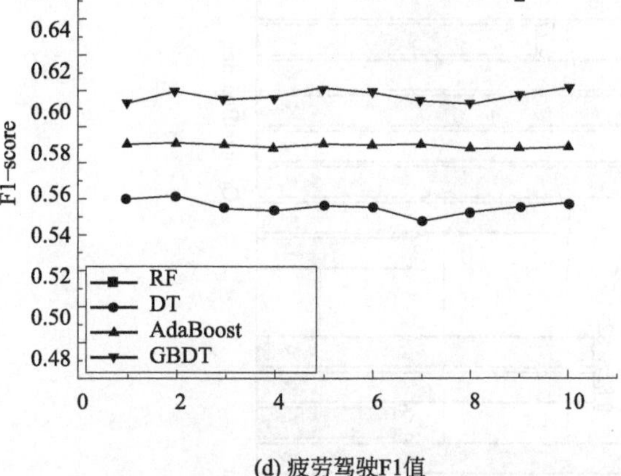

(d) 疲劳驾驶F1值

图 7-3 四种分类器对疲劳驾驶行为的预测效果

然而，仅通过准确性来评估模型的质量是不可靠的，还需要引入 Precision、Recall 和 F1 值进行综合评估，并且通常后者（Precision，Recall 和 F1 值）具有更好的参考价值。考虑到 F1 值是 Precision 和 Recall 的综合指标，并且为了使结果更简洁明了，在本研究中，Accuracy 和 F1 值这两个指标主要用于评估模型对 9 个指标（不安全驾驶行为）的预测性能。两个指标的得分越高，模型泛化能力越强。如图 7-4 所示，分别预测了针对 9 种不安全驾驶行为的每个分类模型（CART，RT，AdaBoost，GBDT）的准确性和 F1 值。综合评估表明，RT 在准确性和 F1 值方面表现最好，这意味着分类性能是最好的。因此，基于 RT 模型筛选主要影响特征。

7.1.4.2 影响因素分析

基于 RT 模型和 Gini 指数，选择了对 9 种不安全行为影响最大的前 15 个特征。从图 7-5 可以看出，不同的不安全驾驶行为的影响因素明显不同。此外，所有指标的重要性如图 7-6 所示。显然，有些指标表现很突出，例如 VF1、VF5、DP6、RE1 等。此外，某些危险行为的曲线很平缓，而其他一些危险行为的曲线却波动很大，揭示了不同危险行为的特征是不同的。

表 7-4 显示了六个一级维度对于九个不安全行为的权重大小。同样，不同不安全行为的影响因素比例也大不相同。例如，车辆因素是影响四种不安全驾驶行为的最重要因素，例如疲劳驾驶、误操作、闯红灯和随意变道；安全管理因素是导致酒驾，视野盲区和打手机的主要因素；驾驶员的心理因素与毒驾和超速最紧密相关。

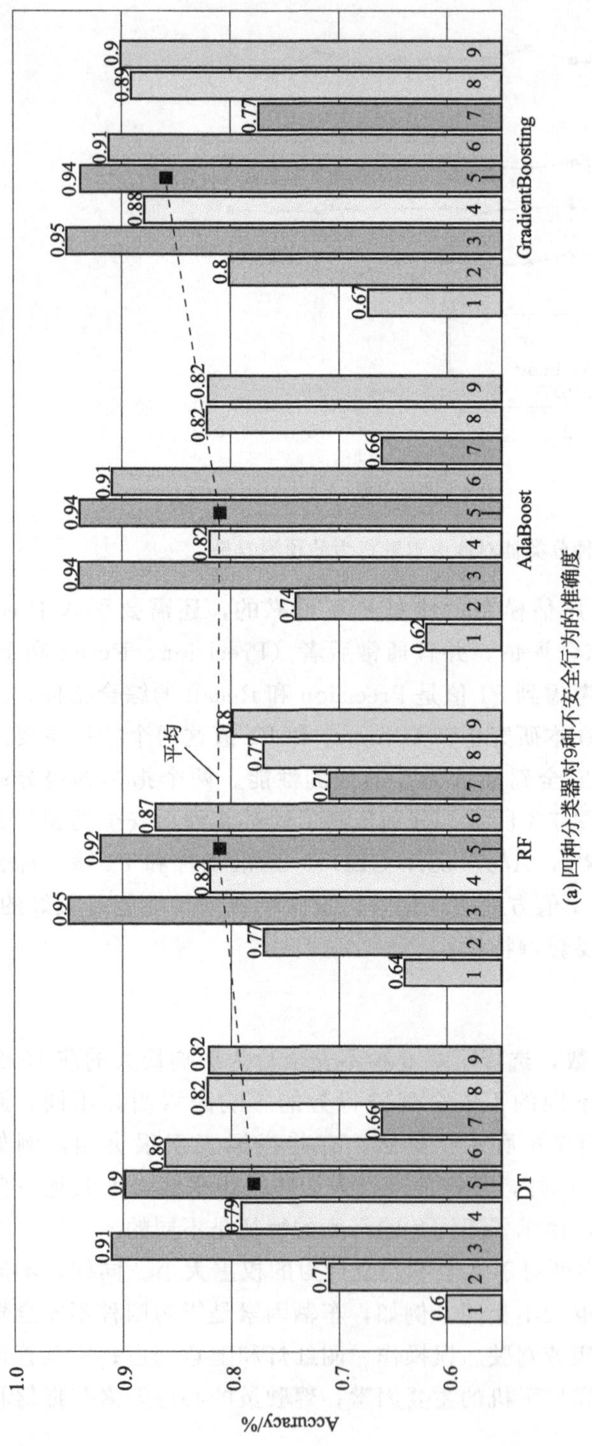

(a) 四种分类器对9种不安全行为的准确度

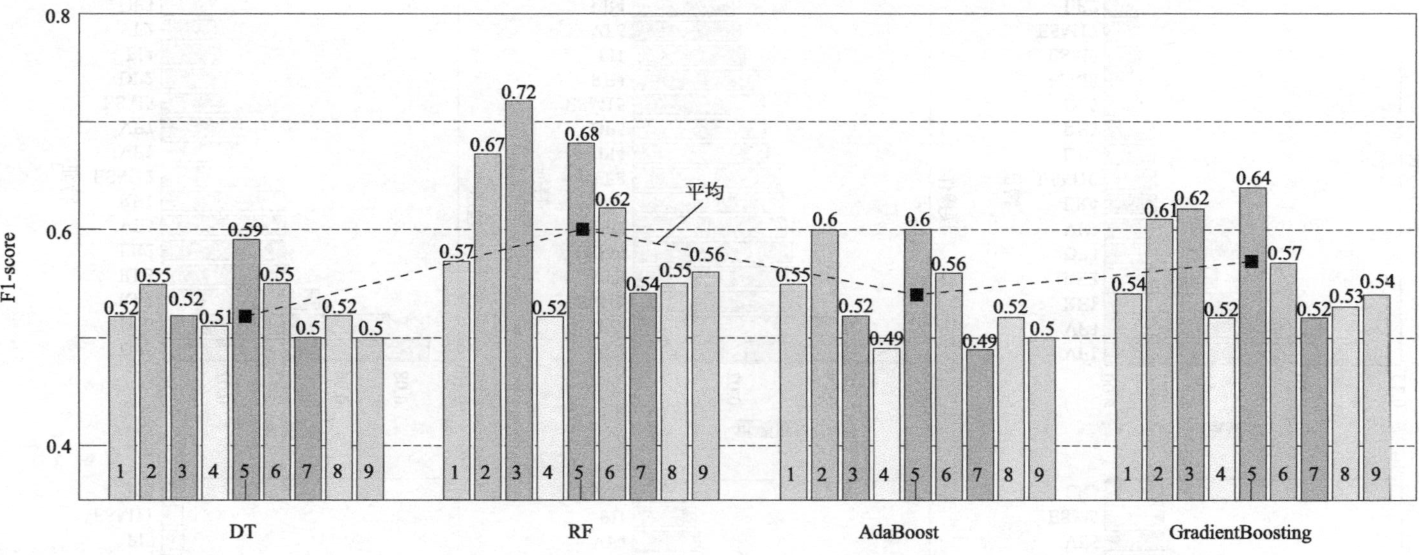

(b) 九种不安全行为的四个分类的F1值

图 7-4 九种不安全行为的四种分类的准确度和 F1 值

图中 1～9 分别为酒驾、疲劳驾驶、毒驾、误操作、闯红灯、超速、视野盲区、随意变道、打手机

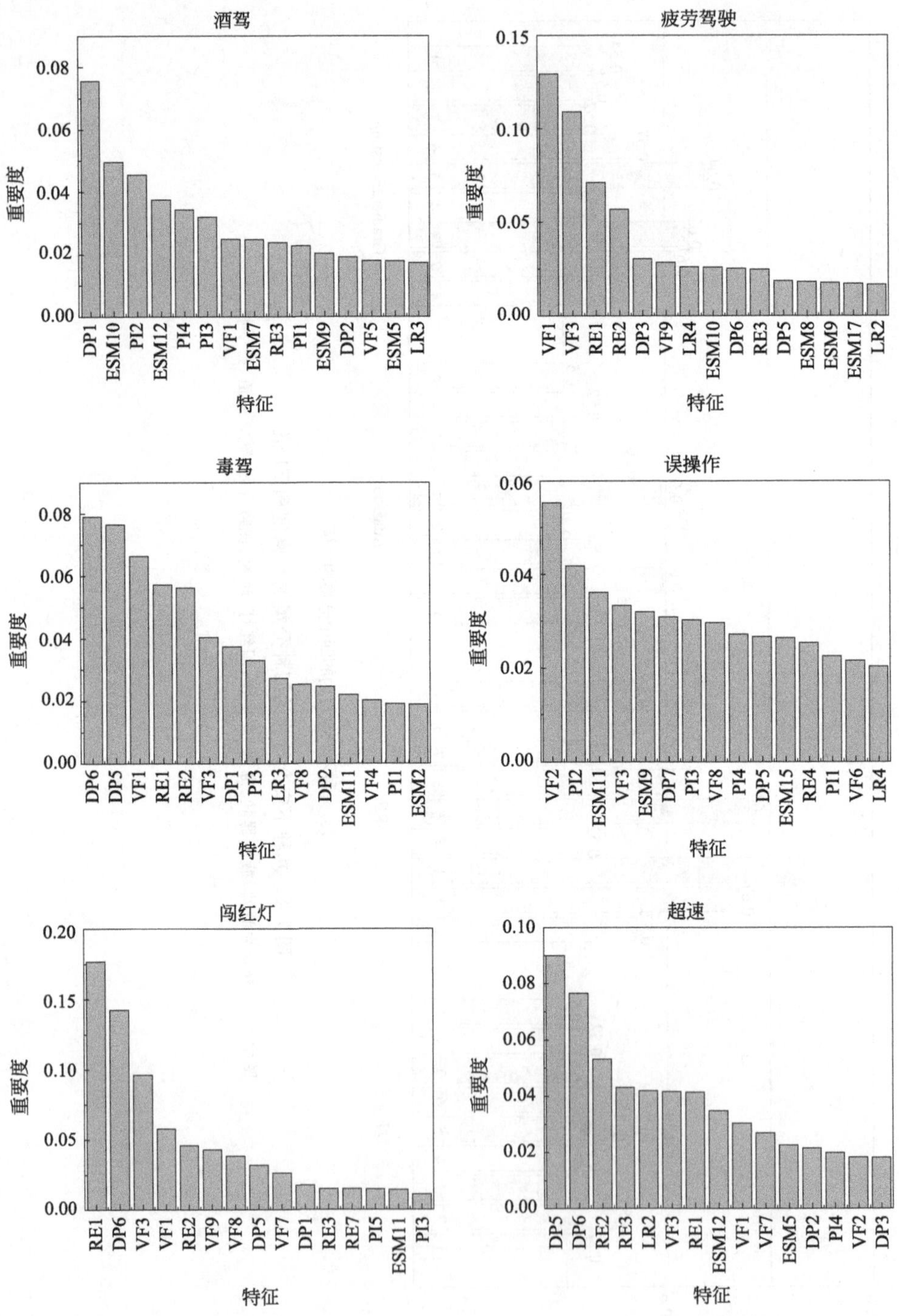
酒驾
重要度
0.00
0.02
0.04
0.06
0.08
DP1
ESM10
PI2
ESM12
PI4
PI3
VF1
ESM7
RE3
PI1
ESM9
DP2
VF5
ESM5
LR3
特征
疲劳驾驶
重要度
0.00
0.05
0.10
0.15
VF1
VF3
RE1
RE2
DP3
VF9
LR4
ESM10
DP6
RE3
DP5
ESM8
ESM9
ESM17
LR2
特征
毒驾
重要度
0.00
0.02
0.04
0.06
0.08
DP6
DP5
VF1
RE1
RE2
VF3
DP1
PI3
LR3
VF8
DP2
ESM11
VF4
PI1
ESM2
特征
误操作
重要度
0.00
0.02
0.04
0.06
VF2
PI2
ESM11
VF3
ESM9
DP7
PI3
VF8
PI4
DP5
ESM15
RE4
PI1
VF6
LR4
特征
闯红灯
重要度
0.00
0.05
0.10
0.15
0.20
RE1
DP6
VF3
VF1
RE2
VF9
VF8
DP5
VF7
DP1
RE3
RE7
PI5
ESM11
PI3
特征
超速
重要度
0.00
0.02
0.04
0.06
0.08
0.10
DP5
DP6
RE2
RE3
LR2
VF3
RE1
ESM12
VF1
VF7
ESM5
DP2
PI4
VF2
DP3
特征

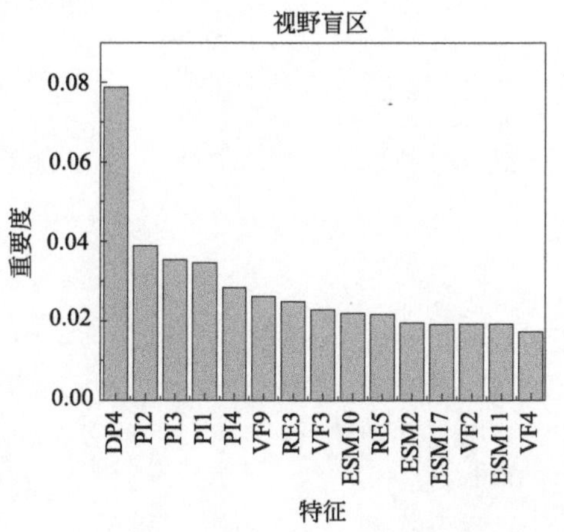

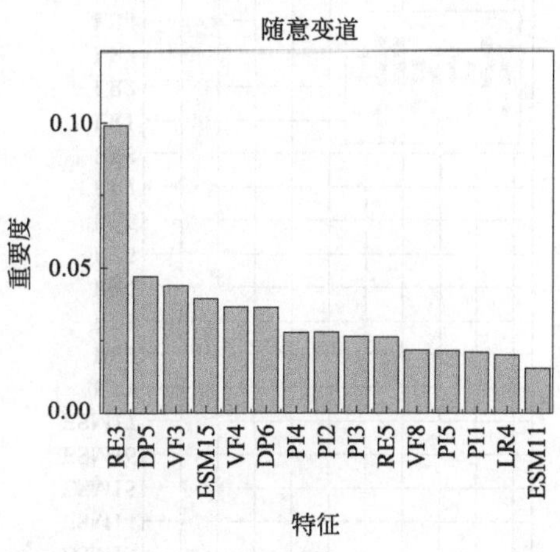

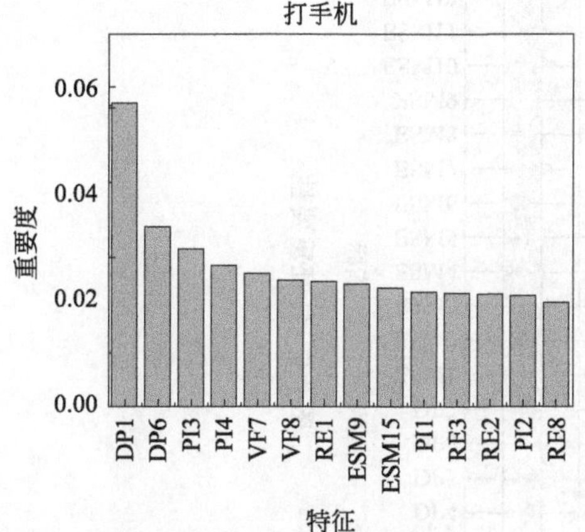

图 7-5 特征重要性排序

表 7-4 一级指标的重要性

项目	PI	VF	DP	ESM	RE	LR	总计
酒驾	0.17(3rd)	0.19(2nd)	0.17(3rd)	0.30(1st)	0.12	0.05	1.00
疲劳驾驶	0.10	0.35(1st)	0.11	0.18(3rd)	0.21(2nd)	0.06	1.00
毒驾	0.13	0.22(2nd)	0.25(1st)	0.17(3rd)	0.16	0.06	1.00
误操作	0.16(3rd)	0.27(1st)	0.13	0.25(2nd)	0.13	0.06	1.00
闯红灯	0.06	0.31(1st)	0.22(3rd)	0.10	0.30(2nd)	0.02	1.00
超速	0.09	0.20(3rd)	0.24(1st)	0.18	0.22(2nd)	0.07	1.00
视野盲区	0.18	0.21(2nd)	0.14	0.25(1st)	0.18(3rd)	0.05	1.00
随意变道	0.15	0.23(1st)	0.14	0.21(2nd)	0.21(2nd)	0.05	1.00
打手机	0.15	0.22(2nd)	0.16	0.24(1st)	0.17(3rd)	0.07	1.00

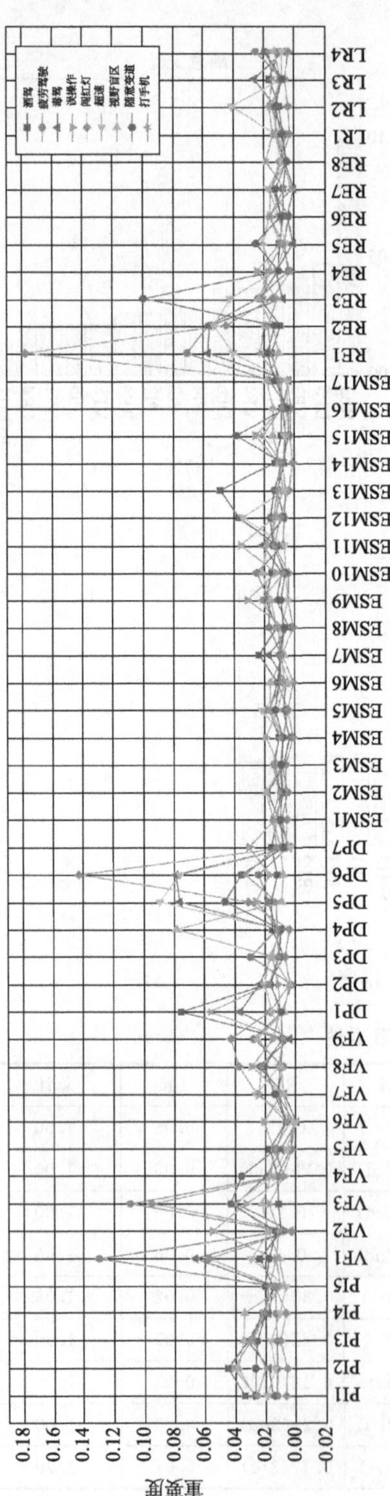

图 7-6 特征重要性

7.1.4.3 相关分析

RT 模型使用 Gini 指数获得的特征重要性旨在揭示每个指标对模型分类性能的重要程度。在某种程度上，它反映了各种指标对不安全行为的不同影响。但是，特征重要性不能完全反映指标与风险行为之间的相关性，不能判断指标是正面还是负面影响。因此，使用卡方检验和比值比（OR）进一步分析了危险驾驶行为与 15 个选定特征之间的相关性。以疲劳驾驶为例，如表 7-5 所示，如果 $P<0.05$，则表明特征与疲劳驾驶之间存在显著相关性；如果 OR 值大于 1，则表明存在特征因素会增加疲劳驾驶的风险；如果 OR 值小于 1，则表明该功能的存在会降低疲劳驾驶的风险。同时，通常需要将 OR 值与 95％置信区间（CI）结合考虑，并且 OR 是否有意义取决于 P（即 $P<0.05$）。此外，基于 OR 的指标的风险水平如图 7-7 所示。

表 7-5 重要特征相关性分析，以疲劳驾驶为例

特征	卡方检验		OR	95％置信区间	
	χ^2	P		下限	上限
刹车失灵	73.13	0.000	3.43	2.56	4.59
爆胎	99.00	0.000	3.86	2.93	5.10
路面结冰	38.80	0.000	2.32	1.77	3.04
大雾	58.41	0.000	2.81	2.14	3.68
粗心大意	33.44	0.000	2.18	1.67	2.84
雨刮器损坏	30.24	0.000	2.64	1.85	3.77
缺乏对挂靠车辆的管理	24.22	0.000	2.11	1.56	2.85
没有明确的管理制度	18.51	0.000	2.25	1.55	3.30
速度攀比	38.56	0.000	3.88	2.47	6.13
对面车辆打开远光灯	23.21	0.000	1.97	1.49	2.61
侥幸心理	38.47	0.000	2.78	3.00	3.89
工作量与收入不相称	6.80	0.009	1.61	1.12	2.31
雇主强迫车辆超载	23.28	0.000	2.09	1.54	2.84
未建立完善的预防措施	23.74	0.000	2.41	1.68	3.47

7.1.4.4 讨论

（1）分类模型的预测性能。从图 7-3 和图 7-4 可以看出，尽管预测 9 种不安全行为的准确性有所不同，但总的来说，GBDT 在这方面表现最佳，平均准确度为 86％，其次是 RT 和 AdaBoost 模型，平均准确度为 81％。相反，DT 的性能最差，平均准确度为 78％。此外，引入 F1 值来评估四个分类器的泛化性能和稳定性。在 F1 值方面，RT 表现最好，GBDT 和 AdaBoost 排名第二，DT 表现最差，这意味着 RT 具有更好的泛化能力和防止不安全行为的现实意义。因此，在下面的特征重要性评估中，主要使用 RT 模型。

OR值

	PI1	PI2	PI3	PI4	PI5	VF1	VF2	VF3	VF4	VF5	VF6	VF7	VF8	VF9	DP1	DP2	DP3	DP4	DP5	DP6	DP7
打手机	0	0	0	0	0	0	1.68	1.81	1.8	0	2.47	2.02	2.08	1.63	2.55	2.73	0	0	1.92	4.84	2.55
随意变道	0	0	0	0	0	0	1.77	2.29	2.71	0	0	2.08	2.08	2.05	0	2.97	0	0	2.91	4.24	2.31
视野盲区	0.71	0	0	0	0	0	1.77	1.64	1.63	1.43	0	0	0	2.11	0	0	0	2.01	1.61	0	0
超速	0	0	0	0	0	2.13	2.08	3.13	2.24	0	0	2.73	2.4	2.7	2	3.61	1.64	0	5.07	8.35	2.5
闯红灯	0.56	0	0	0	2.06	2.98	2	4.34	2.96	0	0	3.53	3.51	3.41	2.96	3.28	0	0	4.53	17.19	4.46
误操作	0	1.47	0	0	0	0	2.52	0	0	0	4.21	0	2.03	0	0	1.85	1.4	0	2.2	2.4	3
毒驾	0.45	0	0.5	0	2.23	6.2	3.12	5.35	4.37	0	0	3.37	4.52	2.35	4.1	5.7	0	0	9	18.58	3.7
疲劳驾驶	0	0	0	0	1.76	3.43	0	3.86	2.25	0	0	2.81	1.84	2.64	1.67	0	2.18	1.47	2.79	3.89	2
酒驾	0	0.69	0.7	0	0	1.5	0	0	0	0	0	0	0	0	2.15	1.64	0	0.71	1.41	1.83	2.05

	ESM1	ESM2	ESM3	ESM4	ESM5	ESM6	ESM7	ESM8	ESM9	ESM10	ESM11	ESM12	ESM13	ESM14	ESM15	ESM16	ESM17	RE1	RE2	RE3	RE4	RE5	RE6	RE7	RE8	LR1	LR2	LR3	LR4
打手机	0	0	0	0	1.56	0	0	0	1.77	0	1.48	1.76	1.54	0	0	0	1.9	1.85	1.54	1.67	1.83	2.12	1.75	2.5	2.34	0	0	0	0
随意变道	0	0	0	0	1.74	0	0	0	0	0	0	0	0	0	1.92	0	2.01	1.68	1.49	2.26	0	2.76	0	2.76	0	0	0	0	2.01
视野盲区	1.38	0	0	0	0	0	0	1.52	1.43	1.72	1.35	0	0	0	1.56	0	1.61	0	0	1.63	1.51	1.94	1.59	2.13	1.64	0	0	0	0
超速	0	1.66	0	0	1.82	0	2.09	0	0	1.93	1.51	2.29	1.55	2.18	0	0	1.96	2.29	2.48	2.67	1.86	2.6	1.82	3.69	2.67	0	2.44	0	1.6
闯红灯	0	0	0	0	0	0	2.64	0	2	2.31	2.47	2.08	1.83	0	0	0	2.25	8.2	3	2.49	1.74	2.82	2.4	4.37	3.4	0	1.57	0	1.92
误操作	0	0	0	0	0	0	0	0	0.46	0	0	0	0	0	2.19	0	0	0	0	0	1.87	0	1.5	0	0	0	0	0	0
毒驾	0	2.38	0	0	0	0	2.68	0	2.79	2.44	2.8	1.86	2.75	3.25	0	0	2.19	5.58	4.33	2.06	2.25	0	2.7	0	2.82	0	1.82	1.76	1.86
疲劳驾驶	1.58	0	0	0	0	0	2.18	1.61	2.09	2.26	1.4	1.43	1.45	1.84	0	0	2.41	2.32	2.81	1.98	1.42	1.72	0	2.92	1.57	0	1.79	0	2.11
酒驾	0	1.27	0	0.65	0	0	1.67	0	1.42	0	0	1.61	1.61	0	0	0	0	0	0	0.76	0	0	0	0	0	0	0	1.5	0

图 7-7　指标风险等级

(2) 影响不安全驾驶行为的因素。首先，针对毒驾、闯红灯、超速三种不安全驾驶行为的 RT 分类精度达到 90%以上，其中毒驾的准确性最高，达到 95%。不安全驾驶行为（例如疲劳驾驶，误操作，视野盲区，随意变道和打手机）的预测准确性范围为 70%～90%。但是，酒驾的预测准确性相对较低，约为 65%；就 F1 值而言，RT 在预测疲劳驾驶、毒驾和闯红灯方面表现最佳，F1 值达到 67%以上，这意味着 RT 分类器可以更好地识别三种不安全驾驶行为。因此，预防和控制这三种危险行为具有重要的现实意义。

相比之下，其余六个不安全驾驶行为的 F1 值大多分布在 50%～60%之间。通过结合这两个指标，可以得出结论，RT 分类器对不同的不安全驾驶行为具有不同的识别效果。例如，无论是基于“准确性”还是“F1 值”，RT 都能预测疲劳驾驶、毒驾及闯红灯。相反，识别酒驾的能力相对较弱。至于为什么会出现这种现象，通过结合图 7-6 和图 7-7 的分析可以明显看出。从指标的重要性和风险水平可以看出，当涉及疲劳驾驶、酒驾、毒驾和闯红灯时，这些指标通常更加活跃，其重要性和风险水平也更加突出。那些难以预测的不安全驾驶行为可能具有以下特征：①从样本数据中选择的输入指标中存在更多不相关的特征。②这些危险行为的规律性相对较弱。因此，鉴于经常性的不安全驾驶行为，企业或管理部门应加强对高风险驾驶员的管理和控制，针对各种驾驶员可能发生的各种不安全驾驶行为采取针对性的预防措施。对于规律性较弱的不安全驾驶行为，由于隐蔽性高，应更加注意防止这些不安全行为。此外，可以收集更多相关的数据和信息，以加深对这些不安全行为的认识。

其次，在特征重要性方面，基于 RT，对影响不安全行为的每个二级输入指标的重要性进行了排序和筛选，因此选择了每种不安全驾驶行为的最重要的 15 个特征，如图 7-5 所示。通过分析功能重要性排名图，可以识别导致不安全行为的最关键因素。根据分析结果，可以为制定有针对性的措施提供参考。例如，就酒驾而言，这种行为最容易受到负面情绪的影响。因此，及时改善卡车司机的负面情绪可以有效地防止酒驾行为。此外，对于一级输入维度，计算了六个不安全行为的权重，如表 7-4 所示。一级指标的权重越高，其影响越大。不安全驾驶行为同样，以酒驾为例，安全管理维度占 30%，权重最高，这表明企业安全管理的疏忽将更容易导致员工酒驾。根据重要性排名可以看出，建立明确的管理体系，定期进行安全教育等可以有效地抑制酒驾。

最后，在相关性分析方面，基于以上筛选的关键特征，使用卡方检验和 OR 进一步分析了每个特征与不安全行为之间的相关性。如图 7-8 所示，尽管指标重要性和风险水平的分布略有不同，但它们可以帮助我们从不同角度了解卡车司机不安全驾驶行为的发生模式。一方面，指标的重要性在于确定对分类模型的预测性能有重大影响的指标，以帮助我们通过关注所选的重要指标来及时地预测或检测危险行为。另一方面，指标相关性和风险水平分析旨在探索指标与风险行为之间的具体定量关系，甚至确定指标是阳性还是阴性。

如图 7-7 和图 7-8 所示，我们得到了一些有用且出乎意料的结果，值得注

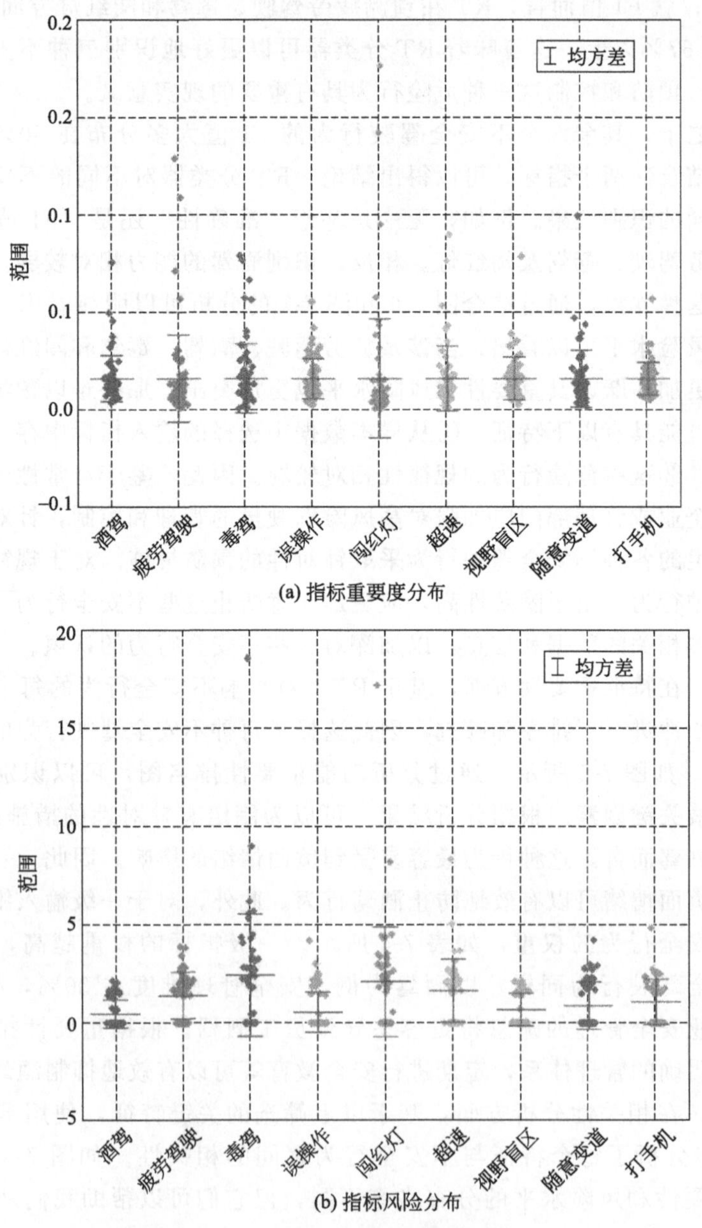

(a) 指标重要度分布

(b) 指标风险分布

图 7-8　特征重要性和风险水平分布

意，例如：①对于毒驾、闯红灯和超速驾驶，每个指示器的 OR 值通常为更高，或值更离散。这些危险行为与更多的指标相关联，并且与某些功能的相关性非常突出。例如，毒驾和 DP6，红灯和 DP6 以及超速驾驶和 DP5 都显著相关。结果表明，三种不安全驾驶行为更为规律。相反，无论在指标重要性或风险水平上，酒驾和视野盲区都没有明显的规律性，其相关特征相对较少，这表明这两种危险行为具有很强的隐蔽性，并某种程度上解释了预测性能差的原因。②有些指标对不同的行为有相反的影响。例如，较高的教育水平（PI2）将减少酒驾的风险，但很容易引起误操作；DP4 会大大增加疲劳驾驶和视野盲区的风险，但很少发生在因酒驾而引起的事故中；同样，EMS9 不利于大多数危险的驾驶行为，但可以有效减少误操作的风险。③随着年龄（PI1）的增加，危险驾驶行为（如毒驾，闯红灯和视野盲区）的风险将大大降低。仍然令人惊讶的是，驾驶经验（PI4）似乎对各种不安全驾驶行为都没有重大影响。④结合图 7-6 和图 7-7 可以发现，PI4，ESM3，ESM6，ESM16 和 LR1 是影响很小或没有影响的指标，可以将其删除以简化指标体系并提高计算效率的模型。相反，诸如 VF1，DP6，ESM13 和 RE1 等重要因素需要给予更多关注。⑤此外，卡车司机具有独特的人口和社会特征，加上中国独特的货运业组织机制，需要综合考虑各种因素对危险驾驶行为的影响。然而，根据上述文献综述，没有令人信服的证据来证明企业安全管理对卡车司机不安全驾驶行为的影响。因此，本研究着眼于差距，结果表明，安全管理和组织机制将对卡车司机的不安全行为产生更大的影响。特别是酒驾，视野盲区和打手机受 EMS 影响最大。

（3）管理含义。基于分析框架选择的多级指标可以用作评估驾驶员安全风险的指标。全面、准确地选择评估指标是对不安全驾驶行为进行可靠和科学分析的关键前提。本书首先根据先前的研究确定了 6 个一级输入指标，51 个二级输入指标和 9 个输出指标。此外，通过对分类框架的分析，对原始指标体系进行了循环优化，并筛选出最关键的指标。最后，实现了指标体系的准确性和可靠性，为相关企业或管理部门建立指标体系提供了实用参考（图 7-9）。

同时，在该框架的基础上，相关交通管理部门可以通过获取相关企业和驾驶员的各种信息，对卡车司机可能的危险驾驶行为进行风险评估，并识别高风险驾驶员最可能的不安全行为。结合不安全驾驶行为影响因素的重要性排序，采取及时的干预措施，将不安全驾驶行为的风险降至最低。它有助于实现从驾驶员信息收集，不安全行为预测到影响因素的最终深入分析的完整分析过程。

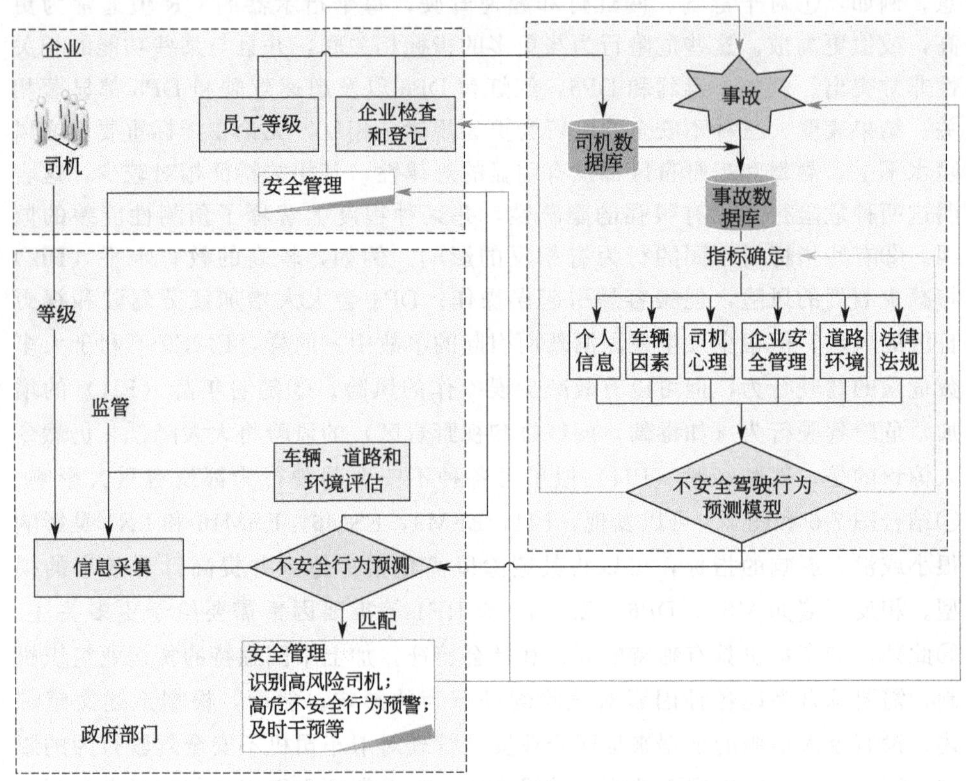

图 7-9　不安全行为预测模型应用参考图

7.2　卡车司机不安全行为预警系统设计

7.2.1　卡车司机不安全行为预警思路与系统架构

7.2.1.1　卡车司机不安全行为预警思路

为全面、准确地在第一时间发现卡车司机的不安全行为并及时发出预警提示，设计了卡车司机状态监测系统以识别常见的危险驾驶行为。

驾驶员行为安全预警设备是指安装在车辆上满足工作环境要求，具备疲劳驾驶报警、分神驾驶报警、吸烟报警、接打电话报警、不系安全带报警、驾驶员异常报警、摄像头遮挡报警等功能。该设备集成扬声器，可支持报警音频输出，用于疲劳驾驶报警、危险驾驶报警等功能的图像采集。主要技术规格要求：

（1）视频输出接口应满足在车载环境恶劣环境的稳定运行；

（2）支持防水雾、防尘、防抖、防振（满足商用车振动测试，视角无变化）。

7.2.1.2 卡车司机不安全行为预警系统架构

预警系统由盲区监测、ADAS、DBA（驾驶员行为监测）三部分组成（见图 7-10）。

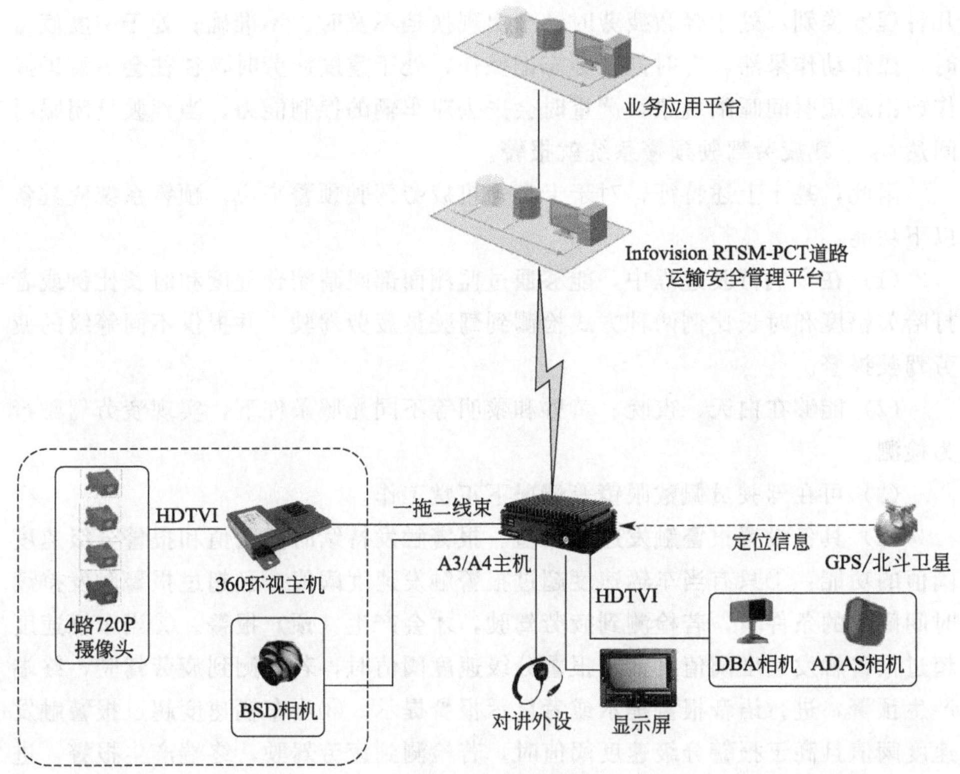

图 7-10 系统架构图

（1）盲区监测主要由右侧盲区监测摄像机组成，对进入盲区的车辆、行人等进行监测，并将视频实时推送到显示屏。BSD 摄像机可采取车前向后监测以及车后向前监测两种方案。

（2）DBA 摄像机主要实现对司机驾驶行为进行分析，ADAS 主要实现前车碰撞、车道偏离、车距过近、行人碰撞的智能监测及预警。

（3）道路运输安全管理平台接入主动安全系统车辆各类设备及关联定位、视频、报警等数据，基于基础数据对驾驶员进行刻画，对车辆轨迹进行查询，车载视频预览，车辆运行规律分析等。

7.2.1.3 疲劳驾驶预警

人是交通安全中最重要的因素，是交通安全的核心。在交通事故人的因素当中，疲劳驾驶占据主要地位。据统计，特大交通伤亡事故中，因疲劳驾驶造成的约占40%，疲劳驾驶对行车安全已构成了严重威胁。

驾驶疲劳，是指驾驶员在长时间连续行车后，产生生理机能和心理机能的失调，而在客观上出现驾驶技能下降的现象。驾驶人睡眠质量差或不足，长时间驾驶车辆，容易出现疲劳。为更好地发现疲劳驾驶行为，应了解疲劳驾驶的几种程度类别：处于轻微疲劳时，会出现换挡不及时、不准确；处于中度疲劳时，操作动作呆滞，有时甚至会忘记操作；处于重度疲劳时，往往会下意识操作或出现短时间睡眠现象，严重时会失去对车辆的控制能力，当驾驶员闭眼时间达2s车载疲劳驾驶预警系统就报警。

因此，基于上述特征，对于卡车司机疲劳驾驶预警来说，预警系统应具备以下功能：

(1) 在车辆行驶过程中，能够通过监测面部眼睛闭合程度和时长比例或者打哈欠幅度和时长比例两种方式检测到驾驶员疲劳驾驶，并提供不同等级的疲劳驾驶报警。

(2) 能够在白天、夜晚、黄昏和黎明等不同光照条件下，实现疲劳驾驶行为检测。

(3) 可在驾驶员佩戴眼镜等情况下正常工作。

(4) 具备设置报警触发速度阈值、报警触发持续时间阈值和报警分级速度阈值的功能：①只有当车辆速度超过报警触发速度阈值，且超过报警触发持续时间阈值的条件下，若检测到疲劳驾驶，才会产生（预）报警。②当车辆速度超过报警触发速度阈值且低于报警分级速度阈值时，若检测到疲劳驾驶，终端产生预警，进行语音报警提示或者显示报警提示。③当车辆速度超过报警触发速度阈值且高于报警分级速度阈值时，若检测到疲劳驾驶，终端产生报警，进行语音报警提示或者显示报警提示。④产生（预）报警时，终端应向平台发送疲劳驾驶报警信息，报警信息需包含日期、时间、地点、车辆速度、报警类别、报警级别、照片或视频。若报警级别为报警，则应向平台上传报警点至少包含驾驶员面部特征的照片和视频。

7.2.1.4 分神驾驶报警

在车辆行驶过程中，车载终端应能够通过视频的方式检测到驾驶员分神状态，长时间不目视前方3～6s，且当头的转向达到水平大于±30°或垂直大于±20°时产生分神警告，且具备以下功能：

(1) 能够在白天、夜晚、黄昏和黎明等不同光照条件下实现分神驾驶检测。

(2) 可在驾驶员佩戴眼镜等情况下正常工作。

(3) 能够区分车辆转向、驾驶员观察后视镜等情况与分神驾驶状态。

(4) 具备设置报警触发速度阈值、报警触发持续时间阈值和报警分级速度阈值的功能：①只有当车辆速度超过报警触发速度阈值，且超过报警触发持续时间阈值的条件下，若检测到分神驾驶，才会产生（预）报警。②当车辆速度超过报警触发速度阈值且低于报警分级速度阈值时，若检测到分神驾驶，终端产生预警，同时进行语音报警提示或者显示报警提示，并保存预警点至少包含车内驾驶员区域的照片。③当车辆速度超过报警触发速度阈值且高于报警分级速度阈值时，若检测到分神驾驶，终端产生报警，同时进行语音报警提示或者显示报警提示。④产生（预）报警时，终端应向平台发送分神驾驶报警信息，报警信息需包含日期、时间、地点、车辆速度、报警类别、报警级别、照片或视频。若报警级别为报警，则应向平台上传报警点至少包含驾驶员面部特征的照片和视频。

7.2.1.5 吸烟报警

在车辆行驶过程中，车载终端应能够通过接触或非接触的方式检测到驾驶员吸烟的行为产生报警，且具备以下功能：

(1) 能够在白天、夜晚、黄昏和黎明等不同光照条件下实现吸烟行为检测。

(2) 具备设置报警触发速度阈值、报警触发持续时间阈值和报警分级速度阈值的功能：①只有在当车辆速度超过报警触发速度阈值，且超过报警触发持续时间阈值的条件下，若检测到驾驶员吸烟行为，才会产生（预）报警。②当车速超过报警触发速度阈值且低于报警分级速度阈值时，若检测到驾驶员吸烟行为，终端产生预警，同时进行语音报警提示或者显示报警提示。③当车速超过报警触发速度阈值且高于报警分级速度阈值时，若检测到驾驶员吸烟行为，终端产生报警，同时进行语音报警提示或者显示报警提示。④产生（预）报警时，终端应向平台发送报警信息，报警信息需包含日期、时间、地点、车辆速度、报警类别、报警级别、照片或视频。若报警级别为报警，则应向平台上传报警点至少包含驾驶员面部特征的照片和视频。

7.2.1.6 接打电话报警

在车辆行驶过程中，车载终端应能够通过非接触的方式检测到驾驶员接打电话的行为产生报警，且具备以下功能。

(1) 能够在白天、夜晚、黄昏和黎明等不同光照条件下实现接打电话行为检测。

(2) 具备设置报警触发速度阈值、报警触发持续时间阈值和报警分级速度阈值的功能：①当车辆速度超过报警触发速度阈值，且超过报警触发持续时间阈值的条件下，若检测到驾驶员接打使用电话行为，才会产生（预）报警。

②当车速超过报警触发速度阈值且低于报警分级速度阈值时，若检测到驾驶员接打使用电话行为，终端产生预警，同时进行语音报警提示或者显示报警提示。③当车速超过报警触发速度阈值且高于报警分级速度阈值时，若检测到驾驶员接打使用电话行为，终端产生报警，同时进行语音报警提示或者显示报警提示。④产生（预）报警时，终端应向平台发送报警信息，报警信息需包含日期、时间、地点、车辆速度、报警类别、报警级别、照片或视频。若报警级别为报警，则应向平台上传报警点至少包含驾驶员面部特征的照片和视频，并上传至平台。

7.2.1.7 驾驶员异常报警

在车辆行驶过程中，终端检测到驾驶员异常时，应能产生驾驶员异常报警，并对驾驶员进行报警提示，同时保存报警点至少包含驾驶员区域的照片和视频，并向平台发送驾驶员异常报警信息，该报警级别默认为报警，报警信息需包含日期、时间、地点、车辆速度、报警类别、报警级别、照片。

7.2.1.8 驾驶员身份识别功能

终端应支持驾驶员身份识别功能：基于驾驶员面部抓拍功能，并将驾驶员面部图像或识别信息与车载终端存储的驾驶员信息进行比对，实现对驾驶员身份的识别确认。

且应具备以下功能：

（1）可根据车速阈值设定拍照动作；

（2）可根据时间阈值设定拍照动作；

（3）针对网络差等环境，终端应具备离线时驾驶员身份识别功能，识别在终端实现，报警待网络恢复之后上传平台。

7.2.1.9 摄像头遮挡报警

在车辆行驶过程中，车载终端能够通过视频的方式对当前设备摄像头被遮挡进行检测，进行报警。

在车辆行驶过程中，车载终端设备能够通过视频的方式识别到设备摄像头被遮挡或者驾驶员佩戴深色不透光墨镜，诊断车载终端设备无法正常识别到驾驶员或者驾驶员的眼部信息后，进行报警。

产生报警时，终端应向平台发送报警信息，报警信息需包含报警类别、报警时的抓拍图片和视频。

7.2.2 右侧盲区监测系统

盲区预警设备（BSD）是指安装在车辆上满足工作环境要求，通过摄像头监测车辆右侧盲区机动车、非机动车、行人等目标，在目标靠近时对驾驶员进行预警的车载设备。盲区预警设备应在包含晴天、雨雪天气、雾霾天气等在内的各类天气情况以及白天、黄昏、夜晚、黎明等不同时间、不同光照条件下工作。为提醒行人，车辆外部需要安装声光报警器装置。

主要技术规格要求：

（1）视频设备应满足在车载外部恶劣环境的稳定运行；

（2）支持防水雾、防尘、防抖、防振（满足商用车振动测试，视角无变化）。

7.2.2.1 盲区报警功能要求

盲区警告功能可参考 ISO 17387 标准[43]。

右侧盲区监测摄像机应安装于车辆右侧位置，可以在车辆右转或者变道时，实现右侧盲区监测要求：实时监测车辆右侧盲区至少 6m（纵向）×3m（横向）区域范围内的非机动车、行人，当监测到移动物体时，应及时通过警示提示音提醒驾驶员。同时通过车外声光报警器装置及时提醒车外行人。

7.2.2.2 右侧盲区监测摄像机安装要求

为满足实际使用场景，摄像机的安装位置应能防止车辆运行过程中的灰尘、雨水遮挡镜头，以及车辆举升车厢落物对镜头的破坏。

右侧盲区监测摄像机安装位置应符合如下要求：

（1）安装在车身右侧，高度至少在 2.5m 以上。

（2）至少应覆盖距离车身 6m（纵向）×3m（横向）的范围。

7.2.2.3 系统响应时间

整个系统的响应时间，从目标满足警告到发出有效报警指示的时间，不应超过 500ms。

整个系统的响应时间，从目标不满足报警到发出指示失效的时间，解除不应超过 1s。

7.2.2.4 识别准确率

驾驶员行为安全预警设备各项报警的识别准确率应符合《关于推广应用智能视频监控报警技术的通知》（交办运〔2018〕115 号）及其附件《道路运输车辆智能视频监控报警装置技术规范（暂行）》的要求。

7.2.3 工程车辆智能防撞预警系统方案与应用效果

车辆运行监测功能包括前车碰撞报警、车道偏离报警、车距过近报警、行人碰撞报警、盲区检测报警功能。

7.2.3.1 前车碰撞报警

在车行驶过程中，主动安全一体机能够通过视频图像监测的方式，针对潜在前撞状况，实现对前车识别和对驾驶员进行报警提示，同时保存报警点驾驶员面部特征照片和视频信息（图 7-11）。预警系统支持区分护栏、标志、桥梁等路边静止对象和正在同车道行进的前车、反向车道的车辆等功能；支持在双向弯道条件下，区分同向车道前车和反向车道车辆的功能。

图 7-11 前车碰撞报警（见文后彩插）

7.2.3.2 车道偏离报警

在行驶过程中，主动安全一体机通过视频图像监测的方式，探测车辆相对车辆边界的横向位置，当车辆处于报警临界线附近且没有操作相应的转向灯时，对驾驶员进行报警提示，同时保存报警点车外前部区域照片和视频信息。报警系统支持识别黄色和白色实线、虚线，支持识别双黄和双白实线、虚线，支持识别黄色和白色虚实线（图 7-12）。

图 7-12 车道偏离报警（见文后彩插）

7.2.3.3 车距过近报警

在行驶过程中，主动安全一体机通过视频图像监测的方式，探测前部车辆相对位置，当车辆与前部车辆车距过近且驾驶员没有采取刹车操作时，对驾驶员进行报警提示，同时保存报警点车外前部区域照片和视频信息（图 7-13）。

图 7-13 车距过近报警（见文后彩插）

7.2.3.4 行人碰撞报警

在车行驶过程中，主动安全一体机通过视频图像监测的方式，探测车辆前方和路侧行人，当车辆距离行人过近时，对驾驶员进行报警提示，同时保存报警点车外前部区域照片和视频信息（图 7-14）。系统能够在白天、夜晚、顺光、侧光、逆光、树荫阳光交替闪烁、车身震动等环境下实现对行人碰撞报警监测，支持对步行、跑步、下蹲、打伞等状态行人监测。

图 7-14 行人碰撞报警（见文后彩插）

7.2.3.5 盲区监测报警

在车行驶过程中，主动安全一体机通过视频图像监测的方式，探测车辆盲区，当车辆转向或者变道时，监测盲区的机动车、非机动车、行人等其他交通参与者时，对驾驶员提示报警信息（图 7-15）。

图 7-15 盲区监测报警

7.2.3.6 事后取证

全景视频通过环视主机拼接后形成一路 TVI 视频信号，可通过主机 4G 网络传输到后端平台或本地存储。当车辆发生紧急情况时，确保重要录像不丢失，有证可查。

7.3 卡车司机的社会安全影响分析

7.3.1 卡车司机的工作环境与家庭因素

经济压力大是卡车司机群体普遍面临的现实问题，尤其是私营车主，由于燃油、车辆维修及保养等各种费用昂贵，他们往往雇不起驾驶员，车主即司机增加了安全风险，这正是当前卡车司机群体所普遍面临的生存状况。然而就是这么庞大的群体，其艰难的生活处境却常被社会忽视。

然而，卡车司机的生存状况并非一直如此，从新中国成立直至 20 世纪 90 年代，卡车司机是一个令人羡慕的职业。当时卡车数量还较少，驾驶技术要求高，司机少。在普通人看来，卡车司机走南闯北、见多识广、报酬丰厚、家境富足，是一份令人羡慕和憧憬的职业。自 20 世纪 90 年代以来，由于入行门槛低等原因，大量劳动力涌入了道路运输行业，农村户籍占到了 3/4，初中文化水平的占到了一半以上。至今，中国已有近 3000 万的卡车司机，每天单次驾车平均时间为 7.8h，最长持续开车时间分布均值为 10.8h。其中，持续开车 12h 的占比最高，达 13.4%。这些司机承担着国内 70%以上的货物运输，他们的家属以及相关从业人员可能上亿，是一个庞大却经常被忽视的群体。

在激烈竞争的运输市场中，许多卡车司机被迫选择危险性更高、更辛苦但报酬更高的运输任务，风险更高、压力更大。高风险意味着高回报——如果卡车司机能够坚持一个人跑长途，即便在行情不好的今天，也能拿到较为可观的收入。但这太过于危险，尤其是对于已有家庭的中年司机群体来说，并不值得承担巨大的风险来运输作业。

在工作环境方面，卡车成为司机常年工作和生活的地方，甚至包括吃饭和睡觉，在这一狭小的空间内，其艰辛可想而知。然而对于大多中年卡车司机来说，当下和未来的保障才是他们所关注的核心问题，至于工作时间长、工作环境差已经不是他们这个年纪太在意的事情。

7.3.2 卡车司机的社会地位

卡车司机一年中有80%以上的时间行驶在路上，跑长途的时候基本上都是在车上睡觉、吃饭，一个月甚至几个月才能正常休息一次；50%以上的卡车司机患有颈椎病、腰病和胃病。然而，他们当中只有58.9%的人购买了保险。多数卡车司机睡眠质量差，有时甚至连睡觉的地方、时间都没办法保证。尤其各种偷油、盗窃等状况频发，卡车司机不得不随时提高警惕、加强防范，从而不得不在卡车上生活作息，也严重影响到了他们的睡眠质量，甚至面临着严重的精神压力。然而，这些场景对于卡车司机们已经习以为常。

当今，卡车司机已不再是令别人羡慕的工作。然而，除了收入来源和未来的养老焦虑，让卡车司机们最为关心和困扰的，还有社会地位。对于卡车司机而言，一年中绝大多数时间都在卡车上度过，长此以往，只能选择不回家、少社交，与外部世界脱节。与客车司机不同，他们只能与各种货物打交道，与他人交流机会少，而且卡车司机的工作更为繁重，空闲时间更为稀少。在休息时间，卡车司机往往以烟酒解乏，虽然在一定程度上起到解压作用，但更有损健康，长期下来往往疾病缠身。除此之外，不规律的工作、作息时间也严重影响到了身体健康，他们经常面临“一工作好几天不休息”的状况，很多卡车司机甚至称这是一份以消耗身体健康为代价的职业。

一方面，疲劳驾驶会令公路运输风险倍增；另一方面，大型卡车及多发的超载使得卡车车祸的严重程度极高。再谨小慎微、克己守法的卡车司机，都懂得一个最简单的道理：一年开10万公里的司机比1万公里开10年的司机风险大得多，然而，他们为了更高的收入，不得不选择承担更高的风险。

7.3.3 卡车司机的经济收入

卡车司机还会受到常人所无法想象的各种威胁——无人区的恐惧，自然灾害随时来袭，疲劳和基本生理需求的抑制，这些困扰让卡车司机身心疲惫。

就当前的道路运输政策和商业环境来看，从事卡车运输职业，社会地位比较低下；工作比较累，收入不高；受市场竞争激烈以及油价攀升、过路过桥费高的影响，卡车运输行业利润空间较小。不仅如此，还时常会受到车匪路霸的骚扰。但即便如此，在较高回报的诱惑下，在较大的经济压力下，依然有众多司机会选择超载、超限这种极度危险的行车方式。低风险和高回报往往难以兼得，甚至高风险也不一定得到高回报。因此，卡车司机群体生活、作业环境的改善还有很长的路要走。1998～2018年的20年间，其他行业的作业人员的平均月收入翻了近20倍，但近年来，卡车司机的收入却呈现持续下降的趋势，有一半以上年收入不到10万元，这样巨大的落差足以表明当今卡车司机的尴尬处境。

那些个体经营的卡车司机往往需要自己找业务、联系货主，面对的情况复杂。运费结算时货主拖欠费用的事情极为普遍，几乎每个自雇司机都遇到过。另外就是要面临各种从业证件要求，对于原本就文化程度不高的卡车司机来说，像道路从业资格证等的考取及资格审查是比较困难的。除此之外，国内物流成本过高，税费、路桥费太高，司机负担很大，加之某些乱收费等现象，往往压得卡车司机们喘不过气来，从而看不到发展前景和希望。

参考文献

［1］ Zhang B，Huang Y，Rau P P，et al. A study of Chinese truck drivers' attitudes toward feedback by technology［J］. Safety science，2006，44（8）：747-752.

［2］ Bener A，özkan T，Lajunen T. The Driver Behaviour Questionnaire in Arab Gulf countries：Qatar and United Arab Emirates［J］. Accident analysis and prevention，2008，40（4）：1411-1417.

［3］ Zhou T，Zhang J. Analysis of commercial truck drivers' potentially dangerous driving behaviors based on 11-month digital tachograph data and multilevel modeling approach［J］. Accident analysis and prevention，2019，132：105256.

［4］ Filtness A J，Hickman J S，Mabry J E，et al. Associations between high caffeine consumption，driving safety indicators，sleep and health behaviours in truck drivers［J］. Safety science，2020，126：104664.

［5］ Hassan H M，Shawky M，Kishta M，et al. Investigation of drivers' behavior towards speeds using crash data and self-reported questionnaire［J］. Accident analysis and prevention，2017，98：348-358.

［6］ Mannering F L，Bhat C R. Analytic methods in accident research：Methodological frontier and future directions［J］. Analytic methods in accident research，2014，1：1-22.

［7］ Radun I，Ohisalo J，Radun J，et al. Driver fatigue and the law from the perspective of police officers and prosecutors［J］. Transportation Research Part F：Traffic Psychology and Behaviour，2013，18：159-167.

[8] Murphy L A，Huang Y，Lee J，et al. The moderating effect of long-haul truck drivers'occupational tenure on the relationship between safety climate and driving safety behavior [J]. Safety science，2019，120：283-289.

[9] Arizon Peretz R，Luria G. Drivers' social-work relationships as antecedents of unsafe driving：A social network perspective [J]. Accident analysis and prevention，2017，106：348-357.

[10] Kudo T，Belzer M H. The association between truck driver compensation and safety performance [J]. Safety science，2019，120：447-455.

[11] Gehlert T，Hagemeister C，özkan T. Traffic safety climate attitudes of road users in Germany [J]. Transportation research. Part F，Traffic psychology and behaviour，2014，26：326-336.

[12] öz B，özkan T，Lajunen T. An investigation of the relationship between organizational climate and professional drivers' driver behaviours [J]. Safety Science，2010，48 (10)：1484-1489.

[13] üzümcüoğlu Y，özkan T. Traffic climate and driver behaviors：Explicit and implicit measures [J]. Transportation research. Part F，Traffic psychology and behaviour，2019，62：805-818.

[14] Mooren L，Grzebieta R，Williamson A，et al. Safety management for heavy vehicle transport：A review of the literature [J]. Safety science，2014，62：79-89.

[15] 中国卡车司机调研课题组传化慈善基金会公益研究院．中国卡车司机调查报告 No. 2——他雇 卡嫂 组织化 [M]．北京:社会科学文献出版社，2018.

[16] 中国卡车司机调研课题组传化慈善基金会公益研究院．中国卡车司机调查报告 No. 3——物流商·装卸工·女性卡车司机 [M]．北京:社会科学文献出版社，2019.

[17] Behnood A，Mannering F. Time-of-day variations and temporal instability of factors affecting injury severities in large-truck crashes [J]. Analytic methods in accident research，2019，23：100102.

[18] Chen F，Chen S. Injury severities of truck drivers in single- and multi-vehicle accidents on rural highways [J]. Accid Anal Prev，2011，43 (5)：1677-1688.

[19] Khorashadi A，Niemeier D，Shankar V，et al. Differences in rural and urban driver-injury severities in accidents involving large-trucks：an exploratory analysis [J]. Accid Anal Prev，2005，37 (5)：910-921.

[20] Schweitzer L，Brodrick C，Spivey S E. Truck driver environmental and energy attitudes - an exploratory analysis [J]. Transportation research Part D，Transport and environment，2008，13 (3)：141-150.

[21] Azimi G，Rahimi A，Asgari H，et al. Severity analysis for large truck rollover crashes using a random parameter ordered logit model [J]. Accident analysis and prevention，2020，135：105355.

[22] Ma J，Kockelman K M，Damien P. A multivariate Poisson-lognormal regression model for prediction of crash counts by severity，using Bayesian methods [J]. Accident Analysis & Prevention，2008，40 (3)：964-975.

[23] Khoshakhlagh A H，Yazdanirad S，Laal F，et al. The relationship between illnesses and medical drug consumption with the occurrence of traffic accidents among truck and bus drivers in Tehran，Iran [J]. Chinese Journal of Traumatology，2019，22 (3)：142-147.

[24] Tang J，Liang J，Han C，et al. Crash injury severity analysis using a two-layer Stacking framework [J]. Accid Anal Prev，2019，122：226-238.

[25] Hegde J，Rokseth B. Applications of machine learning methods for engineering risk assessment -

A review [J] . Safety science，2020，122：104492.

[26] Zhu M，Li Y，Wang Y. Design and experiment verification of a novel analysis framework for recognition of driver injury patterns：From a multi-class classification perspective [J] . Accident Analysis & Prevention，2018，120：152-164.

[27] Dawson D，Reynolds A C，Van Dongen H P A，et al. Determining the likelihood that fatigue was present in a road accident：A theoretical review and suggested accident taxonomy [J] . Sleep Medicine Reviews，2018，42：202-210.

[28] Farid A，Abdel-Aty M，Lee J. Comparative analysis of multiple techniques for developing and transferring safety performance functions [J] . Accident Analysis & Prevention，2019，122：85-98.

[29] Xu C，Bao J，Wang C，et al. Association rule analysis of factors contributing to extraordinarily severe traffic crashes in China [J] . Journal of safety research，2018，67：65-75.

[30] Tao D，Zhang R，Qu X. The role of personality traits and driving experience in self-reported risky driving behaviors and accident risk among Chinese drivers [J] . Accid Anal Prev，2017，99 (Pt A)：228-235.

[31] Kashani A T，Mohaymany A S. Analysis of the traffic injury severity on two-lane，two-way rural roads based on classification tree models [J] . Safety science，2011，49 (10)：1314-1320.

[32] Mirabadi A，Sharifian S. Application of association rules in Iranian Railways (RAI) accident data analysis [J] . Safety science，2010，48 (10)：1427-1435.

[33] Sohn S Y，Lee S H. Data fusion，ensemble and clustering to improve the classification accuracy for the severity of road traffic accidents in Korea [J] . Safety science，2003，41 (1)：1-14.

[34] 傅工范,方守恩．公路网安全评价指标体系研究 [J] ．中国安全生产科学技术，2006 (02)：34-38.

[35] Qiao W，Liu Q，Li X，et al. Using data mining techniques to analyze the influencing factor of unsafe behaviors in Chinese underground coal mines [J] . Resources Policy，2018，59：210-216.

[36] Peters R H. Strategies for encouraging self-protective employee behavior [J] . Journal of Safety Research，1991，22 (2)：53-70.

[37] Garc í a-Herrero S，Guti é rrez J M，Herrera S，et al. Sensitivity analysis of driver's behavior and psychophysical conditions [J] . Safety Science，2020，125：104586.

[38] Battmann W，Klumb P. Behavioural economics and compliance with safety regulations [J]. Safety Science，1993，16 (1)：35-46.

[39] Kvalheim S A，Dahl Ø. Safety compliance and safety climate：A repeated cross-sectional study in the oil and gas industry [J] . Journal of Safety Research，2016，59：33-41.

[40] Laurence D. Safety rules and regulations on mine sites - The problem and a solution [J] . Journal of Safety Research，2005，36 (1)：39-50.

[41] Mistikoglu G，Gerek I H，Erdis E，et al. Decision tree analysis of construction fall accidents involving roofers [J] . Expert systems with applications，2015，42 (4)：2256-2263.

[42] Freund Y，Schapire R E. A Decision-Theoretic Generalization of On-Line Learning and an Application to Boosting [J] . Journal of computer and system sciences，1997，55 (1)：119-139.

[43] ISO. Intelligent transport systems - Lane change decision aid systems (LCDAS) - Performance requirements and test procedures [S] . 2008.

第8章 卡车事故预防对策

卡车司机的不安全行为是导致事故频繁发生的最主要原因，驾驶行为又受各方面因素的影响，提高卡车司机的事故风险意识，及时预防交通事故的发生，这是全社会共同的责任。为此，从卡车司机的行为安全规范、组织监管层、卡车司机安全教育方法的改进、企业的安全文化建设等方面提出合理建议。

8.1 卡车司机行为安全规范

8.1.1 大型物流企业驾驶行为安全规范

受雇于物流企业是他雇司机中最主要的雇佣模式。与个体经营的卡车司机相比，受雇于企业，尤其是受雇于规模较大、管理较为规范的大型物流企业的卡车司机，其自由度明显较低，往往受到企业管理规定和制度的各种约束。但在另一方面，他们的工作任务和时间相对单一和固定，需要考虑的问题要比自雇卡车司机少得多（例如，联系货源、路线规划和车辆保养等），且他们享有更高的安全保障。此外，大型物流企业往往提供更全面的保险、培训，以及更丰厚的福利奖金，这也让他们获得了更多的归属感。

在中大型企业中，对车辆的调度是一项非常复杂的工作，企业调度系统对车辆的出车时间和路线都需有精准的把握。这也对司机运输的时效性提出了更高的要求。然而随着物流行业的快速发展，当前物流企业的现状是货多人少，这就使得卡车司机需要面临强度很大的任务要求。一般企业与货主签订的运输合同往往对时效有着较为严格的要求，而这些要求最后会导致卡车司机的工作量激增。

除此之外，物流公司还有许多其他管理规定，要求司机遵照执行，只有制度严格了，执行力有了，企业的安全管理水平才会提高，卡车司机的不安全行为就会得到有效的控制。现以某货运物流公司为例，叙述部分司机安全管理制度，示例如下。

[示例]

1. 货运车辆与司机的管理制度和奖罚制度

(1) 车辆由公司指定人员负责管理，公司根据司机全年工作表现，从司机产值、安全行车、维修费用、服务态度、客户意见等各方面全面考虑，对表现好的司机给予奖励，对表现差的司机按公司有关制度进行处罚。

(2) 车辆由公司指定驾驶员专用，其他人员未经批准不得驾驶，专车司机不能将车转借他人或其他单位使用，如有违反扣罚200元，造成后果由司机本人承担。

(3) 车辆除执行运输任务外，未经批准不得随便驶离指定的停车场，包括不得私自开车回家和办私事，任务完成后应及时将车辆开回指定的停车场，不准启动发动机在车内睡觉和卸货。以上如发现一次扣罚100元并追究责任，重犯要从严处罚。

(4) 车辆进出码头，均要遵守码头有关纪律、制度，限速为20km/h，若在厂装、卸货，均要遵守厂方的有关纪律、制度或行车指示，如有违反第一次追究责任，罚款并写检讨书，重犯者从严处罚。

(5) 司机每天按时上班，特殊情况除外（例如当天零时后收车者），不得无故旷工、迟到、早退。请假要事先通知管理人员，经批准后方可休息。否则，报公司从严处理。

(6) 司机不得向货主提出要小费、吃饭、住宿等，不得参与赌博、嫖娼等违法犯罪行为。否则，报公司处理和送交公安部门。

(7) 司机执行运输任务时，在外遇特殊情况或不幸发生事故，不论在何时何地必须马上通知公司领导或公司管理人员。

(8) 司机报销过桥费等必须要做到如实反映，不得弄虚作假、虚开发票收据，如发现经核实后要从严处理。

(9) 在目的地装卸货时不注意观察柜的破损情况，不及时要求客户签收，而给公司造成不必要损失的，第一次罚款50元，重犯者从严处罚。

(10) 开逢柜在厂卸货时不叫厂方装卸工盖好帆布和清洁干净柜的，每次罚款50元。

(11) 对公司要求过磅而不过磅的司机，每次罚款50元。

(12) 对故意不及时归还散货工具的每次罚款50元，对遗失随车工具的按工具购买单价赔偿。

2. 安全行车制度

(1) 司机必须积极参加安全学习会，进一步落实各项交通安全措施，加强安全行车意识。

(2) 司机必须严格遵守公安、交通运输部门所颁发的一切条例规定，严格按机动车驾驶操作规程行车，严禁将车辆交给无驾驶证人员驾驶。

（3）严格遵守交通规则，不能超速、乱抢道等违章行车。

（4）司机在上班时间内不能饮酒，严禁醉酒驾驶，开车时要集中精神。

（5）由货物或车辆造成的违章罚款（如证件不全，车辆发生故障，货物超重、高、长、宽等），公司给予全额补偿。

（6）若司机个人造成违章罚款，如有下列情况的公司给60%报销，其他情况不予报销：

① 进入导向车道后，不按规定方向行驶。

② 在禁行的时间、道路上行驶的。

③ 不按规定会车、倒车、掉头。

④ 违反交通信号指示的。

⑤ 违反交通标志、标线指示的。

⑥ 在禁止停放车辆的地方停放车辆。

⑦ 不按规定临时停车。

（7）在运输作业过程中，对安全行车的司机，公司根据其全年实际表现设立安全行车奖，年终时一次性奖励给司机，以作鼓励。奖励方法：

① 对全年没有发生任何交通事故、服务态度好、能给公司节约维修等费用、工作积极的司机给予1000元的奖励，包括对方负全责的事故和因公司办证而证件不全，货物超重、高、长、宽等造成的违章罚款。

② 对全年发生一次小事故公司损失200元以下的司机奖励300元。

③ 对全年发生一次小事故公司损失500元以下的司机奖励100元。

（8）在运输作业或在目的地装卸货过程中，由于司机不负责任，导致发生事故及货物损失，使公司造成经济损失的，公司根据其事故责任以及经济损失的程度扣罚。扣罚方法：

① 每次事故公司损失500元以下，司机负次责的按经济损失的5%罚款，同等责任的按经济损失的10%罚款，主责的按经济损失的15%罚款，全责的按经济损失的20%罚款。

② 每次事故公司损失3000元以下、500元以上，司机负次责的罚款100元，同等责任罚款150元，主责罚款200元，全责罚款300元。

③ 每次事故公司损失3000元以上、5000元以下，司机负次责的罚款200元，同等责任罚款300元，主责罚款400元，全责罚款500元。

④ 每次事故公司损失5000元以上、50000元以下，司机负次责的罚款500元，同等责任罚款1000元，主责罚款2000元，全责罚款3000元。

⑤ 每次事故公司损失50000以上，司机负次责的罚款5000元，同等责任的罚款10000元，主要责任的罚款15000元，全责的罚款20000元。

⑥ 酒后驾驶出事故的，由司机承担所有责任。

⑦ 如有私开封志或有盗窃行为的追究刑事责任。

8.1.2 危险品运输企业驾驶人员管理要求

8.1.2.1 安全生产管理机构和安全生产管理人员配置要求

根据《安全生产法》和《道路危险货物运输管理规定》的要求，道路危险货物运输经营企业必须设置安全生产管理机构和配备专职安全生产管理人员。道路危险货物运输经营企业的主要负责人和安全生产管理人员必须具备与本单位所从事的生产经营活动相应的安全生产知识和管理能力，并经主管的负有安全生产监督职责的部门对其安全生产知识和管理能力考核合格，或者聘用具有相应类别的注册安全工程师从事安全生产管理工作[1]。

以某危险品运输企业为例，企业驾驶人员管理要求如下：

(1) 从事危险货物运输的驾驶员必须具有高度的责任感和奉献精神，牢固树立国有企业对人民群众生命财产的责任感。

(2) 从事危险货物运输的驾驶员，必须在有效期内持有公安消防部门颁发的《危险货物运输证》。

(3) 运输化学品和危险货物时，必须事先了解货物的性能和防火、消毒措施。应仔细检查包装容器、工具和防护设备。严禁危险品泄漏、散落和车辆带病行驶。

(4) 在危险区域运输或停车时，禁止吸烟和明火。

(5) 危险品容器如发现泄漏、损坏等，在未采取改造等安全措施前，易引起氧化、分解、自燃或爆炸，应立即采取自救措施，并报告领导、工厂和当地消防部门，以便妥善处理，尽快解决问题。

(6) 在炎热季节，易燃危险品应在上午10点之前和下午3点之后运输。

(7) 严禁将抵触性能的危险货物一起运输。各类机动车辆进入危险品存放区和场所时，应在进入前装消声器上的阻火器。

(8) 载运危险品的车辆不得停放在人口稠密、集镇、交通要道、居民区地区，载运危险品的车辆不得停放在自己的车间、院子内。装卸、停放或通宵修理不足时，应向领导或值班人员报告，并采取必要的防护措施。

(9) 运输危险货物的车辆应当及时清洗消毒。清洗消毒时要注意危险品的性质，掌握清洗消毒方法的知识，防止污染、交叉反应或中毒。

(10) 载运危险货物的车辆需要通过渡口时，应当自觉向渡口管理部门报告，遵守渡口管理规定。载运危险品的车辆，应当严格按照公安消防部门指定的路线行驶。

(11) 载运危险货物的车辆，应当配备一定的消防器材、急救药品、黄旗或者危险货物运输车辆标志等。

(12) 危险品运输驾驶员除遵守上述安全操作规程外，还应当遵守汽车驾驶员的安全操作规程。

8.1.2.2 安全投入要求

根据《企业安全生产费用提取和使用管理办法》(财企〔2012〕16号) 的要求，危险品等特殊货运业务应按照其上一年度实际营业收入的1.5%来逐月提取。

8.1.2.3 安全生产管理制度的基本内容

根据《道路危险货物运输管理规定》的要求，危险货物道路运输企业安全生产管理制度至少应包括以下内容：

(1) 企业主要负责人、安全管理部门负责人、专职安全管理人员安全生产责任制度；

(2) 从业人员安全生产责任制度；

(3) 安全生产监督检查制度；

(4) 安全生产教育培训制度；

(5) 从业人员、专用车辆、设备及停车场地安全管理制度；

(6) 应急救援预案制度；

(7) 安全生产作业规程；

(8) 安全生产考核与奖惩制度；

(9) 安全事故报告、统计与处理制度。

8.2 卡车司机组织安全监管

目前，我国的货运组织形式主要有：个体运输队（或个体户）、运输公司、大型物流公司（集团公司）等，研究组织外部行为，分析不同组织形式所管辖的卡车司机事故不安全行为的异同点，来探究与卡车事故的相关性，将为卡车事故预防提供参考依据。

影响卡车事故的因素很多，有道路、车辆、驾驶人和环境管理等，从行为安全角度来看，驾驶人的驾驶行为受组织决策影响很大。一个严格的组织管理，对企业员工有相当大的约束纪律。组织行为和个人行为，是决定卡车事故的主要原因。驾驶人的行为起决定性的作用，而驾驶人的行为又受自身的运输收益、个人修养、安全意识、驾驶水平和自我要求等密切相关。卡车司机的外部行为，主要是指组织以外的行为，包括企业的社团组织、政府监管等。这些行为直接对卡车司机产生了很大的影响。他们在驾驶过程中都要遵守这些规范行为。

8.2.1 卡车司机企业的组织安全管理

大型物流企业车辆的安全管理，主要体现在以下四个方面：驾驶员管理、车辆管理、调度管理和车辆档案管理。

(1) 驾驶员管理。主要是行为安全管理，责任落实到车队和司机个人。车队是运输任务的主要承担者，车队管理具有复杂性，这是业内的一个共识。由于车队的运输工作所跨越的空间大，流动性强，难以控制。另一方面，作为车队的主体——驾驶员，其本身的综合素质不高，自觉性不强。车队管理要规范，驾驶员的管理是核心。车队的技术、调度、安全、维修、财务等重要工作，其背后都是驾驶员的行为决定的。因此，管好了司机，就等于管好了整个车队，必须从卡车司机的招聘方面把好关，要求三点：一是驾驶技术，二是修理常识，三是工作态度。

同时，管理人员要深入司机队伍中去。职业司机是一个辛苦、危险的职业。企业管理者除了对司机们工作上的鼓励和关心，更应对他们的生活给予关怀和重视，倾听他们的想法和声音并进行有效反馈。只有深入司机队伍中，才能够发现他们想什么、需要什么，然后才能制定出切实可行的方案。另外，让司机们体会到温暖和尊重，他们才更乐意听从安排，才会“把公司的车看成自己的车”，并努力完成运输任务。

合理的工资制度，是让司机体会到企业管理重要性的关键。驾驶员的工资主要由三部分组成：基本工资＋劳务工资＋奖罚金额。其中，主体是劳务工资，主要根据行驶里程或者运量、运次等计算得来；奖罚金额，主要体现在现实表现和安全情况等。

(2) 车辆管理。相对于卡车司机的管理来说，车辆的管理要轻松得多，但车辆管理同样重要。新车辆从选购—试用—运行等，须委派一名驾驶技术高的司机来负责。

通常情况下，车辆数在 10 辆以内，公司不必聘用专人来做维修保养，可全部委托修理厂；车辆数在 10～30 辆之间，就一定要请专职人员来做，大的修理项目仍委托修理厂；30 辆以上可考虑组建修理厂，修理厂的规模视具体情况而定。车辆的卫生包括车辆外表与车厢内部的卫生。很多公司不太注意这个问题，但车辆的外表就是公司的形象，车辆的健康状况也影响着道路行驶的安全，企业应提高重视。

除此之外，关于维修工具的管理问题，企业可以做如下措施。

① 做好工具清点和司机签字确认工作。

② 不定期检查，如果发现维修工具缺失，则根据企业内部规定进行索赔或处罚。

（3）调度管理。熟悉车辆及司机的技术状况，熟悉调度工作的各个环节，掌握工作程序。

① 记录车辆出车记录，交代清楚需清运的站次，告知司机。

② 熟悉车辆的动态情况，初审司机路单，发现问题及时上报，互相沟通。

③ 协助车队长调度车辆，及时和车队长沟通车辆使用情况。

④ 通过 GPS 观察车辆使用情况，检查车辆行驶路线的合理性、时效性，防止车辆跑冤枉路和防止司机“磨洋工”。

⑤ 机动灵活、准确无误地进行调度。调度员要有全局观念，大公无私，本着就近派车或有利派车，千方百计提高车辆周转率。

（4）车辆档案管理。原始档案、车辆证件、缴费凭证、维修记录、运行记录等统称为车辆档案。在许多企业中，这些不被重视，应对车辆档案建立完善的管理制度。尤其是发生交通事故后，这些材料、档案对于事故调查、善后处理和责任认定等工作十分必要。

8.2.2 卡车司机组织的安全教育

8.2.2.1 严格落实企业安全生产主体责任

（1）认真贯彻执行“安全第一、预防为主、综合治理、全员参与、持续改进”的安全生产工作方针，牢固树立安全生产“责任重于泰山”的思想观念，始终把安全生产工作放在心中，做到警钟长鸣，常抓不懈，消除事故隐患，防止事故发生。

（2）认真贯彻落实《安全生产法》《道路交通安全法》。坚决贯彻落实“谁主管、谁负责”“管生产必须管安全”的原则。加强安全目标责任考核，认真落实安全生产“一岗双责”责任制，强化各单位主要负责人安全责任。

（3）继续完善落实安全生产工作职责，严格执行各项安全管理制度。加大检查监督力度，增强员工安全意识，把安全生产工作职责的落实始终贯穿于管理的每一个环节，实现安全的全过程控制。

8.2.2.2 加强安全教育宣传全面提高认识

（1）抓好法律、法规的学习。认真贯彻《安全生产法》《安全生产管理条例》等国家有关安全生产的法律、法规和强制性标准，提高认识，在工作中做到依法、依章办事。

（2）各岗位员工要对国家有关安全生产的法律、法规和强制性标准的学习理解和掌握，明确自己的安全职责。

(3) 各岗位员工要了解安全生产的各项规章制度和操作规程，提高安全意识，完成“要我安全”到“我要安全”最终到“我会安全”的质的转变。

8.2.2.3 加强企业安全管理责任体系建设

健全安全规章制度，坚持不安全、不生产。进一步强化第一责任人安全责任和班子成员“一岗双责”责任制，健全安全管理制度和操作规程，落实人、财、物等保障措施，组织实施风险评价、安全检查、隐患整治等安全防范工作，逐级、逐层、逐岗位签订安全生产责任书，明确相应的奖惩措施，进一步完善隐患排查治理、重大危险源监控、教育培训等基本制度和事故预案、安全投入等基础台账。实施全员安全承诺制度、安全绩效考核制度。

(1) 完善安全生产责任制度。落实各部门及从业人员在管理和生产过程中的安全职责，是安全生产工作制度化、规范化、科学化的重要手段，是搞好安全生产的基础。

(2) 完善安全生产奖惩机制。制定合理的奖惩措施是为了更好地落实安全生产责任制，激励先进、鞭策后进。

(3) 充实加强安全生产领导小组成员。在总经理的领导下开展各项安全管理工作，配备专职安全员及 GPS 监控员，负责日常安全监督检查管理工作，安全重点部门指定专职人员负责安全工作。

8.2.2.4 不同路径卡车司机管理体系

(1) 加强对从业人员和运输设备的摸排。加强对机动车辆驾驶员的分类管理，根据其年龄结构、文化素质、操作熟练程度以及性格特征的不同进行分类，对有安全隐患的驾驶员采取相应的监督措施，着重管理。

(2) 对人员实行“五统一”管理模式，严格“统一招聘培训考试、统一劳动保险、统一工资发放、统一考核、统一奖惩”制度。新进人员要切实做好岗前三级教育培训工作，严格按照实际情况填写从业人员考试卡、员工三级教育卡等内容。签订安全目标责任书，落实安全运输生产责任，实现安全生产目标。

8.3 卡车司机职业安全教育方法

8.3.1 安全教育方式比较

安全教育是运输企业安全管理工作的重要组成部分，是从根本上杜绝卡车司机的不安全行为的重要措施，也是预防和控制事故的重要手段之一。做好企业的安全教育培训工作，才能保证其他安全工作和企业安全生产的顺利进行。

我国驾驶员培养体系的不够完善和适应性不够，需要不断提升和完善。例如，在安全培训内容上重驾驶技能、轻文明素质，特别是对文明素质和营运驾驶员职业操守培养关注度不够；驾驶员培训“一刀切”，缺乏针对性；对培训人员和培训机构的管理、约束和监管不够；驾驶员走上工作岗位后的再培训和继续教育不够等。这些安全教育方面的不足或缺失为道路交通系统的安全运行埋下了巨大隐患，加大了道路运输的事故风险。

以“8·26”包茂高速特大交通事故为例。在2012年8月26日凌晨2点左右，包茂高速公路发生了一起客车与甲醇货运车辆追尾碰撞交通事故，事故引发甲醇泄漏并导致两车起火，共造成36人遇难，3人受伤。事后，相关调查专家指出，如果甲醇罐车司机没有在事故发生时停车跑开，而是将罐车再往前开一点，就能极大地减少事故损失和人员伤亡。同样，在南京苯胺中毒事件中，南京市某物流公司的两名押运员，半夜将本公司2t多苯胺当废品卖。为掩人耳目向卡车罐体内加水，导致中途水管破裂、苯胺泄漏，两名押运员中毒，其中一人医治无效死亡。这两个事故案例揭示了当前我国卡车司机的职业或安全素养的缺失，运输行业人员的基本常识或应急处理能力欠缺。

当前，企业或政府部门所进行驾驶员的教育、培训工作，致力于从节能驾驶、安全驾驶、驾驶员素质提升再教育等方面来约束客、卡车驾驶员的驾驶行为。然而，对于卡车司机来说，缺乏良好的机制和体制保障，难以保证这些教育培训工作落到实处。货运市场很不规范，道路货运个体挂靠多、集约化程度低，安全生产责任不落实、安全监管不到位等深层次问题普遍存在。且与客运行业客流相对固定不同，货运行业货流不固定，驾驶员较为分散，管理和约束难度较大，很难对所有人进行有效的集中培训。这一系列问题阻碍了安全教育的有效开展，进而导致卡车司机的安全素养水平无法满足当前的安全需求。

个体经营的卡车司机众多，导致了货运市场集约化程度偏低、市场秩序混乱以及司机群体的安全素养参差不齐。因此，想要解决安全教育这一难题，就需要走集约化运输，发展现代物流业。现代货运业需要转型，走集约化的管理道路，提高运输效率，应用现代企业制度，这有利于驾驶员的行为约束和管理，也有利于驾驶员培养体系的加强和落实。而且，不光是货运行业，客运行业也是如此，在行业集约化经营，运输行业大环境改善后，各方面管理都更加规范，客、卡车驾驶员的职业素养才有望真正得以提高。

8.3.2 分层次安全教育的有效性

事实上，卡车司机的整体素质也表现出地区和群体的差异性。有研究人员在接触不同地区的卡车司机后发现，经济发达地区的司机素质普遍较高，这一点也被行业内的人员普遍认可。经济较发达地区的企业和政府管理部门可能更有余力和资金投入到卡车司机的管理和培训中去，各方面体制相对健全，卡车司机的收入也相对较高，因此在驾驶过程中的危险行为较少，运输市场的不和谐、不规范现象不是很突出。

在经济发达地区，人们的思维方式、管理等各方面较为先进。实际上，这些地区也雇佣了外来务工的驾驶员，但这些人员的表现就比在其他地区要好一些。有业内人士表示："经济发达地区企业的管理理念和思路都较为先进，管理体制比较健全，对驾驶员进行了一些约束。"

这也从侧面说明，企业管理对驾驶员职业素质的提高能起到较大作用，这也造成客、卡车驾驶员表现出一定的群体差异，即公司化管理下的驾驶员素质要高于个体、挂靠散户的驾驶员素质。个体户或是挂靠散户为生计所迫，大多是"挣钱第一"，劳动强度大且相对弱势，自我认同感不强，话语权不高，还经常受公路三乱（乱设站卡、乱罚款、乱收费）所累，挣钱不易，"不超载不赚钱"一直是这一群体的营运现状。他们通常是有运输业务则努力去完成，没业务就闲置车辆休息，没有资金，也没有相应的意识去自我培训、自我提高。

有业内专家分析说："公司化运营和国营的大企业整体实力较强，业务量有保证，驾驶员劳动强度相对较低，待遇有保障，受到的管理和培训也更规范，相对较低的生存压力和较好的生存环境也决定了其职业素质较高。"同时，公司化运营的企业在车况和车辆的维修保养各方面也较为规范，车辆的安全性比较有保障，事故率整体较低。

货运行业散、乱、差的现状依旧存在，个体户、挂靠散户大量存在且占据着货运市场不小的份额。这部分分布松散、难以监管的卡车驾驶员的占比较高，也使得卡车驾驶员整体素质低于客车驾驶员。

我国卡车驾驶员以26～50岁的青壮年男性为主，他们多是家庭支柱，且文化水平不高。业内人士表示："货运行业很复杂，货运场站人员基本上以高中以下文凭居多，或者初中以下文凭，文化水平相对较低，不好管理。"

8.3.3 体验式安全教育

通常驾驶人员的安全教育采用事故案例警示教育和法律法规教育，属灌输式教育模式，给司机一种传统的被动式的教育培训，很多司机几乎都在完成任务，缺乏体验感和新意，往往安全教育培训的效果不好。

随着计算机信息化尤其是虚拟仿真教育培训方式的到来，在工业企业的员工教育中已经得到充分的应用，公共安全教育也采取了体验式（或沉浸式）培训，让人有一个真实的体验，提高了教育警示的效果。因此，将交通事故设计成虚拟仿真软件，让司机有一种进入驾驶现场的三维体验感，实行操作培训，出现违章即会发生伤亡事故，将起到事半功倍的效果。这是目前将要大力发展的安全教育培训方式。

8.4 卡车司机组织安全文化建设

安全文化伴随人类的产生而产生，但有意识发展安全文化自20世纪80年代才开始[2-4]。安全文化的概念起源于国际核工业领域，之后其概念被我国学者引入国内[5]。经过几十年的探索，安全文化在各个生产领域快速发展，为保障人类的安全生产和生活起到了积极的作用。如今，社区安全文化、消防安全文化以及交通安全文化等被广泛研究和应用。图8-1所示为人类安全文化的发展历程[2]。

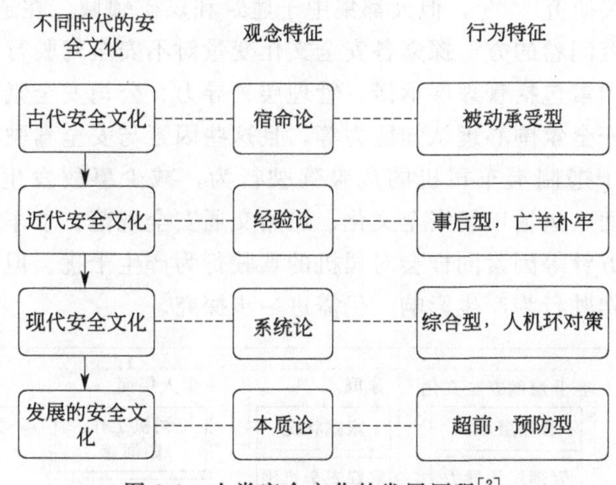

图8-1 人类安全文化的发展历程[2]

安全文化被定义为安全价值观和安全行为准则的总和[6]，是将企业层面的安全方针、政策以及理念，通过一定方式和渠道传播到员工层，被员工理解并接受，形成共同的安全意识和安全观念[7,8]，亦是企业安全管理的基础[9]。政府监管机构、学术界和企业都已经意识到，建立和保持良好的安全文化在预防重大事故方面发挥着重要作用[10]。尽管国内外众多学者对安全文化进行了研究，但关注的领域和侧重点不同，安全文化的具体影响尚未形成同样结论。

与传统过程工业组织中的安全文化不同，由于作业环境的特殊性，卡车司机在受组织内安全文化影响的同时，还高度受到其组织外部的诸多因素影响，包括整体运输市场的安全文化影响。

8.4.1 企业安全文化与司机驾驶行为

道路运输业的生产安全，主要体现在卡车司机行车安全，并且受内、外部诸多因素的干扰，是一个复杂的动态系统。其一，法律法规、市场文化和客户等这些因素都对司机的驾驶行为产生影响。其二，组织内部的安全文化决定了卡车司机对于安全或危险驾驶行为的感知能力。

在当前运输行业快速发展、规模不断扩大的背景下，运输企业原有的安全管理措施和安全文化机制已无法适应车辆更新、人员扩张以及企业管理机制变更的速度。因此，积极探索、构建科学的安全文化建设，已成为提高行车安全的关键[11]。而明确道路运输企业安全文化对卡车司机安全绩效或驾驶行为的影响机制，是构建科学安全文化机制的必要前提。

安全文化和不安全行为已被认为是包括运输系统在内的各个领域操作安全的重要因素[12]。两者之间的关系研究也成为各个生产领域关注的重点，大量学者开展了相关研究[13-17]，但大都集中于建筑和煤矿领域。在道路交通方面，学者多采用调查问卷的方法探索各安全文化变量对不安全驾驶行为的影响。企业层面，影响因素包括管理层承诺、管理层领导力、公司安全氛围、司机工作归属感、司机安全氛围心理认知能力等，且这些因素与安全驾驶行为呈正相关关系，即有助于遏制卡车司机的危险驾驶行为，减少事故发生（见图 8-2）。政府和社会层面，运输市场安全文化、道路交通安全规范、卡车司机社会认可度、国家政策方针等因素同样会对司机的驾驶行为产生干扰。但各个具体层面或环节如何对驾驶行为产生影响，仍需进一步探究。

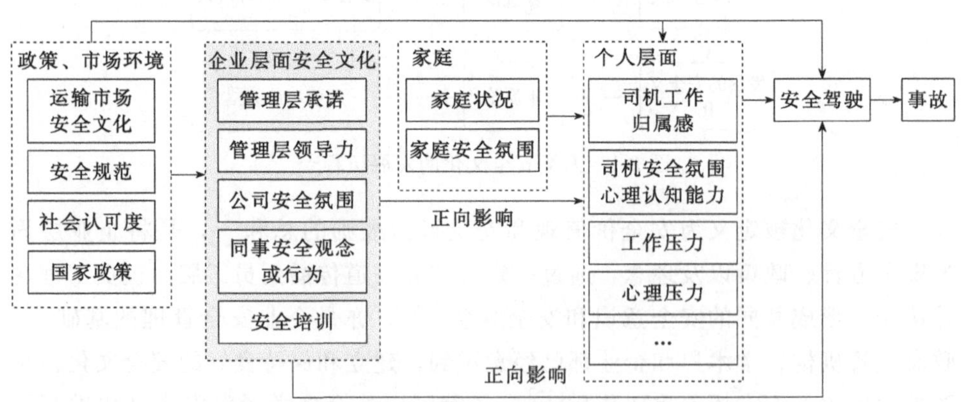

图 8-2 不安全驾驶行为影响要素

8.4.2 卡车司机驿站安全文化建设

除企业内部对卡车司机的影响外，外部环境诸多因素同样干扰着司机的安全驾驶（见图 8-2）。例如，卡车司机每天绝大部分时间消耗在长途道路上，由于配套服务设施不完善，运输途中吃饭、喝水、休息等基本生活需要得不到应有保障，工作生活条件艰苦[18]。

为提升卡车司机日常工作生活条件，交通运输部于 2019 年开展了“司机之家”建设等一系列活动，旨在为卡车司机建设吃饭、休息等服务场所和设施，进而改善司机群体的工作、生活环境。至今，全国各地响应号召，开始关注卡车司机驿站的建设[18-22]。驿站所包含的服务设施一般有：卡车停车场、便利店、食堂、休息室、活动室以及澡堂等，并配备了生活所需的洗衣机、洗漱用品等日用品。

卡车司机驿站的设立切实解决了卡车司机群体的部分现实需求，一定程度缓解了该群体的工作、生活压力。然而，仅依靠硬件设备设施的升级无法解决根本问题，更重要的在于构建科学的安全管理制度、安全文化机制和安全氛围。由于驿站的推广时间还较短，相关管理经验、资源、制度还不健全，各种问题尚待解决。卡车司机社会认可度和参与度较低等深层次问题的解决还需要相当长的时间，如何让 3000 万卡车司机更好地融入社会，是卡车驿站肩负的重要任务[23]。其中，驿站安全文化建设是进行安全管理、服务的重要基础和前提。建设内容应包含：

(1) 安全理念建设。即组织内对安全的指导思想或宗旨，安全理念应向所有卡车司机传达正确的安全观、事故观和风险观。安全理念建设是安全文化建设的重点，尤其对于驿站组织者或管理者，应树立正确的安全理念，并将其传达到组织的各个层面、各个环节中。

(2) 安全行为建设。卡车司机安全驾驶行为的养成是安全文化建设的目的，为此，驿站组织者应通过安全理念渗透、安全教育培训、安全行为规范以及安全监督检查等手段，促进卡车司机保持并养成良好的驾驶习惯。在倡导和鼓励正确驾驶行为的同时，还要坚决打击和纠正不安全行为。

(3) 安全管理制度建设。建立健全切实可行的安全管理文化，包括高效的管理网络、可行的监督体系、规范化的安全制度等。

8.4.3 交通安全文化建设与全民安全素养提升

作为道路运输系统的主体，人为因素尤其是司机的不安全驾驶行为是导致交通事故发生的关键因素[24]。卡车司机安全知识、意识的欠缺是引发不安全驾驶行为的重要原因。长久以来，相关管理部门大多采取管、卡、压的管理手段来遏制交通事故的发生，然而效果并不明显。如今，文化、政治、经济等各领域相互联系、相互交融，文化的作用和影响逐步凸显。如何借助文化的手段，加强社会交通安全文化的建设，已成为适应当前道路运输业快速发展和提升全民安全素养的新模式。一般而言，社会整体交通安全文化的提升，应遵循以下几点原则：

（1）坚持以人为本的安全文化建设理念。在交通安全文化建设过程中，应该把人（卡车司机）视为管理的对象和组织中最宝贵的资源。将提升卡车司机的生活、工作条件作为安全文化建设的最终落脚点，唯有通过尊重司机、理解司机，才能激发司机群体的工作成就感以及安全意识。

（2）以改善安全状况为目标。交通安全状况从一定程度上反映了一个国家的发展水平和文明程度，交通安全文化建设的主要目的就在于提高公民的安全素养，促进交通安全状况的根本好转。

（3）坚持持续创新。将安全文化视为一种新的管理理念、管理思想或经营哲学，是一种适用于现代社会的管理模式。然而，社会、交通系统是动态变化的，只有秉持持续创新原则，才能使企业、社会、国家保持活力。

（4）因地、因时、因企制宜。不同的企业或地区蕴含着不同的安全文化，因此，在交通安全文化建设的过程中，不能急于求成和“一刀切”，要因地制宜、因时制宜、因企制宜。要根据交通运输行业的规律和内在要求，努力培育和创建富有个性化和特色化的企业、地方安全文化。

参考文献

［1］ 中华人民共和国应急管理部．中华人民共和国安全生产法［EB/OL］．http://www.mem.gov.cn/fw/flfgbz/fl/201501/t20150107_232546.shtml.

［2］ 罗云．安全文化的起源、发展及概念［J］．建筑安全，2002（9）：26-27.

［3］ 袁旭，曹琦．安全文化管理模式研究［J］．西南交通大学学报，2000（03）：323-326.

［4］ 徐德蜀．安全文化、安全科技与科学安全生产观［J］．中国安全科学学报，2006（03）：71-82.

［5］ 罗云．安全文化理论研究及建设实践探讨［J］．劳动安全与健康，1997（05）：29-31.

［6］ Wu X，Liu Q，Zhang L，et al. Prospective safety performance evaluation on construction sites［J］. Accident Analysis & Prevention，2015，78：58-72.

［7］ 朱茜瑶．基于三阶段数据包络法的企业安全管理绩效测评研究［D］．北京：中国地质大学（北京），2018.

［8］ Cooper Ph D M D. Towards a model of safety culture［J］. Safety science，2000，36（2）：111-136.

［9］ Gao Y，Fan Y，Wang J，et al. The mediating role of safety management practices in process safety culture in the Chinese oil industry［J］. Journal of Loss Prevention in the Process Industries，2019，57：223-230.

［10］ Olewski T，Ahammad M，Quraishy S，et al. Building process safety culture at Texas A&M University at Qatar：A case study on experimental research［J］. Journal of Loss Prevention in the

Process Industries，2016，44：642-652.

[11] 张均伟,吕志云,王晓刚．浅谈危化品道路运输企业安全文化建设的困境和对策研究［J］．中国石油和化工标准与质量，2019，39（24）：183-185.

[12] Mokarami H，Alizadeh S S，Pordanjani T R，et al. The relationship between organizational safety culture and unsafe behaviors，and accidents among public transport bus drivers using structural equation modeling［J］. Transportation research Part F，Traffic psychology and behaviour，2019，65：46-55.

[13] 吴浩捷．建设项目安全文化和行为安全的理论与实证研究［D］．北京：清华大学，2013.

[14] 任玉辉．煤矿员工不安全行为影响因素分析及预控研究［D］．北京：中国矿业大学（北京），2014.

[15] 李磊．矿工不安全行为形成机理及组合干预研究［D］．西安：西安科技大学，2014.

[16] 段帅亮．建筑工人不安全行为机理及治理研究［D］．重庆：重庆大学，2015.

[17] 林晓飞,宋守信,翟怀远,等．交通领域安全文化对安全行为的影响综述［J］．交通信息与安全，2018，36（05）：18-24.

[18] 内蒙古交通运输厅．“司机之家”努力打造货车司机的“爱心驿站”［EB/OL］．［2021-03-03］. https：//www. sohu. com/a/365642453 _ 120214179.

[19] 卡车之家．安心驿站宋玉兰获全国十大最美货车司机［EB/OL］．［2021-02-25］. http：//www. 360che. com/driver/190226/106670. html.

[20] 新闻 NEWS. 给卡车司机打造“温馨驿站”,东莞石油“卡车之家”投入使用［EB/OL］．［2021-01-19］. http：//news. timedg. com/2019-09/25/20892382. shtml.

[21] 凤凰网．给卡车司机打造一个“家”的驿站［EB/OL］．［2021-01-19］. https：//finance. ifeng. com/c/82BA0P2wvgD.

[22] 潇湘晨报. 307 国道上有了卡车司机的“温馨驿站”［EB/OL］．［2021-01-19］. https：//baijiahao. baidu. com/s? id=1678307076150506592&wfr=spider&for=pc.

[23] 公益时报．涂猛：“安心驿站”让 3000 万卡车司机融入社会［EB/OL］．［2021-01-19］. https：//baijiahao. baidu. com/s? id=1652500960036235799&wfr=spider&for=pc.

[24] 朱银文．加强宣传教育提升全民交通安全素养［J］．江苏安全生产，2018（6）：40.

图 4-13 两车位置关系

图 4-14 前车损毁情况

图 4-16 事故现场（福建方向）

图 4-17 面包车停车位置

图 4-18 中央活动护栏损毁情况

图 4-19 “9.16”事故边护栏受损情况

图 4-20 “9.16”事故护栏桥梁结合部情况

图 4-21 “9.16”事故车辆翻坠位置

图 4-22 “10.31”事故现场

图 4-23 “10.31”事故边护栏受损情况

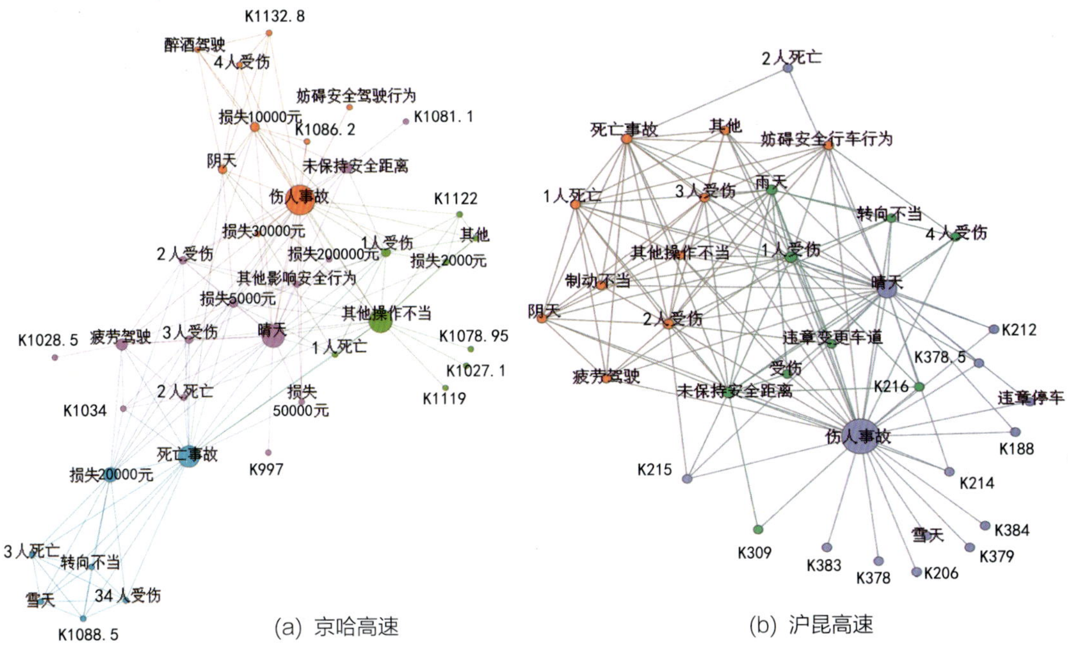

图 4-34　京哈高速及沪昆高速主要字段复杂关系网络

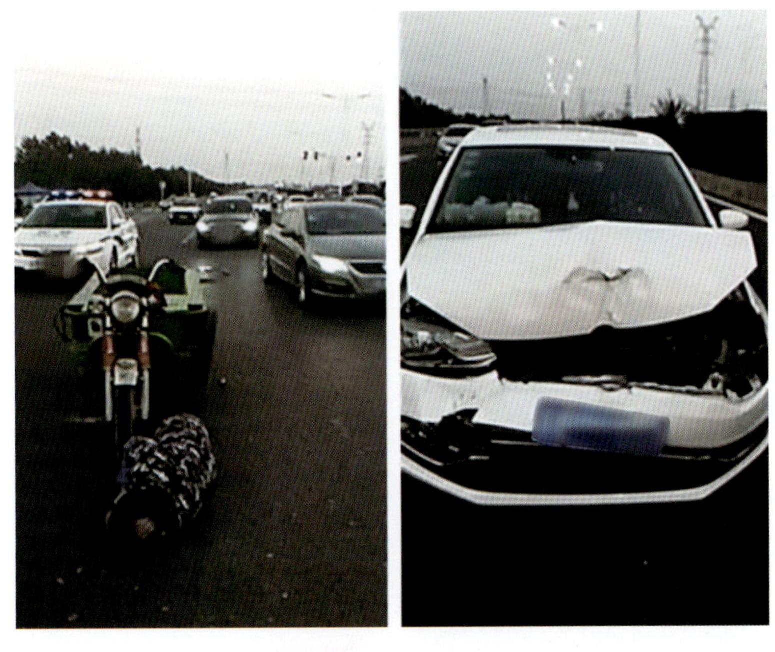

图 6-1　事故现场

图 6-2 “9.24”现场地面痕迹

图 6-5 “11.17”现场地面痕迹

图 6-6 “11.17”两车位置关系

图 6-9 事故现场

图 6-10 事故现场

图 6-11 车辆严重损害

图 6-13　事故现场

图 6-14　肇事车停车位置

图 7-11　前车碰撞报警